做心平气和的班主任

叶德元——著

ZUO
XINPING QIHE DE
BANZHUREN

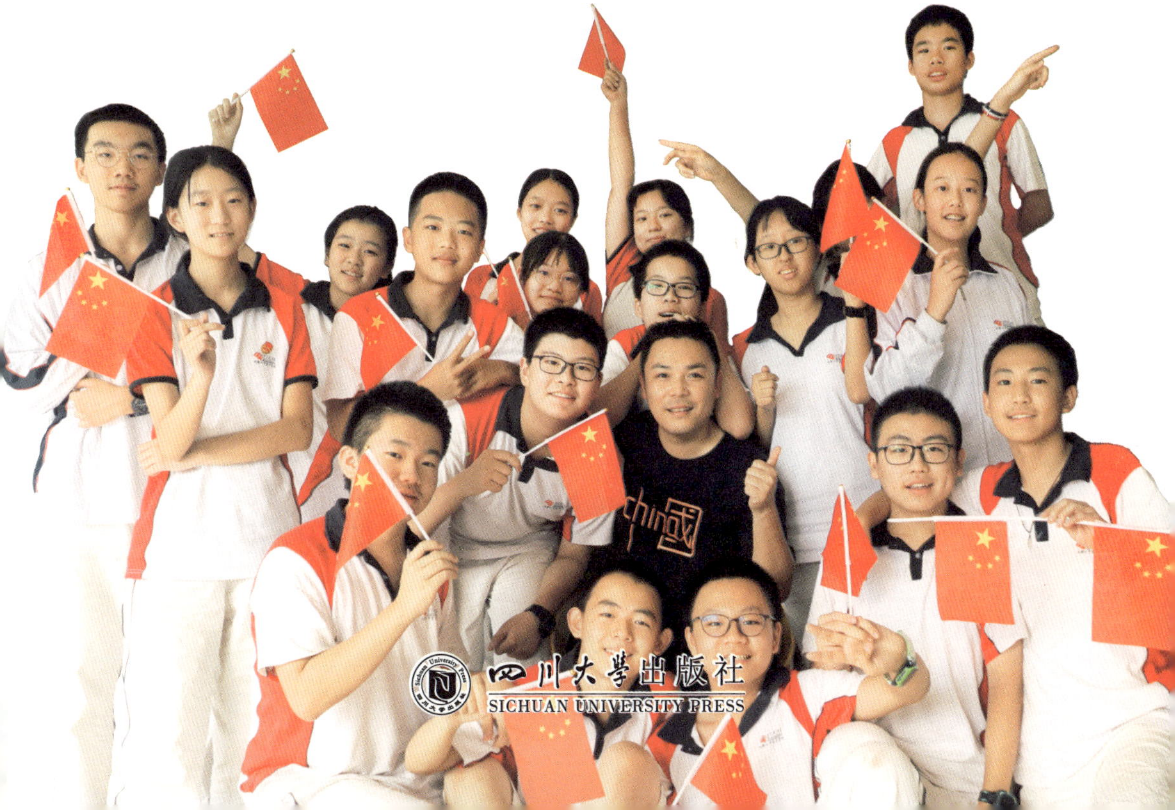

四川大学出版社
SICHUAN UNIVERSITY PRESS

项目策划：曾　鑫
责任编辑：曾　鑫
责任校对：孙滨蓉
封面设计：张竞之
责任印制：王　炜

图书在版编目（CIP）数据

做心平气和的班主任 / 叶德元著. — 成都：四川大学出版社，2021.7
（大成书系 / 李清主编）
ISBN 978-7-5690-4879-7

Ⅰ. ①做… Ⅱ. ①叶… Ⅲ. ①班主任工作 Ⅳ. ①G451.6

中国版本图书馆CIP数据核字（2021）第155719号

书名　做心平气和的班主任
ZUO XINPINGQIHE DE BANZHUREN

著　　者	叶德元
出　　版	四川大学出版社
地　　址	成都市一环路南一段24号（610065）
发　　行	四川大学出版社
书　　号	ISBN 978-7-5690-4879-7
印前制作	墨创文化
印　　刷	四川盛图彩色印刷有限公司
成品尺寸	170mm×240mm
印　　张	20.5
字　　数	357千字
版　　次	2021年8月第1版
印　　次	2022年3月第2次印刷
定　　价	68.00元

版权所有　◆　侵权必究

◆ 读者邮购本书，请与本社发行科联系。
　电话：(028)85408408/(028)85401670/
　(028)86408023　邮政编码：610065
◆ 本社图书如有印装质量问题，请寄回出版社调换。
◆ 网址：http://press.scu.edu.cn

四川大学出版社
微信公众号

事业性格特征议

代序

一位做事的敬业者，会有特定的性格特点，我们管这叫事业或职业的性格特征。叶德元老师的《做心平气和的班主任》道出了这个规律性现象。

会议休息时，《做心平气和的班主任》这本书稿在会友手中传开了，众人对书稿生出阵阵热议。"这个班一定不好带，老师需要随时叮嘱自己。""这老师属于胆汁质，必须掌控。""我就遇到过这种情况，班里的关系人相当多，来访和电话不断，注意力分散，能不烦吗？""干班主任，心平气和是必须的！""填不完的废表，只有强压怒气才能做完这种无聊作业。"你一言我一语，对当班主任需要心平气和，有解！这些热议为序开门了。

看罢叶德元老师的新作，对上述热议之体会颇为深刻。当好教师的哲学，当好班主任特有的哲理在心间荡漾着；这本书肯定是"面壁"多年的成果，班主任的修养上到了职业必需的境界，差不多能够"高下任意，爱恶随心"。一些教师朋友说，这本书给人的启示在萌动修炼，真是必要！"心平气和"是做教师的情感基础。在初中学段，初中生有其特殊然而可贵的特质，以笔者的经验，班主任们要陶冶和养成类似的心态情绪。

初中学生的心理具备着极高热度，正在经历弹性高和蹦跳欢跃的人生时刻，在他们中间当"头"，要具备仔细观察和多端揣摩的学养，要储备对他们言行举止的分析、理解、判断的功力。再有经验的教师也要避免匆匆下断语，切忌情绪性使用硃笔和进行缺乏比较的抬压。班主任唯有精准如理地使用能够拨动心弦的启迪、轻敲、赞誉、暗示和警示，才可能收获入心、入智、入魂的影响和动静皆宜的拨提效果。

人，特别是年轻人的变化、进步和提升，大约有试误、渐进、转换、跃迁和升华等路径和形式，而且，许多是隐蔽在现象背后的，除天真、透明外，也有恶作、狡黠……并非恶意，属于教育为了发展人，纯洁其心灵所必须拂涤的现象。无论是优秀学生还是期待进一步"向前向上向善"的学生，他们常常提出类似的课题要求回答或解决。人曰：教育是创造的事业，伟大、古老、神圣、智慧。教育的价值既在开拓未知，也在改变不适，更在发掘潜在，尤其要把学生已有的良知、良伦、良习组合成敏锐感受、深透参悟并且决绝实行的无限、无止境的构成和能量。教育必定要追求这种高度，必定要实现这种高度。陶行知说，教师手中有大科学家、大发明家……而教师只有通过自己的心智和工夫去识别、鉴赏、呵护和铺叙以构筑他们的姿态、心态和神态。所谓教育天职，浇筑在教育的厚土和熏陶里。教育事业的伟大、古老、神圣、智慧包括"无限"和"无止境"的心力，爱是总根。

叶德元老师的写作都基于自己的故事，即实践和心思，坚实沉稳；基于勤勉的实践和不倦的记录以及思考，至于抽象出做班主任的哲理，能够望闻问切地点掐在班主任工作的穴位上。他的两部著作所使用的书目，其心思和情意凸显一种热烈的平和、平和的热烈。叶老师学历史，教历史，生养出历史的悠长和开阔。他的兴趣和才能多样，对于教育理论和班主任生涯，尤其施展着杂家的生机活力。他健谈且善于切入节点部位，使他能成为初中生的敬友、挚友和峻友。班主任人选，没有一个固定模式，叶老师的这种特质应该是上好的优选。对于初中生，他伸张着最具柔劲的双臂。

叶老师初出校门，初入教职。工作两年，学校两番倒闭。不是撤并，而是倒闭。人在经历挫折之后才懂得珍惜，才可能品味随后的辉煌。运用类似经验，人的思想才能够真正富有。我们不认为他已经达于辉煌和富有，但他碰巧失落过的人生，正是极其珍贵的财富。在当今富强昌盛繁荣的祖国里生活，不再容易有灾变找上门来，能够追求精益求精，至于完美者，仍然可以享受磨砺。

经历丰富而坎坷，又享受成功与愉悦，所积淀的心性最可宝贵。这种心性必然深藏着坦然的魂灵，心平气和是其特性之一，是专业性格特征。陶行知在论教师之所以应该心平气和的文章里，谈过有关体会："看小学生天天生长大来，从没有知识，变为有知识，如同一颗种子由萌芽而生枝叶，而看他开花，看他成熟，这里有极大的快乐。"叶老师的著作由呼出"爱"而心平气和，在我们品来是快乐的发荣。爱学生而深沉，气韵日益厚重，从爱里塑形出心平气和，决然是教师这种事业的质地和轨迹。在伟大、古老、神圣和智慧的职业里，教师充实富有，气定神闲，志存高远。在包括叶德元老师的故事在内的教育诗篇中流连，一次次体会到教育的平和和富足，体验到教育的基石价值，展望着教育在人类历史上的永恒魅力。其间，发挥作用的是精神能量，专业性格位列在重要区段内。

正是："子在川上曰：'逝者如斯乎！'"

中国著名基础教育专家
中国陶行知研究会原副会长
成都市陶行知研究会会长
成都师范学院教授
姚文忠

2021 年 4 月 12 日

目录

我的"班主任观"

002 | 心平气和地过日子

012 | 关系大于教育

019 | 不"特别"就没有"特别"的爱

023 | 是"标新立异"还是"实事求是"

032 | 站稳课堂,以身作则

039 | 感动是因为似曾相识

建班之初

048 | 初见——如何给学生留下第一好印象

068 | 聚力——如何给家长留下第一好印象

075 | 规矩——如何确定班规让班级更有序

087 | 责任——班委的设置与培养

097 | 团队——如何让"小组建设"更具教育意义

和谐关系

- 112 | 认同——如何与科任老师打交道
- 122 | 融入——如何让家长也能找到班级归属感
- 133 | 务实——如何让每次的家长会开出新意富有时效
- 149 | 积极——班风学风的营造
- 174 | "插班"班主任——我成为了10班的一员

文化建设

- 194 | 纽带——如何打造班级文化
- 205 | 幸福——"活动"让班级成为学生收获幸福的地方
- 215 | 专业——如何抓住教育的契机
- 235 | 多元——学生喜欢什么样的总结评价

个案分析

- 248 | 心存敬畏——我的书被人偷了
- 255 | 尊重包容——给学生一个"装"得下去的地方
- 262 | "歪打正着"——不是因为那个电话我才给你机会
- 269 | 撞上青春——我被学生骂哭了
- 275 | 循循善诱——"他的存在对我们就是一种侮辱"
- 283 | 倾听调解——她用了最恶毒的话骂老师

附录

- 292 | 2014 年获得"全国模范教师"后在四川省庆祝第 30 个教师节暨表彰优秀教师大会上的发言
- 295 | 2015 年获得全国十佳最美教师感想
- 297 | 2015 年成都市教师节座谈会上的发言
- 300 | 2019 年作为内地赴香港交流教师在教师节写给自己的一封信
- 303 | 2019 年现场观摩国庆 70 周年天安门大阅兵感言
- 306 | 后记一　我们的窝
- 310 | 后记二　送给自己的青春
- 312 | 后记三　思想与实践：涵养创造性的理论资源

心平气和地过日子

"她忘了我名字,但从她手中接过奖杯,我哭了"

2018年7月,在杭州的一次培训会上,我再次聆听了魏书生老师的讲座。那次讲座,魏书生老师所说的"教育,就是和学生一起过日子"这句话给我留下了深刻印象,回过头来看自己,这么多年的班主任生活皆是这么过的。

几天后,我在吉林长春参加一个班主任大会,主办方给我的演讲题目是:"让每一个学生都成为最优秀的自己!"面对这个题目,我愣了半天,扪心自问:"我做到了吗?我们班主任在学生一生的学习中到底扮演着什么样的角色?能起多大的作用?"一连串的问题萦绕在我脑海里,要回答这些问题,不仅需要我回溯过往自省,还需要我设立切实目标自束。

如果学习是一生的事,那么在仅有的三年初中学习生活中,如何培养学生终身学习的能力就显得尤为关键,初中生涯中我们需要让学生看到过程影响结果的重要性。不妨率先抛出一问:如何做到初三毕业,孩子就是"最优秀"的自己了呢?三年时间,除了学校,还有家庭、社会等方方面面对孩子造成影响,若是积极正面的影响该是庆幸,若是消极负面的影响又该如何?就学校而言,对孩子能造成影响的不止我一个老师,所以班主任对学生到底有多大影响力,我真不敢妄下结论。不过影响肯定是有的!

以我个人为例,我觉得我是非常幸运的,我可以从事生平最喜欢的教师职业,且是初中就立志要当的历史老师。究其原因,就是我曾受到初中历史老师的影响。一个学生喜欢一个老师,很多时候真的不需要多么充分的理由。也许就是一个眼神、一个动作、一句话语、一个微笑,也许是因为老师精彩的课堂、渊博的学识、张扬的个性,也许是因为老师善解人意……我就是因为喜欢初中历史老师,从那时起,我就想当一个像她那样的人。

在我高考结束后,我填报的志愿全是师范,第一专业都是历史学科。拿到通知书的那一刻我喜出望外。很多人都不理解：一个师范学校的历史专业至于那么高兴吗？只有我心里明白，这是我的最爱。

初中毕业15年后，在一次研讨会上，我遇到了心中的"大咖"，我激动得像个孩子一样跳了起来。结果老师的第一句话是："你是谁呢？"虽然当时有点失落，但是也不怪她。她不是我的班主任，当时全年级所有班级的历史课都是她在上，而我又不是那种特别引人注目的学生，她不记得我很正常，我也不敢保证我所有学生的名字我都记得。

那一刻我挺震撼的，当我们站上讲台的时候，下面一双双稚嫩的眼睛看着我们，改变每时每刻都在发生，只是我们都不知道会发生在何时。就如同我和我的老师，她早已不记得我的名字，但她确实是改变我一生的那个人。我不禁问自己，我上课的时候，那些可能我几年后都叫不出来名字的学生，他们坐在那里在想些什么呢？

2015年，我有幸当选中央电视台和《光明日报》联合评选的"全国十佳最美教师"。在颁奖晚会现场，主持人请出了神秘的颁奖嘉宾。当我看到初中历史老师手捧奖杯走上颁奖台的那一刻，我落泪了！

2015年9月10日，央视"全国十佳最美教师"颁奖晚会现场，我的初中历史老师李黎作为颁奖嘉宾为我颁奖

教育是生命影响生命，但是这份"影响"不是刻意的，需要我们用"过日子"的心态去直面每一个生命。对此，我不求突然改变，但求踏踏实实、平平凡凡地过好每一天。我相信，只要和学生在一起，教育就会真实发生！

"幸福"与"心平气和"对我作为班主任的意义

说回那次长春的班主任大会，我慎重思考以后，和主办方商量，换了一个演讲题目——《心平气和地做一个幸福班主任》。

幸福是我一直追求的目标。过去9年，我所带的三个班级开展了大大小小400多个班级活动，我为他们写了2000多篇班级博客。这些班级生活的点滴，既是我对自身从事教育事业的记录，更是我和学生一起书写的一段历史，是我们共同的回忆。在我和学生相处的日子里，我努力和他们共同营建积极的班级生态，打造特色班级文化，构建和谐班级关系。我希望，我们在每一天的平凡日子里不断寻找对班级的归属感，对自己的认同感，对同伴的信任感。无悔青春，自信前行。

这里的"幸福"除了这份职业带给我的幸福感、成就感，还有我一直以来追求的成为一个幸福的人。家庭、事业、个人成长都需要我们"幸福"。当我们把自己活成了真实的、幸福的、自己最想要的样子，这对学生来说绝对是一笔最宝贵的财富。他们能感受到彼此精彩生命焕发出来的活力，这气场就是氛围，就是影响与教育。

再来说说"心平气和"这词对我的影响。当这几个字出现在会场的大屏幕时，我听见老师们在窃窃私语："心平气和，怎么可能嘛！我都要被气死了！"或许老师们觉得我会教大家如何舒缓情绪，情绪的管理固然重要，但这份"心平气和"的心态是我对教育不断深入了解后产生的一种"心态"转变，之所以要加"不断"两个字，是因为我还在学习，且需要永远都走在学习的路上。

我的教育故事

人的经历是一本最好的书，收获与挫折都会让我们成长，关键是我们要读懂！我来聊聊我的经历：

第一章 我的"班主任观"

故事一 我经历的几所学校

重庆外国语学校附属双语学校高2006届文科班,我22岁时,第一次当班主任,经历了许多挫折,感谢孩子们对我的理解,感谢同事对我的鼓励,感谢自己的不放弃

2004年,我大学本科毕业后,走进了一所私立学校,全新的人生由此开启,当时的那种幸福感我至今都还记得,因为做一名历史教师是我从小的梦想。但是,现实往往是残酷的,工作仅一学期,学校倒闭,"刚就业就失业",原来不是一句玩笑。

而后,我在陌生的城市寻找下一份工作,幸运的是,有学校接纳了我,直到今天,我也一直很感谢这所学校,如果那次我被现实抛弃,真不敢想象自己是否还会坚持做教师。命运太富有戏剧性,工作了一学期,学校又面临倒闭,这一次,我终于忍不住哭了!到现在我还记得那天我在厕所给父亲打电话,哭成了泪人,从来没有那么难过。

慈祥的父亲在电话那头说:"回来吧!"

我打包好所有行李,坐上火车准备回老家,但我骨子里还是很不服气的,心想着:"年轻就要闯,机会是自己创造的,不是等出来的!"我下了决心,于是没有回老家,又独自一人到了成都,从头再来。

2005年7月,我带着前所未有的自信走进了第三所学校面试,进校门时的场景是门卫叔叔和我打赌:"你太年轻了,学校只需要有经验的老师。"这话没有打击到我,反倒激励了我,我做好准备,以最饱满的状态迎接挑战,"年轻输得起，输也不丢人"！签完合同走出来的时候，我给门卫叔叔说："叔叔好，记住我哟，九月我就要来上班了。"

我们俩相视而笑，他给我竖了一个大拇指，我谢谢这个平凡人给我带来的推动力，让我信心倍增。

故事二　与成都七中育才学校结缘

我在第三所学校工作了五年，学校为我搭建了很好的平台，老师们也给了我非常多的帮助，同学们与家长也都很喜欢我，我最青春的职业生涯都在那里度过，在那里，我留下了满满的感动与回忆。也正因为这份成就感让我更加坚定了把教育作为毕生的事业去追求。

2010年，我去到了成都七中育才学校。那年，我认识了18班的孩子们，班级博客"叶老的窝"（当年首次创办）也迎来了第一窝"雏鸟"。因为"叶老的窝"，这个班被更多的人知晓，我也由此走进公众的视野。到后来，媒体是这样形容这个班的："在叶老师的带领下，这个入校全年级成绩倒数第二的班级，三年时间成功'逆袭'，毕业成为年级第二名，班风学风和班级凝聚力也被公认是全年级最好的。"确实，这个班级带给我太多的荣誉，我很庆幸我在育才的第一届时光可以遇到他们，孩子们很"优秀"、很"乖"，很多人也说叶老师是一个可以把孩子教得很"乖"的班主任，我非常自豪！

成都实验外国语学校西区初2008届8班，我完整带完的第一届毕业生，第一次品尝当班主任的酸甜苦辣

第一章 我的"班主任观"

成都实验外国语学校西区初2011届11班，很遗憾我只陪你们走完初二，这也成为我教书生涯中最大的遗憾，对不起

成都七中育才学校2013届18班，这个"馒头班"是我一生的骄傲

故事三 11班与18班的孩子们

送走"第一窝"，2013年我迎来了"第二窝"的"毛毛虫"们（11班的班级吉祥物是毛毛虫，学生以"毛毛虫"自称，寓意"破茧成蝶"），和18班对比，"毛毛虫"们可以说非常的"不乖"，我遇到了很多之前没有遇到过的难题。孩子们爱我不？爱！我爱他们不？也爱。但我确实

成都七中育才学校2016届11班，这群极富个性的"毛毛虫"，在育才三年拼命折腾，破茧成蝶

是每天都在处理各种烦琐问题、应对突发事件、协调班级关系中度过的。作为班主任，那段时间，我身心疲惫，一度对自己的教育方式产生了怀疑。对比18班，我不禁自问：我的爱，变了吗？没有！我的情怀，变了吗？没有！方式方法呢？应该说比之前更有经验。那到底是为什么呢？为什么18班如此的"听话"，11班就是做不到呢？

那天我在办公室郁闷着，想不通，流泪了！我还真是喜欢哭的一个人。当天，下班巧遇校长，我给她抱怨了自己最近情绪上的反常，以及对自己的不断否定。校长笑着说："小叶，不必自责，个性是一笔财富。"她说得不大声，但那句话我听进心里了，我如醍醐灌顶，霎时，眼睛都亮了，反复揣摩着这句话："个性是一笔财富。"

11班的孩子和18班是不一样的，未来的每"一窝"都会不一样。个性张扬没有错，错的是我极力想把他们变"乖"、变得"听话"。校长接着说："学校不是工厂，你觉得呢？"

我终于明白，如果以前我到处炫耀18班的学生"乖"是我当班主任的成功，那么我今天也可以炫耀11班的学生"不乖"，或者说，我没有把他们变"乖"，同样也是我的骄傲。

有人会说："学生'不乖'有什么值得骄傲的？"

我们不妨这样想想：如果你是一名家长，你喜欢你的孩子被老师教成一个"乖"孩子吗？我相信绝大多数人会摇头的！至少我肯定不愿意！那三年，"毛毛虫"们魅力十足，各种赛场神采奕奕，锋芒毕露；那三年，"毛毛虫"们个性十足，敢于和老师斗智斗勇，一较高下；那三年，"毛毛虫"们带给我的每一个不平凡的日子，对我，对他们都是磨炼。慢慢地，我发现他们棱角更加鲜明但是并不伤害同伴；他们善于表达但也能听进意见；他们身上还有很多缺点，但是他们未来还有几十年的路要走呢！急什么！只要路没有走偏，没有驻足不前，这三年就是成长！后来的1班（2016年入学，我的"第三窝"学生）更是印证了我的这一想法，关于1班的很多故事我会在后面讲述。

成都七中育才学校2019届1班，小小的萤火虫因爱相聚，三年，我们发出最亮的光芒，点亮自己，照亮他人，幸福前行

故事四　作了父亲更能跳出教师视角看孩子

2017年，我终于当父亲了！就像之前电视剧里经常看到的一样，产房门口充满着欣喜与焦虑，很遗憾我是后者。五个多小时的漫长等待，那种不安让我几度崩溃，背对四位老人在走廊转角独自拭干泪水，我一次次看着医院手术室的那扇门，又一次次地背过脸去默默祈祷。那天，面对那扇淡绿色的产房大门，我在心里对自己说："从此以后，我再也不会对我的家长说'你太溺爱你的孩子了'。"

以前，年轻不懂事，我真的这样对家长说过这句话。那位妈妈泪流满面给我道歉："叶老师，确实对不起，孩子三岁之前都是在医院度过的，确实错过了习惯的最佳培养期，他能活下来都是上天对我最大的恩赐。"

那天，站在产房门口的我，终于对天下父母对孩子的"溺爱"感同身受了！我记得1班的学生曾经给我抱怨："叶老师，我觉得18班、11班的师兄师姐比我们幸运多了。"

我很好奇地问："为什么？"

孩子们说："那会你没有结婚呀，没有当爸爸呀，多出好多时间去陪他们，周末天天陪他们玩！"我很高兴孩子们说这样的话，至少他们是愿意和我玩的。

我笑了笑侃道："你们呀，比他们幸福多了！"

孩子们不相信地问我为什么。

"你们相信我以前也是一个脾气很暴躁的人吗？"

学生惊讶地说："不会吧！虽然你也有生气的时候，但不能算是暴躁吧！我们全班都觉得你挺温柔的！"

我笑得更加灿烂："18班和11班的师兄师姐是见识过的。我之所以说你们是最幸运的，是因为我今天多了一个身份，不仅是一位老师，更是一位父亲。以前我好多看不顺眼的事情，现在都看得顺眼了，我都能理解你们。"

班上，孩子们笑得很开心："也是，叶老师脾气最好了，真的理解我们！"

角色变了，状态就变了；看待事物的角度变了，处理问题的方式也就变了！

上面的四个故事简单回顾了我从教的经历，以及十余年间经历的生活挫折与事业考验。生活可以让我们"心平气和"，而当我们把生活带入课堂中，或许更能理解"心平气和"对孩子的意义。

用长远的视角去看待我们的孩子吧！

用发展的视角去看待我们的孩子吧！

从学生的视角去看待我们的孩子吧！

从父母的视角去看待我们的孩子吧！

在看着孩子长大的时间里，我们要舍得"等待"！"非分之想"愈多，失落愈多，幸福也就远了，唯有我们舍得"等待"，幸福感才会反过来影响我们的师生关系、班级氛围。

"教育就是和学生一起过日子！"我想在魏书生老师的这句话中加四个字："教育就是心平气和与学生一起过日子！"既然是过日子，就难免磕磕碰碰，但这样的日子其实才更有滋味。而过着酸甜苦辣的日子，对我们自己更是一种修炼。我记得著名班主任李凤遐老师讲起她的班主任经历，那种幸福感让我们羡慕，我们明白，幸福的背后是他的大爱与付出，是一颗真实而平凡的和学生一起过日子的心。

经常有人问我，教了这么多年的书，教给了孩子们些什么？

我回答：其实我从孩子和家长那里学到的更多！

关系大于教育

错失营造关系的机会就是错失教育契机

"关系大于教育"这句话我很喜欢,第一次听到,是由当代著名学者林格老师分享的,后来,这句话也常被周围人反复提起。多年来,"关系大于教育"不断地在我的学习生活中被印证。的确,没有良好的师生关系,教育是不能真正落地的。

之前,班级里发生过这么一件真实的事情。

学生们因为走读,都在家完成家庭作业,英语老师要求家长每晚对学生完成作业签字(不要求家长检查对错),监督学生完成作业时间,提醒学生专注认真,提高效率。同时也对老师作业布置量有一个及时反馈,方便改进。英语老师给我反映,班里J同学的作业家长从来没有签过字,且她已经提醒过很多次,但家长无动于衷。

于是,我拨通家长电话:

> J同学妈妈您好,我是叶老师,英语老师反映孩子作业从来没有签字,我想问问是什么情况,家里是有什么特殊原因吗?看有什么需要我提供帮助的。
>
> **J同学妈妈** 叶老师,实在对不起,我每天晚上都陪伴孩子一起学习,她在学习时,我就在她旁边看书,孩子作业情况是比较积极主动的!
>
> 哦,那很好呀,英语老师请您签字反馈,孩子做得好的,我们可以及时表扬孩子呀!
>
> **J同学妈妈** 这个……实话给叶老师说吧,不是我不愿意签字,是孩子说什么也不让我签。

第一章 我的"班主任观"

> 这是为什么呢?

J同学妈妈 因为她嫌弃我的字写得不好!

我心里嘀咕着:"这是什么逻辑,一个名字而已,且她妈妈又不是没有文化的家长,学历很高,不至于吧!"

J同学妈妈 叶老师,我已经去报了一个书法培训班,专门去练习我的名字,等我练好了再签可以吗?

> ……(茫然中,我能说什么呢?)好的,那辛苦你了!

J同学妈妈 好的,叶老师,对不起了。

挂了这个电话,我一时半会儿没有回过神来,家长给学生签个字还要去报班,简直闻所未闻。但我还是期待着这个妈妈的书法名字闪亮登场。

一周后,英语老师继续向我反映:"家长依然没有签字。"

我心想:"这名字就三个字,得练到哪种炉火纯青的程度才肯写"。我忍不住又打了J同学妈妈的电话。

> J同学妈妈您好!我是叶老师。英语老师说您还是没有签字呀,之前您不是去练字了吗?

J同学妈妈 (电话这头我都能感觉到她的委屈)叶老师,我练了,老师都说我写得很好了,但我女儿还是不让我签字,说她还是不满意,我的字太丑了!

> ……(继续茫然中,我无言以对)那……你……接下来……准备……

J同学妈妈 叶老师,麻烦你再给英语老师解释一下。我已经想好了,我去刻个章,我就不写什么其他反馈了。这样女儿应该会同意,我下了班就去刻。谢谢您,叶老师!

> …(到这里我明白了)J同学妈妈,这不是字的问题,这是您和女儿的关系出了问题,还可能是很严重的问题。您有时间我们聊聊吗?

那天，我和这个家长在电话里聊了很久，她也向我说了很多在女儿读小学期间的故事。确实母女俩的"矛盾"存在不是一两天了，这种已经被撕裂的关系导致了教育过程矛盾地不断激化。我们只是想着去用什么技巧维持教育的节奏，而忽视了教育者与受教者之间的内在关系，这样的教育肯定是无效的。

练字也好，刻章也罢，都不是关键，关键是父母如何去改善与女儿的关系！班主任和学生之间亦是如此。

我们都需要保有"敬畏之心"

现实中，我们经常担心师生关系过于疏远，角色界限过于分明，这两种状态容易导致教育效率降低。另一个极端是，我们反过来担心师生关系过于亲密，学生对老师少了"敬畏之心"。

优秀的班主任可以做到让学生"敬而不畏"，但这份"敬畏之心"不仅是学生对老师的敬畏，而且应该有老师对学生的敬畏。在师生关系中，老师很容易成为强势的一方，因为太不"畏"学生，所以经常会说一些伤害学生的话，做一些伤害学生的事。不管是有意为之还是无心之举，都不应该。

同学生做朋友，要真实有信

我曾经和一些年轻班主任讨论，我们每个人用一个词语来形容你心中最理想的师生关系：有老师说"和谐"；有老师说"尊重"；有老师说"成长"；还有老师说"信任"……轮到我说时，有两个字是我想表达的——安全！

这种安全是身体上的。当我的学生满脸怒气地向我走来，我会想到他是来找我倾诉，而不会伤害我，给我一拳！当我一脸严肃地走向学生，他会觉得犯了什么错误被班主任发现了，而不会担心我会打他，伤害他！

这种安全更是心理上的。当我在工作中遇到困难与委屈，不仅可以和家人、同事诉苦，而且我的学生也能成为我最强有力的依靠，他们会时时刻刻支持我，给我满满的工作动力。当我学生最彷徨、最无助的时候，能把叶老师这里作为最后的依靠，相信我可以帮助他，这何尝不是一种安全感！

很欣慰，在学生、家长的支持与关爱下，十多年来遍布坎坷却充满幸福的班主任之路，让我收获的不仅仅是事业的满足，还有这么多同路人的支持与伴我一生的友谊。尽管每一届都有学生因为各种原因"离家出走"，无一例外，他们最后都会主动和我联系；要么就是离家出走到我家，终没有酿成遗憾。故在毕业时，我告诉所有的孩子们："叶老师的家是你们的避风港，不开心，随时来！"

有老师问我："怎么和学生建立和谐的关系呢？"与学生建立和谐的关系不是有意为之的结果，而是我们和学生在每一天的相处中培养出来的，更是在双方一次次试探、配合中凝结的信任。

如何让学生全身心地信任我们呢？首先，班主任要呈现"真实"的人格，营造"真实"的班级生态，让学生过"真实"的班级生活。这里强调的"真实"，是伟大的人民教育家陶行知先生所说的："真教育是心心相印的活动，唯独从心里发出来，才能打动心灵的深处。"可见"真实"能让我们放下戒备，成为彼此值得信赖的朋友。如果学生老是觉得我们老师的微笑、鼓励、煽情带有功利性目的，那我们的教育效果就会大打折扣。

其次，我们需要真正去了解学生"所爱"。我们经常说和学生有代沟，我不太赞同这个观点。为什么学生喜欢的东西我们就不可以喜欢呢？一次，一个老师向我抱怨说："我们班的学生一点都不用功，我给他们推荐好的文学作品，他们居然马上就给我推荐一本漫画。"从这句抱怨的背后我们可以看到老师对学生"所爱"的抵触，既然如此，我们为什么还要去抱怨学生不接受我们的"所爱"呢？面对这种情况，作为老师，我们可以去看看孩子推荐的漫画，或许你能从故事结构、画风技法、人物塑造等方面找到一些优点。你接受了孩子们的"所爱"，孩子们才会愿意去看看你的"推荐"，至少你可以和学生找到一些共同话题，就算是"吐槽"，也得有共同兴味，何不把这个作为交流的开端呢！

学校里，我们经常会发现一些受学生喜欢的老师，始终保持着一颗童心，他们跟得上时代新的步伐，自然也能跟着学生年轻起来，何乐而不为呢？假如我们现在上课还以1986年版《西游记》、1992年版《新白娘子传奇》为话题，讲得我们自己情怀满溢，但是学生会有共鸣吗？何不做个调查，看现在有多少学生真的看过1986年版《西游记》与1992年版《新白娘子传奇》，且还觉得好看呢？对学生有教育意义的活动，一定是他们的世界里崇拜的、向往的，对于学生不成熟的想法，我们可以引导，但是不能无视！

最后，就是通过体验式的活动让学生更深入了解我们，而不是光靠说教。只有在真实的班级活动中，与学生一起哭、一起闹、一起面对困难、一起享受成功，我们与学生的世界才会紧紧地联系在一起。

我的教育故事

我刚接手 11 班的时候学生也不信任我，转变来自 2014 年的那个愚人节。这个活动在我的专著《爱要大声说出来——叶德元班级活动精选》里有介绍。但是我还是愿意放在这里作为一个典型事例，来说明师生关系改善的契机是多么重要！

2014 年 3 月 31 日，是学校的艺术节展演，我们班的合唱节目都是学生自己排练的，班上并没有声乐方面特别出众的孩子，我感觉班里学生在比赛前的士气有点低落，就想了一个办法鼓舞士气。那天，我或许是少了一根筋，我到班里面宣布："这次比赛，只要我们班能够进入年级前三名，第二天的愚人节你们可以随便'整'我，我保证不生气。"

听到这个消息，全班一阵欢呼，几个"熊孩子"不停地问我："叶老，你说真的哇？真的可以随便'整'你？你真的不生气哇？"我笑嘻嘻地点着头，心里那是相当紧张呀！

当天的比赛，孩子们自信的微笑、整齐的队伍、创意的展示赢得了专家与同学的一致好评。我们满怀激动地等待比赛结果，结果我们获得了第五名（年级 14 个班）。名次宣布以后，班上孩子们非常失落。不是因为比赛名次，而是因为明天他们"整"不到班主任了！

我看到孩子们失望的神情，也在想怎么收场。我想，被他们"整"一下也没有关系，不妨借此机会增进友谊，也让他们知道叶老不是老古板。毕竟当班主任久了，难免会有一张班主任特有的"脸"，倒不如让他们知道我也是可以陪他们一起"疯"的。回到班上，我先表扬了孩子们当天的表现，然后宣布："明天'整我'活动照常进行。"

那一瞬间，孩子们不敢相信自己的耳朵，愣了两秒，然后全班欢呼。

回到家里,我一直很好奇,第二天孩子们会怎么"整"我呢?我们班有一个学生群,为了给孩子们多一点自由表达的空间,我没有入群。受好奇心的驱使,我忍不住在家长群里求助,希望能窥探到一些孩子们的动向。一个小时后,有家长发学生聊天截图给我:

> A同学 端盆水给他泼过去。
> B同学 这样会不会太过分了!
> C同学 他说了,他不会生气呀!
> D同学 班主任的话你都相信,他说他不生气,就真的不生气吗?

看完这样的对话,我哭笑不得,但是其实我明白教育已经在发生。

回过头来,看看孩子们当天是怎么"整"我的:

> 1.打开就会"爆"的可乐,善良的孩子一边进办公室,一边使劲摇晃着可乐瓶,这是在提醒我呀!
> 2.送一个有芥末的月饼。
> 3.我的手机不见了!
> 4.我的手机又不见了!
> 5.晕,他们用我手机在拍照,他们怎么知道我手机密码呢?

那天"整"我的孩子,只是极少数,并且是几个和我平时关系很好的学生,更多的学生是在观望。那场景是:一个学生进办公室,后面四十几个同学探头观察,他们可能还不相信这一切是真的。看到我真的没有生气,孩子们才越放越开。没有赶上的学生很遗憾,还放"狠"话:"叶老,你明年等着!"

中午,我召开了一次特殊的班会课。我这样总结:先教部分同学有"分寸",当你有意识地想要去和别人开玩笑的时候,你是否会问自己一句"这样是不是太过分了"。还要教部分同学"大量",用微笑面对同学善意的玩笑,让自己拥有更多的朋友,生活往往就会给我们开这样那样的玩笑,让我们做一个"会开玩笑"

又"开得起玩笑"的人。那晚，同学们主动把我拉进了学生QQ群！

很多活动不一定要学生感悟到什么，能够让孩子们开心、走近老师、亲近同学也就够了。这些年来，我做了很多这样的事情，没有目的，只有快乐，但是我相信这都是教育。

2015年9月10日，中央电视台播放了《寻找最美教师》的特别节目。很荣幸我在那一年被评为"全国十佳最美教师"。当天晚上，一个孩子在他的QQ空间里写了这样一段话（节选）：

> 从第一次跨进育才校门……我当时并不认为一个老师可以真正的理解学生，但这一次，我输了……我离家出走，你找到我，没有质疑、责备，只是大大咧咧的样子，让我和你回去，让我感受到了家的温暖。每次你找我帮忙的时候，家里人总是表示理解，如果是小学的时候，我绝不会理睬班主任的求助。你总是在课上课下和大家开玩笑，拿自己来侃侃而谈，谁能知道你嘴上一句带过的话，蕴藏多少辛酸。我告诉你，你在我QQ里的分组（他把我放在"家人"这一组），你丝毫不意外地说："对啊，我们一直就是一家人。"我对这句话也不那么意外，对啊！一直以来都是。

林格老师说：教育学在一定程度上就是"关系学"。改变了关系，也就改变了教育。一个班级就是一个生态圈，这个圈里有学生、老师，还有我们的家长，甚至包含了学校、家庭、社会。

虽然我们不怕出问题，但是绝对不是出了问题才解决问题，反复出问题又反复解决问题。良好的班级生态应该有自我修复功能，使所有的班级成员在一种良性的"师生关系""生生关系""家庭关系"中自由成长。

不"特别"就没有"特别"的爱

"特别"的爱与"公正"的爱

班主任会经常遇到这样的家长：

"老师您好，我的孩子眼睛近视了，坐在后面看不到黑板，可以照顾一下，让他坐在前面吗？最好是中间点的位置，谢谢您！"

"老师您好，我今天来报名的时候发现你们班有的孩子都好高了，我这个孩子长得慢一点，在排座位的时候可以特别照顾一下不，让他坐在前面一点，您看可以吗？谢谢您！"

相信这样的情况一定是不少的，面对这些家长的所谓"合理要求"，不知道大家会不会特别"照顾"。我的处理方法是坚决不"照顾"。

孩子眼睛近视、身高不够就要求坐前面，换位思考，若我的孩子眼睛没近视，个子也挺高，那是不是就要一直坐后面呢？

曾经有记者问我："叶老师，你教书这么多年，你班上有没有那种被特别关爱的学生。"

我想了很久，回答记者："没有！"

哪种人需要我们特别的"爱"？是"老弱病残"这一类人。假如我的班上确实有这样的学生，我一定会"特别"关注，甚至是"加倍"地关爱他，但是如果没有，就必须一视同仁。因此，我会拒绝家长的所谓"合理请求"。倘若学生确是因为眼睛有疾病，根据医生要求在治疗期需要调整座位，我会在给全班同学解释清楚的情况下考虑"照顾"。至于身高问题，如果确实因为个子原因视线被挡住了，那么可以通过左右侧移座位的方式来解决。因此在我班上，学生座位没有那么"讲究"，大家都是轮着坐。方式简单，但背后传递的是人人最渴望的那份"公正"。

设想，当我们还是学生的时候，你希望老师对你"特别照顾"吗？反正我不希望。今天的学生需要的不是老师"特别"的爱,而是"公正"的爱!

曾经有老师给我说:"我们班的座位安排特别的公平、公正,反正就按照每周的考试成绩,你考到多少分,就坐哪个位置!公平吧!"

我不知道这样的"公平"该从何说起?值得注意的是,这份"公正"是不能加任何附加条件的,同时,也不带任何功利导向,特别是不能在前面增加"成绩""分数""职务"这样的限定词,因为学生是非常敏感的,尤其是对班主任在班级颁布的条例。

"叶老师,您是一个特别公平、公正的老师。"

再说一个发生在2019届1班的真实故事。

新年级开学第一天,我下发了学生调查表(本书后面章节有介绍),根据学生小学阶段的一些简历,我从中指定了几位同学担任临时班长,方便第一个月相关班务工作的开展。我告诉全班同学,这几位同学仅仅是因为小学有过担任班长的经验,这个月只是试用期,我们会在国庆节回来后进行改选,所有同学都可以参与竞选,届时,再选出我们班正式的首届班委。临了,我还不忘感谢几位临时班长在接下来这个月的付出,鼓励他们热情为大家服务,做老师们的好助手。

我想,这样的安排对于新班级建立之初开展工作并没有什么不妥,但是万万没想到,放学以后,其中一个班长来办公室找我。

临时班长 叶老师您好,打扰您了!(学生很有礼貌)

同学,都放学了,今天是开学第一天,挺辛苦的,怎么还不早点回家呢?

临时班长 我专门等到同学们都走了,想给您说点事情。

(我知道他有情况反映,我保持微笑)好呀,有什么尽管说!

临时班长 叶老师,您为什么今天要选我当临时班长呢?

(我感到有点意外,察觉这个语气有点不愿意)我看到了你今天积极为班级服务,而且你调查表上写了在小学时有好几年的班长经验,应该可以很好地胜任班长一职。

临时班长 谢谢叶老师的信任,可是……

🧑 没事,如果你有什么顾虑可以告诉我,没关系的!

临时班长 我其实很感谢叶老师选我当班长,我吧!也很愿意为班级服务。

🧑 (松了口气,生怕他反悔,这临时我找谁顶替呢?)你说,到底怎么了?

临时班长 我只是想告诉叶老师,您一定要记住哟,班长也是"人"哟!

🧑 (我瞪大眼睛,觉得这太有意思了)什么?你的意思是?

临时班长 叶老师,我小学时其实当过很多年的班长,但是我们班当时纪律有点不好,一到什么自习课呀,小学科的时候班上就很吵。班主任又找不到谁在说话,其实大家都在说,但是因为我是班长,所以每次都先"收拾"我。

🧑 (我不厚道地笑了)哈哈哈!

临时班长 叶老师,您别笑,其实我也是一个特别爱说话的人。我想先给您打个招呼,免得每次都是我挨骂。

🧑 (这个孩子也太可爱了)哈哈哈!

临时班长 现在初中了,我会尽量管好我自己的,不给叶老师您添麻烦,我会帮您维持好纪律。我今天来表态,只希望您先有个心理准备。

🧑 好的,我知道了!我绝对不冤枉任何人!但你也觉得自己有点说小话的毛病,要不就趁此改改,毕竟我们都上初中了,咱就改改。如果1班以后也有这个纪律问题,至少班长可以以身作则,我们试试?

临时班长 好的,叶老师,我尽力,我也会好好工作的!那我先回家了,再次感谢您的信任。

孩子走后，我笑了好久。其实这背后就是孩子争取的一份"公平"，凭什么我是班长我就不可以说说话，我也是一个学生呀，更何况还仅仅因为班长的身份每次都要替旁人背锅。

反观周遭，很多老师会说："到了中学，学生不太愿意担任班级职务，积极性不高。"这其实也和我们对学生一味地"特殊照顾""特殊要求"有关，我们忽视了他们首先是一个和所有人一样的普通学生！对此，很多优秀的班主任会采取"班级事事有人做""班级人人有事做"的管理办法，我觉得挺好，这就是一种"公平"原则的体现，所有职务没有高低贵贱之分，只是分工不同。班长、学习委员、文艺委员、劳动委员、科代表、小组长、午餐管理员……大家都一样，都在各自的岗位为班级服务，谁也不能替代谁。只是，作为班主任的我们需尽可能杜绝上下级的管理关系意识表露，倡导众人大家应该是合作学习的关系。

在我的班级，从小组建设的双向选择、班委干部的竞选、三好优干的申请评比、学校活动的班级内部海选……班级事务的方方面面都要体现公平与民主，这其实就是一种公民教育。

这份"公平"对于学生来说很简单，不会因为我成绩不好，犯了错误就要遭受更多的惩罚，而自己的积极努力，同样可以得到老师的赞赏与鼓励。自然，学生也不会想着因为他是一个成绩优秀的同学，他犯了错误就可以特别宽恕。说一千道一万："不'特别'，就没有'特别'的爱。"

对此，我也有我的一个小目标，我希望当我的学生毕业时，他不会说："叶老师，您是一个特别爱我的老师。"而是说："叶老师，您是一个特别公平、公正的老师。"

努力了终归有回报，我很高兴，每一届都有好多孩子对我说后面这句我想听到的话，欣慰之极。

是"标新立异"还是"实事求是"

时代与学生变了,我们要跟着变

2014年我被评为"全国模范教师",2015我再获中央电视台和光明日报联合评选的当年"全国十佳最美教师"的荣誉称号。可能正是因为这些荣誉和社会各界对我工作的肯定,2015年、2019年我两次被邀请到现场观摩了天安门阅兵仪式。如今,回过头看看自己教书生涯这16年,走过的每一步,感觉都像在做梦一样,感慨万千。

伴随着荣誉,各种质疑也随之而来。前几年,网上出现了批评我的文章,写文章的人或许与我只有一面之缘,甚至都没有聊过天,就听过我一个小时的分享,他们就可以写出长篇大论,说我重视什么,忽视了什么。2020年9月,我从香港回来,中途接班,班上有家长听说过"最美教师"这个名号,觉得我肯定是一个喜欢耍"花架子"的人,而闹着要转学。有时我也会觉得很委屈,借此机会,我想说:"我喜欢做活动就意味着我不重视常规吗?我和学生关系亲密就意味着没有底线吗?听一节40分钟的课就可以归纳我的上课模式吗?"

我经常给学生说:"质疑太容易,欣赏反而太难了!"难过是肯定的,因为他们根本不了解我,不了解我的学生,就对我横加指责,且有些话现在听来依旧"伤人"。我经历这个事件后,想得明白了,不那么在乎那些流言蜚语了。所见所闻使得我内心变得更加强大。那几篇批评我的文章,我都转载在我的博客上,文中的只言片语只要有道理,我都欣然接受。有时,恭维的话听多了,这种给我以阵痛、隐痛之言,听听也无妨。

后来,我也从旁人口中得知这样的评价:"叶德元的成长是因为'标新立异'。"对此,我不赞同。那些所谓的"创意"与"出格",不是我突发奇想,更不是我为了哗众取宠、博人眼球,纯粹是我真心所想,学生发展所需。因为时代变了,学生变了,老师不能不变,我们需要实事求是,需要与时俱进。因为我知道,没有哪一本书的管理方法是针对我的学生而写的,所以我只能去研究我的学生,研究他们的需要,而不是照搬别人的经验,学生变了,我只是跟着变,仅此而已。

我喜欢的教育家陶行知先生在《怎样做大众的教师》一文中指出:"你要教你的学生,你怎么去教他。如果你不肯向你的学生虚心请教,你便不知道他的环境,不知道他的能力,不知道他的需要,那么你就有天大的本事也不能教导他。你只需承认小孩有教你的能力,你不久就会发现小孩能教你的事情多着咧。只需你甘心情愿跟你的学生做学生,他们便能把你的'思想的青春'留住;他们能为你保险,使你永不落伍。"很多人认识我,是因为一个叫"叶老的窝"的班级博客。今天利用网络为教育服务已经不是什么稀奇的事情了,但是13年前,这真的是"标新立异"的事,那我为什么要这么做?就因为实事求是。

我的教育故事

故事一 一场点燃我的生日会

2009年,当时我在住读学校。有一天我接到一个妈妈的电话,她给我说:"叶老师,明天是孩子的生日,这是13年来我第一次没有在孩子的身边陪他过生日。不知道叶老师可否帮我给他送一句祝福,告诉他妈妈很爱他。"

每个月都会在班级给同学们过集体生日

我也会送上精心准备的生日礼物

其实，那时我当班主任也有一段时间了，我从来没有意识到这一点。晚上，赶忙去买了蛋糕，考虑到班里其他孩子并没有这样待遇，怕引起大家误会。在上晚自习时，我偷偷喊他到我办公室来，将他母亲的原话转达于他。孩子听后眼泪夺眶而出，我看到孩子幸福的眼泪，那一刻，我觉得我当班主任做得太少太少。那天孩子吃蛋糕的时候，我拍了一张照片发给家长，家长激动得不得了。退一步想，其实当父母的就想看看孩子在学校做了什么，他们就心满意足了。这也是我多年来持续更新博客的不竭动力。

从那之后，学生生日、班级科任老师生日，甚至学生家长生日我都会做统计，保证他们生日当天都会收到来自班级的祝福。慢慢地，这就演变成了我所带班级文化的重要内容。

故事二　一次军训，写博客的初衷

2010年，我到育才学校带18班，初二时我组织学生去军训，学校希望家长放手，让学生去适应新的生活，没有特殊情况，不许家长到军营探班。其间，我发现一个小细节，军营的操场四周是小山，我经常能看到树林里有几个"鬼鬼祟祟"的人在走动，他们时而蹲着，时而站着，"长枪短炮"不断瞄准。每每看到这个场景，就觉得既好笑，又心疼。那是一群可爱的爸爸们！为了看孩子几眼，留下几个宝贵的军训镜头，顶着烈日，忍着蚊虫的叮咬，在人海中寻找着孩子的

2013届18班军训，六天我为孩子们拍了18.9GB的视频和照片

做的班主任

模样,好不容易孩子靠近了一点,赶紧按下快门键,然后心满意足地蹲在那里欣赏他们的一日表现。

这就是父母,了不起,但又着实辛苦。我就在想,我可以为他们,为班里所有孩子的父母做点什么。

军训的那七天,我每天就坐在操场上陪着我们班的孩子。他们看见我随身背了一个包,里面有相机、电脑、各种资料,非常沉。

当时18班分在6个不同的方阵,我每天就在操场上穿梭,争取给每个孩子都能拍到特写镜头。只要哪个家长给我留言,说想看看自己的孩子,我会马上跑过去,拍一张发给家长,我能想象此时的家长有多幸福。

晚上查了寝室,孩子们都睡了,我就打开电脑,对着名单一个个找照片,争取每个孩子都能每天出现在博客上,我告诉自己:"一个都不能少,家长都等着。"

那个年代无线还不普及,我借了一张上网卡,但因地处山上,信号不好,网速慢。好几个晚上都是一个通宵发照片,第二天继续坐在操场上,陪着、拍着、笑着……

七天后军训结束,大巴车刚到学校门口,我一下车就被一个爸爸紧紧抱住。他嘴里一直在说:"谢谢叶老师。"

这举动,着实吓了我一跳,因为我不认识这个人!我紧张地问:"这位家长,你认错人了吧!"

家长依然很激动:"叶老师,我没有认错人,我不是你们班的家长,因为我的孩子和你们班在同一个学生方阵,我和爱人每天晚上都等着看你的博客,看能不能找到我孩子的身影。果然,我们在你的博客上看到了他半张脸,孩子笑得很开心,我们两个人在家里兴奋了一晚上,太谢谢您了,叶老师。"

自然,这就是我写博客的初衷。

故事三 和孩子一起过周末

2017年的一个周末下午,原定是我带班里孩子去成都市博物馆。早上六点,我突然接到单位电话让我马上飞厦门。情况紧急,我必须马上动身。推脱不掉,又不想取消下午的活动让孩子们失望。我挂掉电话,便一边收拾行李,一边抱怨

第一章 我的"班主任观"

2019届1班丈母娘（右一）带孩子们参观成都博物馆，照片是我妻子拍摄的

为什么不早点安排工作。

这时，丈母娘从厨房出来，高喊了一句："我去！"

我愣了一下："妈，你可以吗？"

她笑着说："你小看我呀，我当了一辈子班主任，这点事情我还搞不定？我和女儿下午一起去，顺道也去看看成都博物馆，学生就交给我了！"

……

飞机安全降落，我打开手机，看到了家长给我发的照片，博物馆的展厅里，丈母娘走在队伍前面，我爱人在后面给大家拍照……

这样幸福的家庭与班级，我累吗？我辛苦吗？我"牺牲"了我自己的生活吗？显然不是。不仅我的家人，而且科任老师和他们的家人都积极参与到班级活动中。一方面，学生学习压力得到缓解；另一方面，学生们也看到了老师讲台以外的真实样子，师生感情也得以增进。在这样的活动中，家长与学生也有了更多交流对话，对于构建一个和谐的班集体，有着非常重要的促进作用。

今年，我女儿两岁，已经参加班级十多个活动，小家伙陪哥哥姐姐们排练话剧、一起参加学校的儿童节、出席班级的毕业典礼……

做  的班主任

记录真实，当下的感受事后便逝去

有人会说：“这有什么，现在都是拍个照发 QQ 群，很方便的。”但在 13 年前，我做这些事情的时候，还是引来了很大的争议。虽然家长喜欢、孩子喜欢，但是提醒我的领导和同事却不少，我理解他们对我好，怕我吃亏。说到底，就是因为之前没有人这么做，或者做的人不多，或者怕看照片的人误读照片原意。在当时，很多人看叶德元就是"标新立异""哗众取宠"。不过，我坚持下来了，我觉得既然家长需要、孩子需要，我就要做，这叫实事求是，做实实在在的事。

其实当初写博客的出发点非常简单，就是希望家长多了解一下孩子在学校的情况。那会儿在住读学校，家长一周才见孩子一次面，有的甚至一个月才回一次家。家长根本不了解孩子在学校做了什么，何来"亲子沟通"。通过博客，家长可以寻找到与孩子共同的话题，有了共同的链接，才说交流，才说教育。

写博客可以记录班级生活，记录成长、记录青春。我经常说，我这辈子可能没有资格去写国家的历史，但是我可以书写一部我和我学生的历史。所以 13 年来，一直坚持，几千篇博客，记录下我和孩子们的每一天。现在看是记录，过几十年就是回忆，等我们都老了，那就是铭记了！2018 年的一天晚上，18 班的一个孩子半夜两点给我打电话，他在大学寝室，一个人躲在被子里哭，我赶紧安慰他，不知道发生了什么。孩子说："叶老，我在被子里看博客呢，我好感动，初中的每一天你都为我们记录了下来，有您真好。"

后来很多人都学着我写博客，但是真正坚持下来的不多。这个事情确实会占用我们很多时间，如果对电脑操作不熟悉的话，那么就是一件麻烦的事情，还要天天做，很多老师都是不愿意的。当然我不赞成什么都"一刀切"，优秀的班主任都有自己的一套班级管理经验，不是必须有班级博客。因为我坚持了 13 年，所以很多人很好奇：叶德元，你到底是怎么坚持下来的！

我想说，如果一件事情需要我坚持，那么我肯定早就放弃了！只有这件事情成了你生活的一部分，融入你的世界中，从"坚持不懈"到"理所当然"，你才会一直做下去。对于我而言，每天对着电脑给自己说话，用文字和图片的方式记录学生的生活，其实也就是我的生活，我没有觉得累，编辑博文反而是我每天最开心的事情。

有一天因为开会耽误了，放学还没有更新博客，我接到了老爸的电话："怎么今天还没有更新呀，我和你妈都刷新好几百次了，怎么了，今天不舒服吗？"老爸的话让我很感动，他和妈妈一直在关注我，我说因为忙，晚上回去补。老爸说："你坚持写吧，我和你妈在老家也不知道你忙不，怕打扰你，就看看你博客，你开心我们就放心了，你要是被学生气了，我晚上就打个电话安慰一下你。"

那晚，我打开电脑，幸福、甜蜜地记录着一天发生的故事。

所以我一写就是13年，没有停，不敢停，也不想停！

做热爱的事不能算"牺牲"

2018年，某电视节目采访我时问了一个很刁钻的问题：

叶老师，我看新闻报道说你过去10年做了400多个班级活动，以前你年轻，也没有成家，有的是时间。现在你做父亲了，孩子也还小，很多事情要忙，而关注你的人也变得更多了，他们每天都想看看你做了些什么，而你其实过得很辛苦，但只能强颜欢笑，是吗？

这样的质疑我听得太多，2015年我被评为"最美教师"时，媒体铺天盖地的报道说叶德元"牺牲"他的周末都去陪学生，我也变成了很多人眼中那个"很累""不顾家"的拼命三郎。

2013届18班保护"月熊"公益宣传活动

2016届11班白鹭湾骑游活动

2019届1班中秋亲子拔河活动　　　　　　2022届10班周末一起到博物馆参观学习

我没有"标新立异",只是从实际出发,实事求是,做我期待、孩子满意的教育。

在七中育才学校工作的10年里,我为我的三个班级组织了400多次班级活动。从学生入学到毕业,从感恩节到传统春节,甚至周末,我都会带着孩子们一起享受这份幸福的生活,唱川剧、打羽毛球、骑自行车、看电影……活动丰富多彩。

400多个主题鲜明、持续开展的活动,孩子们做主角、当主唱,他们在展示自己、认同别人的同时,学会了感恩、担当、团结。在活动中,孩子们的潜能得到释放,个性得到张扬。现在打开"叶老的窝",看到一张张活动照片,哪里来的辛苦,只有回忆与幸福。我一直想不明白,为什么是我"牺牲"时间陪孩子们,而不是孩子们陪我过周末。其实,有了孩子们的陪伴,我的周末生活更加丰富多彩,我的人生更是回味无穷。

2018年,我的第一部个人专著《爱要大声说出来》由成都市陶行知研究会策划、四川大学出版社出版,图书精选了21个班级活动,没有说教,有的只是浓浓的爱。那本书写得很快,一个月就完成了初稿。因为有博客,有真实的故事,因为实事求是,不用绞尽脑汁去"胡编乱造"。这本书在当年获得了四川省、成都市教育教学成果奖评比双一等奖,次年,在成都市陶行知研究会的推荐下获得成都市第十四届哲学社会奖科学三等奖。

实事求是,让我明白孩子们需要什么,所以我才会去创新,去打破常规。十多年来,每一个班级、每一个任务、每一个角色,我都希望可以尽心尽责;每一次欢笑、每一滴泪水、每一段回忆,我都无怨无悔。

2015年,有记者问顾明远老师:"你觉得什么样的老师是好老师。"他说:"让孩子感受到幸福的老师就是好老师。"

同年,记者问我什么样的老师是好老师。我讲:"看得清时代,在传承中勇于承担责任;想得到未来,在充分相信中慢慢等待;找得到幸福,用微笑带给孩子们希望!"

我愿意做这样的老师,希望给学生更多的幸福!

站稳课堂，以身作则

站稳课堂：提升个人修养与文化学养

曾经有师范院校的学生问我，叶老师，你是如何"征服"你的学生的？虽然"征服"这个词语不见得恰当，但是可以理解为学生对老师的信任。

我思考半分钟，回答了三句话：

"公平公正地对待每一个孩子！"

"上好我们的每一节课！"

"以身作则，幸福陪伴！"

课堂是我们教师的主阵地，是我们与学生最重要的交流场所。学生喜欢的班主任一定是课上得精彩的老师，"征服"不是讨好，不是迁就，需用我们的学识，让学生有所获、有所得。

在我的班级，我可以把历史课作为班级奖励，我会骄傲地对学生说："如果表现好，明天'赏'一节历史课。"一个教师对自己的课有这样的底气，学生不可能不喜欢我们。

2004 年，那时的我刚大学毕业工作不久，还未做班主任。一个晚自习时间，班上同学非常安静、专注。这时候班主任来巡视，他站在门口，看到了 N 同学。

> **班主任** N 同学！
>
> N 同学抬头看了班主任一眼，没有说话。
>
> **班主任** 你怎么把衣服外套脱了，这晚上多冷呀？
>
> **N 同学** 上体育课，热呀！
>
> **班主任** 体育课是下午，这都晚上八点了，快点把你椅背上的外套披上，别感冒了！

> **N同学** （很不屑）哎呀，我热嘛！
>
> **班主任** （小心走到同学面前，拿起椅背上的衣服，要给他披上）听话，一会儿感冒了！

这个班主任是真的非常爱孩子，在我眼中他的爱就像妈妈一样。晚上，虽然他不用守自习，但是他依然会在办公室陪着孩子们，还时不时过来看看。那个披衣服的动作，让我这个在外地生活的年轻人都觉得很暖心，不过万万没有想到……孩子突然站起来，在教室里跑，班主任可能也觉得很没有面子，毕竟我还在讲台上，他拿着衣服在后面追，跑了好几圈。我真的被这眼前的一幕惊呆了，不过我不能发火呀，班主任在场，我去干涉似乎也不太合适。最让人气愤的是，居然还有学生伸脚想要绊倒班主任，在讲台上的我，此刻可以说强压怒火！

最后班主任觉得很没趣，放下衣服："那这样，一会儿你要是觉得冷了，就自己穿上。"然后向我微微一笑，出了教室。

我不知道这个班主任此时的心情是什么，但是我真的好为他难过。在平时的交往中，他是一位热情开朗、善解人意的人，对我们年轻人帮助也很大。带这个班他也是付出了很多很多的心血，估计此时他内心一定在流泪。

我最终没有忍住。当班主任出去以后，我猛地拍了一下讲台，我发火了："你们都给我停笔，干什么呢？"学生们都没有说话，我一直觉得这个班的孩子们很可爱，他们在我上课的时候都很配合，下来和老师的关系也很好，我真的想不通："你们为什么要这样对你们的班主任，不觉得很过分吗？N同学，最起码的礼貌你懂吗？对老师的关心不懂感恩，还肆意挑衅。这里还有很多的班委干部，难道你们对老师的回报就是嘲笑、作弄？我从来没有见过你们这个样子，太让老师失望了！"

当时我22岁，年轻气盛，我太生气了，声音很大，估计在办公室的那位班主任也听见了，但是他没有再出现在教室门口。

这个时候，N同学缓缓站了起来："叶老师，你不要生气，我们没有想过要气你，你生气干吗！"

嘿，这小子还说得理直气壮。我说："你站起来更好，你说，班主任哪里对你不好了，这么爱你。你今天的这个行为是平时老师教导你的吗？"

N同学还显得很委屈："叶老师，不骗你说，我们就是很不喜欢他。他是很爱我们，但是就是不喜欢。"

我依然一脸怒气："爱你们，还不喜欢？"

N同学有点激动地说："叶老师，你来听听他上课嘛，不是我们成心气他，真的不喜欢他上课。一个老师的课好听我们才会喜欢，这个没有错吧。他的课真的是'绝了'。我这里有一本《教材全解》，他上课我们就打开，每一句话都是上面的，一模一样，这样的课有意思吗？你让我们怎么喜欢他呢？"

突然想起著名班主任桂贤娣老师的每日三问："你爱你的学生吗？你会爱你的学生吗？你的学生感受到你的爱了吗？"最难的就是我们的爱，学生是否真的感受到！

15年过去了，这个N同学现在和我还有联系，我们经常讨论一些关于历史的话题，但只要看到他，我就能想起那晚那个12岁的少年！

课堂是我们的阵地，专业是我们安身立命的家伙！一个老师，首先要把自己的专业做精，课堂出彩，才能真正"征服"学生。特别是中学生，他心中已经有了一定的"是非"标准，对知识的渴求也更高。颜值、搞笑、套近乎都不是"生存之道"。用我们专业的学识、精彩的课堂去"征服"学生，才是长远之计，才能成为学生内心真正敬佩的人！

言行一致，以身作则

我们经常说"言传身教"，自己都做不到的事情，不要让孩子去做。很多时候教育不是教给孩子多少，而是把我们自己活成自己最喜欢的样子，成为学生的榜样。

每天早上我一定是第一个到教室。这么多年来，风雨无阻，已经养成了习惯。我喜欢提前40分钟到，检查一下教室里的设备，打开窗户透透气，然后坐在讲台上迎接我的学生。我会利用这段非常宝贵的时间，梳理一天的工作，按照轻重缓急排一个顺序，贴在我的办公桌上，每天的事情保质保量完成。学生刚开始很好奇，不知道我在干嘛，慢慢地他们发现其中的秘密，我也发现了他们的改变。

我经常坐在门口陪伴孩子们上自习,这就是我看他们的视角。有的时候只需要无声的陪伴,让孩子感觉你在那里,心里就踏实

刚开始来得早的同学会过来看我在写什么,和我调侃几句。过了几天,他们只要看到我在讲台上认真思考,他们就会以最快的速度静下来,看看书,读读单词,有的还会学着我的样子梳理今天要完成的任务,列一个清单。或许少了清晨的寒暄,但是教室变成了让人可以静心学习的地方。伴着太阳的东升,人越来越多,教室里依然那么安静,那么投入……

我们要求学生自习课专注认真,我们在讲台上就别玩手机;我们让同学发生矛盾时要和善友好,我们对家长就要尊敬体谅;我们让学生诚实守信,我们就不要随意发号施令,说了就要做到,做不到就不要说。

每到初三,七中育才的自习课就会分成两个教室,这仅仅是为了让学生有一个安静环境。而我习惯了坐在两个教室中间走廊,不管是酷暑,还是寒冬,我都喜欢坐在那里,自己看书、办公,写关于孩子们的博客。经常有学生来劝我:"叶老师,我们现在乖得很,你去办公室吹吹空调吧!这过道太冷了,你刚好坐在风口。"我说:"我坐在这里不是监督你们,我们一起学习,咱们心里都踏实。"

老师们从我们班教室门口走过,都会给我竖大拇指说:"佩服你的毅力,天天坚持,用自己的行动陪伴。"我都笑笑回答:"习惯了!"

我的教育故事

故事一　和学生一起学习，身教胜过任何说教

2015年，11班初三的时候，我在网上报考了研究生。听到这个消息孩子们笑了好久，他们知道我英语不好，觉得我肯定考不上。我微笑着给孩子们说："确实有难度，有难度才去挑战嘛！我试试，你们也监督我。"

从那天开始，我每天中午提前5分钟就坐在过道上，因为过道光线不好，我还准备了一个小台灯。埋下头、静下心，看我的书，背我的单词。

我惊讶地发现一个现象，以前中午还要催大家快点安静，好上自习，自从我开始考研复习，每天中午最多两分钟，班上所有孩子都静下来了，他们也怕影响到我。就这样，我们每天坚持着。几个月后我拿到了四川师范大学历史教育专业的在职研究生录取通知书，那一刻全班都沸腾了。"孩子们，还有三个多月就中考了，接下来看你们的了。"之后的日子，我依然坐在那里。

三年后，1班到了初三，我又抬着我的小桌子，打开我的小台灯坐在过道上。第一天围了很多同学过来，他们很好奇地问："叶老师你要干什么？"

我说："陪你们冲刺中考，这不，我研究生要毕业了，今年要写论文了。"同学们好像对研究生论文很好奇，围着我提了好多问题，最后总结——这也太难了吧！的确，难也要做，自己的任务，认真了肯定不难。那段时间他们见证了我每天中午的忙碌，查资料、读专著、写开题、被导师批评、论文反复修改。那一年的中午，我完全不用分心，孩子们好安静、好认真！

6月中旬，孩子们中考，我在6月初顺利拿到了四川师范大学研究生学位，2019年我和孩子们一起毕业！

故事二　教育的力量源于真实发生

我喜欢呈现一个真实的自己给学生，老师一样有焦虑，也会犯错误。学生看到导师给我修改的论文，惊讶地嘴巴都张大了。

"叶老师，这么多要修改呀，你们导师太狠了。"

"是呀，我还被批评了。"

几个孩子愤愤不平道："我们叶老师这么认真还要被批评，我们去给你打抱不平。"

我笑着说："认真就不批评了？做得不好就是不好，该批评就得批评，你看我的老师多好，80多页的论文帮我改得好仔细。你们看，我还发了朋友圈，感谢我的老师，这样负责的老师才是好老师呀。"孩子们笑着说："我们叶老师也是认真负责的老师。"

不知道大家看到这段对话有什么感觉，教育已经在悄无声息地发生了！

这几年，只要我参加了各种赛课，我都会在博客上毫无保留的与学生分享心路历程。

2007年全区赛课，比赛前我在金牛实验中学的操场上跑了好几圈，紧张得双手出汗，跑步只为让自己平静下来！

2009年全市赛课，因为临时抽题，一个通宵没有睡，对着镜子一遍遍地试讲，早上六点就去文具店门口等着开门，我还有一个道具没有做……

2010年全省赛课，早上五点来到绵阳的河边，对着河里的鸭子上课……

2012年全国比赛，希望可以拉近与学生的距离，在南昌满大街找灵感，最后让很多老师以为我是南昌本地人……

2012年在南昌举办的全国历史赛课获得一等奖，第一时间给孩子们报告喜讯

2020年12月我带10班同学们参加学校的研讨会,同学们说,这是一节终生难忘的历史课

2015年全国历史年会,因为太紧张,上场前我在幕布后跳了一段芭蕾舞。不料还被人发现了,太丢人了。但是走上台的那一刻,我笑得非常自信……

这些经历,我的孩子们都知道,学生需要的是一个可以和他们一起哭、一起笑的老师。他们会发现原来老师和他们一样,比赛前会紧张、焦虑、兴奋,老师也会想各种方法去调剂。老师和他们一样也有自己的软肋,我们都需要微笑面对,永不退缩。

这些都是教育!

教育就是用生命去影响生命!

和学生在一起,教育就在发生!

和学生没有一起,有时候教育也在发生!

感动是因为似曾相识

知行合一，在行走中找到学习意义

很多家长和老师喜欢抱怨："我们的孩子什么都不在乎！什么都无所谓，怎么办？"那是因为他没有被感动，尤其是没有享受到那份因为感动而带来的幸福。

我们往往把学生的发展目标只盯准在成绩上。学习能力强，学习兴趣浓的学生容易在追求分数的过程中享受到更多的幸福，这是努力带给他的感动。他会感动于家长的陪伴、教师的教导，以及自己的努力。

成绩落后的孩子，一次次地面对成绩所增添的是失落情绪，而在高强度的学习压力下，他又找不到获得感，只能表现为不在乎、无所谓。其实这可能仅仅是伪装，他们同样希望得到认可，虽然他努力过，但是没有成效，索性慢慢就放弃了。

学习是学生阶段的主要任务，这句话当然没有错：一方面我们要积极创设学习环境，积极开发课程资源提升学生学习兴趣，优化教学策略提升学生学习能力，帮助学生取得阶段性的"成就感"；另一方面通过各种形式的班级活动、社会实践、学习竞赛让不同层次的学生都能享受到"幸福"，而在整个过程中真正能让学生感动的就是他自己。

学生问我，为什么要学习，我一般会给两个理由，虽然不一定能说服他，但是可以说服我自己。

理由一：让脚下的路越走越宽。学习不是帮我们直接走向目的地，而是让我们有更多选择的机会，这样人生才更精彩。如果一条道把路走死了、走窄了，那么就算你达到了最终的目标，你也会遗憾，因为你少了一种"或许我还可以……"的激动。

所以有学生说气话："叶老师，我就想去拉三轮车，不读书，难道不可以吗？"我会很诚恳地回答："可以！"孩子很诧异地看着我，估计心里在想："你还真的脾气好，这你也支持。"

的班主任

我当然支持，人一辈子就在做选择，选择之前慎重，选择了就别后悔。既然你可以如此咆哮地表达自己的理想，那说明你是经过深思熟虑的。当老师的就是给学生支持，我有什么不好同意的呢？我给他妈妈打电话，表达了孩子的想法，希望家长也能支持孩子。他妈妈在电话那头哭着问我："叶老师，现在成都哪里还可以拉三轮呀？"我回头看看孩子："没有办法，只有再做选择。"孩子说："怎么选？我还可以选什么？"我答："没有选择就去读书，读书才可以让你有路可选。"

理由二：真正让我感动的是那些似曾相识的画面，但是如何遇见那些"相识"，还是要学习，要读书。生活中那些与我们过去看到过、听到过、想到过的画面产生链接的事，才会引起我们情感的共鸣，才会触景生情。旅行途中，第一次看到大海，想起了那首美妙的歌曲，终于可以在海边放声高歌！乡间小路，突然发现一块石碑上刻着某个熟悉的名字，想起在哪本书上见到过。马上"百度"一下，印证自己模糊的回忆，然后骄傲地告诉同伴："怎么样，这我都知道！"夜深人静，面对人生不如意，想起当年老师对自己的鼓励和期待，老师说："毕业了，我不关心你飞得高不高，只担心你飞得累不累，常回家看看。"你会默默拭干眼泪，或许我可以再坚持一下，明天又是新的一天！

这就是学习的魅力！

"黄金屋"里认识，生活中再相见

2018年暑假，我准备去参观大英博物馆。我提前半年安排好行程，心情一直很激动！此行足以载入我人生的旅程记录。出去一趟不容易，功课是必须要做的，对于一名历史老师和班主任而言，这里的功课不仅仅是旅行攻略，或许还有更多……

我买了《大英博物馆世界简史》《亚述》《人性的启蒙时代》以及"一带一路文明系列"中的《古代埃及文明》《古代美索不达米亚文明》《古代希腊文明》《古代罗马文明》。书都很厚，出发的时候还没有看完，索性带上两本，踏上期待已久的英国之旅。

那段时间看书，我一直在寻找最让我感动的点，中国馆的"女史箴图"、埃及馆的"罗塞塔碑"、玛雅馆的"绿松石双头蛇"、日本馆的"神奈川冲浪里"、希腊馆的"帕特农神庙雕塑群"……我告诉自己，我都不想错过。

不过这里面最让我震撼的是亚述馆的《皇家猎狮图》浮雕。在被称为"血腥的狮穴"的亚述都城尼尼微，亚述王巴尼拔搭弓射箭，利箭划破长空，一只只骄傲的狮子倒在血泊中。我试图去了解每只狮子的故事，这只身上中了五箭，口吐鲜血；这只头上已经中了致命一箭，依然跳起来用最后的一口气死死咬住国王的战车；这只和心爱的伴侣一起倒下，我看着它的眼睛，仿佛它也在看我，还有好多好多……

而其中有一只深深地印在了我的心里：那是一头垂死挣扎的母狮。它身上连中三箭，鲜血喷涌而出，两条后腿已经无力支撑身体，瘫软在地上，两只前腿艰难地往前爬，没有一丝屈服。它仰起头张大嘴发出怒吼，眼睛死死地盯着战车上的巴尼拔。我可以想象它的绝望、无奈、痛苦……

越是看书越有冲动，真想快点见到他们！终于，我站在了大英博物馆的门口。我给自己安排了4天的行程，就在这里，慢慢地看。

我带上我的书，那一张张图片如今如此真实地出现在我面前，我寻找着，终于我感觉离它很近了，越靠近，越激动，终于我见到了那头母狮。我像看一个老朋友一样，贴得很近，很近。身边导游带着游客一批批地走过，那没有情感的解说让我觉得好笑，"哇，这里好多狮子呀"。

我坐在地上，看着这些"老朋友"，耳边隐约听见它们的吼叫，混杂着士兵的呼喊与战马的嘶鸣。这幅画仿佛动了起来，国王巴尼拔打弓射箭，弓箭撕裂空气，雄狮轰然倒地……

他们或许还有太多的故事，我急于多了解一些。在展厅我又买了几本专门介绍场馆的书籍，全部都是英语。我打开翻译软件，连蒙带猜艰难阅读。但是一点都不累，因为书上的朋友们就在我面前，我们已经"认识"了大半年，我就是来"叙旧"的。

连续四天进馆，不管我当天的行程是什么，我都会先去亚述馆看看那头母狮……临走时，我哭了！我明白我为什么哭，感动是因为似曾相识，我们是老朋友！

开学的第一课，我就给孩子们讲的《皇家猎狮图》，艺术家们并没有为了凸显国王的英勇而忽视了对狮子的刻画，那些狮子歇斯底里、张牙舞爪、愤怒绝

在大英博物馆亚述馆看《皇家猎狮图》——垂死挣扎的母狮

2018年9月开学第一节历史课,我把大英博物馆"带回"了课堂

望……在他们的世界里,狮子不仅仅是敌人,更是值得尊敬的对手。那节课我讲得非常激动,学生们被我带进了历史场景中,我能看到他们眼神中的满足与期待。当天晚上,我接到一个家长的短信:

> 叶老师,非常感谢您今天给孩子们分享在大英博物馆的见闻。女儿回来滔滔不绝讲了半个多钟头,讲您提前三个月读书研究,讲您观展时看每件展品的细节和思考,讲您买了英文书拿翻译软件继续印证学习……特别感谢您以身作则为孩子展现了学习的方法和认真严谨的治学态度。谢谢您,给孩子打开了一扇大门。孩子小时候我也带她去博物馆,也是要做好多功课啊。但是去了很多次的后果是她听到说要去博物馆就摇头。幸亏听了叶老师的课,我觉得之前被我破坏掉的东西,应该重新被叶老点亮了。

看到这条消息,我沉默了好久,到底什么东西被我们"破坏"了,到底又有哪些东西被我们"点亮"了。看了家长的留言,我相信学生是真的懂我的!如果

孩子们去大英博物馆见到那些狮子，那么他们也会说：我"认识"你们，终于"见面"了！

2019年，我又去了一次大英博物馆，我还是哭了！

教学是这样，班级工作其实也是如此。很多年以后那些感动我们的瞬间，只因似曾相识。

我喜欢给学生拍照，很多学生会说我给他们留下了"黑"历史！历史就是历史，没有什么"黑"历史。所有的经历都是一段美好的回忆，当我们面对现实生活的无助和彷徨，不知道前路如何抉择的时候，不妨回过去看看来路，思考我们为什么出发，在过去的日子里寻找类似的经历，感恩所有的过往。

而初中三年是学生最美好的一段青春时光，我们可以为他们留下太多。很多人都说我善于对学生进行感恩教育，其实只是因为我善于借助活动与孩子们一起去回忆，去感动。

我的班级有两个活动，是很多老师都在借鉴的，一个是班级"年代秀"，一个是"班级十件大事评比"（两个活动均在专著《爱要大声说出来》中有详细的介绍）。

活动一　"年代秀"

"年代秀"是一档全明星代际互动综艺秀，由明星嘉宾领衔5个年代小组通过年代答题、游戏竞技等环节进行同场竞赛，并且结合影像、实物、音乐表演、向整个时代致敬，寻找浓浓的当年情。那一个个熟悉的年代，一个个故事、一件件老物件，一桩桩我亲身经历的事件中，每期都让我感同身受，甚至感动得泪流满面。三年，我们的班级生活中，有太多的人、太多的事是注定了我们要用一生去铭记的。孩子们还小，不懂怎么去感恩，怎么去思念，我便借用了"年代秀"

每届学生都最期待的班级活动——"年代秀",满满感动

这个形式,通过每年期末的班级总结时间,回顾过去一学期走过的日子,迎接崭新的生活。

班主任和班委共同设计题目,这里的题目不是什么知识学习,每一道题目都与孩子们有关,或是我们班自己三年发生的事情。这里有学生、有老师、有家长,甚至有很多已经被我们遗忘的瞬间。一起回忆、一起铭记、一起感恩,一起展望新的未来。通过这样的活动,唤起师生共同的记忆,学会感谢生活,感谢发生的一切,同时这个活动也能增进师生、生生关系。

活动二 《班级十件大事评比》

静下心来写一次总结,梳理一次成果非常有必要!让学生枯燥地写总结,很多学生是没有真情实感的,我们可以开展"班级大事评选"或"感动班级人物评选",让班级生活不再空洞,而是充满了故事,充满了人情味。

"班级大事",一般集中在班级开展的活动,这是班级生活的集中表现。让学生在回味中认同班级,认同身边的老师和同学,更重要的是找到自己在班级中的位置,发现自己三年的成长。

"自己大事"则是从细节出发,让学生寻找自己的闪光点、感动点。很多时候我们的班级活动在"完成任务"的前提下,忽视了对人的影响。这个活动的开展能让我们更好地去认识我们的孩子，学生也能更好地认识自己。

其实那些第一次、那些意外，都会让我们终生难忘。我相信那不经意的细节见证的就是我们的成长，而收获的是独一无二的幸福，这是不能替代的。

感动是因为似曾相识，不断学习，留下回忆，珍藏美好！沿途的风景很美，让我们充满好奇，当新的一天被我们开启时，我们能感受到过去的影子，那些经历过的酸甜苦辣会让我们倍感亲切，重要的是，让我们明白接下来该怎么选择方向，让脚下的路越走越宽！

在一次次的回忆与感动中，你会发现有太多的人、太多的事、太多的梦放不下的，不能忘，也不敢忘。因为这份感动，所以我在乎。

2020年4月4日，清明节，我在香港。中午，一个已经毕业的同学给我留言："叶老师，每年'九一八'、汶川地震日你都组织我们默哀，我觉得这是庄严的事情。今天，全国人民一起为抗疫前线的烈士和死难同胞默哀，我听到窗外的鸣笛声，想起电视上报道的那一个个感人的故事，特别想起了你给我们组织的那一个个有仪式感的活动。我突然明白了默哀的意义，明白了坚持的意义，明白了初中的意义，明白了您在我心中的意义。想念您，您的学生。"

我很感动，因为你勾起了我美好的回忆，就好像你们又回到了教室，我在和你们聊天，大家都笑得很开心！

我喜欢这种感觉，似曾相识！

做  的班主任

初见
——如何给学生留下第一好印象

无论是刚走上工作岗位的新老师,还是有过班主任经验的"老江湖",都非常看重与学生的第一次见面。这一面,不仅仅是我们在看学生,更多是学生在看我们,我们给学生的第一印象太重要,或许就是这一面,决定了未来三年我们的相处模式。

虽然说"日久见人心",但是"一见钟情"更能为班级发展开一个好头。

很多学校也会抓住这个机会,让学生多多了解学校,融入学校,尽快适应初中生活。虽然说"规矩说在前面",但是不建议一来就用各种"条条款款"去约束学生,强调什么该做,什么不能做,让学生对学校、对班级更多是"服从"与"畏惧"。

这个开场可以更温馨一点,变"要求"为"关爱",变"畏惧"为"期待"。

成都七中育才学校会在开学前给每个学生发放一封由年级组和教育处共同起草的书面信,信的题目让人就很舒服——期待见到你。

期待见到你(节选)
——成都七中育才学校初2019届年级组寄语即将入学的新同学

育才心语

亲爱的孩子:

祝贺你!当你看到这封信的时候,你已经是成都七中育才学校初一年级的一名学生了!

孩子,你一定无数次地憧憬过自己的初中生活吧?一定无数次地向往走进这

个静静矗立在水井坊旁的校园吧？也许你的心中还有些许忐忑，些许不安吧？

亲爱的孩子，不要紧张，育才早已张开最温暖的双臂迎接你的到来——此刻，你就是育才的学子了。

亲爱的孩子，今天，老师想对你说：

走进育才，你就踏上了超越自我的征途。育才的天空可谓群星闪耀：物理学前沿有育才学子最新的发明；世界顶尖学府有育才学子活跃的身影；各类竞赛有育才学子捷报频传的荣耀，各种志愿服务有育才学子默默奉献的骄傲……无数优秀学长的成长与成功告诉我们："卓尔不群，大器天下"是育才人恒久的梦想与担当。

走进育才，你就登上了展示自我的舞台。请相信，你的心有多大，育才就会给你提供多大的舞台。孩子，去运动场挥洒你青春的热情；去艺术殿堂展示你优雅的风度；去话剧社实现你表演的梦想；去科创组动手实现自己的奇思妙想……在活动中，你一定能发现自我，展现自我，成就自我，升华自我。走近育才，你会发现志存高远的育才人岂止是学业的优秀，他们的优秀是多层面的、多元的。孩子，老师相信你——必会成为其中优秀的一员。

走进育才，你就走进了温暖和谐的大家庭。老师们将用爱呵护你青春年华中最美丽的三年，用智慧奠定你幸福人生的根基。育才的老师或温柔亲切、或幽默诙谐、或优雅文秀、或磅礴大气、或严厉方正……三尺讲台是他们播种智慧的园地，鲜活课堂是他们彰显个性的舞台。使每个育才学子都能获得最适宜的教育，得到可持续的发展，这就是育才老师毕生的追求。

今天，当你的梦想和育才老师的理想在充满生机的育才校园汇合时，我们有一种抑制不住的激情在心底流淌，是你们的到来，让教育有了真正的生命意义，在今后的岁月里，你们就将成为我们自豪和幸福的源泉。

亲爱的孩子，我们欢迎你，七中育才欢迎你！

在这个新的起点出发之际，我们谨以这封短信作为我们心灵之间的第一次会晤。如果能因此引发你对初中生活的热情，那么这正是我们的愿望所在。

接下来，就请听听育才老师的建议，怎样在这个假期做最充分的准备，为成为一名优秀的育才学子而努力！

坚持锻炼，做一个健康的人。一切成功都建立在健康的基础上。斯巴达人对孩子教育最核心的一点便是坚持锻炼，拥有强健的体魄，才能在战场上所向披靡，战无不胜。人生是另一个战场，如果想要取胜，那就锻炼，孩子！跑步、游泳、乒乓球、投掷、跳跃、篮球……锻炼能增强体质，更重要的是它能让你时刻保持旺盛的精力和敏捷的思维。

欣赏艺术，做一个高雅的人。电影浓缩社会，绘画勾勒人生，音乐浸润心灵。每一门艺术都以其特有的方式彰显着对社会、对人性的认识和感悟。犹太民族的教育中要求每个孩子都必须会一门器乐的演奏，这是对艺术魅力的清醒认识。孩子，利用假期去看看画展，听听音乐，观赏电影吧，充实你的生活，丰富你的心灵。因为这些绝对不仅仅是休闲，更是心灵的修炼。

亲近书本，做一个聪慧的人。知识是一个民族崛起复兴的基石，书籍是人类文明的载体。爱读书的民族是富有的民族，更是强大的民族。与书为伴的人生是幸福的，与书结友的孩子是聪慧的。在他们身上我们总能嗅到一丝书香的芬芳，总能看到他们日渐形成的儒雅气质、温润风度和智慧光芒。那么，从今天起，从此刻起，请翻开那些浸透了哲思、充满了智慧、记载着人类文明、描绘着世间百态的书籍，静心阅读、静心品味、静心思索吧。孩子，如果你做到了，你必将在古今中外优秀作品的滋养中真正成长。

走进自然，做一个大气的人。孩子，利用假期去远足，去旅游吧！自然会用它广博的襟怀、纯净的心灵给你最朴素、最健康的滋养。仁者乐山，智者乐水。在山水中徜徉，在草木间聆听，感知悠远与深邃，享受那静谧与安逸。

健康、高雅、聪慧、大气，这是育才对你的祝愿，更是每一个育才人灵魂飞翔的方向。

孩子，真高兴过不了多久就能看见你了！如果你在假期做好了准备——坚持锻炼、观赏艺术、亲近书本、走进自然，那么九月里，我一定能从你黑亮的眸子中看到特别的美丽。

期待见到美丽的你，孩子！

提前规划，做一个有远见的人。亲爱的孩子，此时此刻，你已经是一名中学生。要成为一名合格的中学生，规划是必备素质之一。因此，老师们希望大家提前思考中学的学习。

祝福尚在耳，期待已入心。相信此刻的你，一定很希望自己成为这个优秀集体中优秀的一员吧，怎样才能在即将到来的中学生活中如鱼得水、游刃有余呢？老师总结出来的"制胜法宝"就是：好习惯相随。一个习惯往往起源于看似不经意的小事，却蕴含了足以改变人类命运的巨大能量。多一个好习惯，多一份自信；多一个好习惯，多一份成功的机会；多一份好习惯，就多一份享受生活的能力。作为育才的初一学子，学校希望你聚焦以下4个好习惯，希望你主动对照检查，从暑期开始与好习惯同行，祝愿你在与新同学的第一场赛跑中取得领先位置，赢得丰硕的收获！

习惯一　坚持锻炼

1. 坚持每天参加体育锻炼，活动形式多样。
2. 每次锻炼不少于30分钟，克服懒惰。

习惯二　喜爱阅读

1. 书目指明阅读方向，希望你利用好它，坚持每天阅读优秀文学作品。暑假完成至少三本书的阅读，并做好读书笔记。
2. 主动从报纸、媒体等渠道了解身边大事。
3. 暑假补充：预习七年级上册知识，有计划地超前学习或拓展学习。

习惯三　乐于表达

1. 育才为你搭建了广阔的舞台，只要你乐于表达、勇于表达，就会成为新集体的明星。请在假期里做好以下准备：（1）准备2分钟之内的自我介绍，开学时在班级演讲。（2）新班级诚邀你为班级出力，如果你有意愿，请做好竞选干部的准备。（3）开学初，学校要进行教室美化大赛，请你为教室和外墙美化积极献策。
2. 主动与他人沟通，有合作意识。在他人面前，落落大方，自信阳光。
3. 尊重他人，微笑待人。坚持每天主动向父母问好。

> **习惯四** 认真做事
>
> 1. 学习和生活都不依赖家长，独立、自理。对自己负责，勇于挑战困难。
> 2. 合理安排时间，做好计划安排。定期检验，时常总结反思，今日事今日毕。
> 3. 利用暑假积极参与社会实践活动，参与年级统一开展的"我爱我家"主题活动。
>
> 亲爱的同学，我们知道要养成上述好习惯并非易事，而世界上的事怕就怕认真，怕就怕坚持。培养好习惯需要用加法，持续21天就会养成并固化。习惯仿佛是一根缆绳，每天给它缠上一股新索，要不了多久，它就会变得牢不可破。相信育才老师和家长能携起手来，以点滴小事为契机，协助新同学养好这些习惯，开启初中生活美好篇章，为未来的幸福人生奠基！

这封信有对学生假期学习的具体指导，有新学校的要求与提醒，但是更多会让学生感受到学校的办学理念、培养目标、校园文化，以及"直白的表达"对新同学的欢迎与期待。特别信中的称呼用了"孩子"一词，让学生感觉到温暖，相信拿到这封信的学生对学校的第一印象是极好的。

那么班主任呢？第一天与学生见面我们应该给学生呈现什么样的状态呢？先谈谈我的思考，有这么几种可能：

第一，我是一个很有经验的班主任，这里的经验更多是指"当班主任的专业能力"。不过这要在第一次见面就让学生形成这样的印象很难，那是需要我们在未来三年的学习生活中慢慢去展示的。当然这种经验更不能在一开始就展示为"很严厉"，给学生一种我是很有办法"管理班级"的班主任，这种"下马威"在当今已经不受用，更可能造成学生的反感。

第二，我是一个很有爱心，善解人意的班主任。这是很多老师都希望给学生的第一印象，我们的微笑可以让孩子觉得亲切，但是真正的"爱心"与"善解人

意"是要走进学生的内心,需要时间的沉淀,更需要抓住教育的契机。过分地讨好学生,会让学生觉得这个班主任很"虚伪"。

那么我会选择给学生什么样的第一印象呢?

我们先来设想一下第一天见面可能会发生的情况。通常学校在第一天都会安排烦琐的开学事务,我梳理一下:

1	新生报到注册	2	学生安排寝室入住(住校学生)
3	图书馆领取新书并安排发放	4	编排学生座位
5	发放新的校服	6	安排放学以后的大扫除
7	带学生熟悉校园环境	8	中午食堂就餐的组织与管理
9	召开班会班主任讲话	10	班级学生彼此了解
11	介绍新的科任老师	12	临时班委干部的选拔

根据不同学校的实际情况,可能还有我没有梳理完的项目。第一天,班主任往往用"就像在打仗一样"来形容。即便如此,还会手忙脚乱,比如:

1.学生已经到了教室,问班主任"我应该坐在哪里?""完蛋了,还没有考虑,那就随便坐吧!"

2.图书馆的书找男同学抱回来了,堆在一起,要不同学们很好奇,哄抢弄得很乱,要不就是没有人管,都不动手。

3.下午的班会课开始了,让同学们自我介绍,却有同学扭扭捏捏不好意思,一开始就变成被大家"嘲笑"的对象。

4.终于下午放学,同学们都兴高采烈地收拾书包准备回家了,班主任突然发现还没有安排清洁,大喊"快点回来",当学生回来以后发现还没有安排谁做清洁。

5.最要命的是,第二天早上惊讶地发现科代表、早读领读员、班长都还没有,早上又是一团乱,只有等下午再开班会重新选拔。

……

以上的情况或许有些特殊,不过我相信大家遇到这样的情况肯定也不少。这样给学生的第一印象就是——慌乱。所以我建议第一印象就是要体现班主任的"不慌不忙",其实背后就是我们的"专业",尽可能考虑细致,尽可能做到周全,让学生与你一开始就在一个"活而不乱"的氛围中开始新学期,这才有利于班级的良性发展。

如何做到"活而不乱"呢,下面给大家分享一些具体的小办法:

一、提前了解,心理期待

利用公众号、博客和QQ群,让学生和家长提前对学校、校园、班主任、科任老师多一些了解,形成心理期待。

比如下面就是2016届开学前我在班级博客上写的文章:

> 育才的精细化管理在组建2016届的时候再次体现出来了!我清晰地记得早在六月份,也就是2013届工作还没有结束的时候,几个校长都在和我们谈关于新初一的事情了,我当时都觉得他们太心急了!现在我才明白其实一幅美丽的蓝图早已展开了!
>
> 为了这个新初一,我算了一下,整个暑假学校一共组织老师进行了20多次培训,我参加的就有网校的未来课堂培训、英特尔公司的培训、新年级教师会、新年级班主任会、全校班主任会、班科会、备课组会,等等,可以说每一个细节,每一个步骤都倾注了我们所有人的爱!
>
> 我却一直觉得自己没有进入状态,虽然我早在一个多月前就已经拟定了一份"班级整体规划",但是始终觉得不知道从哪里下手!这几天我最爱说的话是"三年前,我觉得很轻松,因为我不用管那么多,我只需要知道我明天要干什么就可以了。但是现在我脑袋里始终想的是下一个班级整个的三年。"
>
> 直到今天下午,我一个人走进教室开始打扫卫生,我终于找到了要开学的感觉了!
>
> 我整理了新办公桌,这里有很多上一个班级的宝贝:班会竞赛的小黑板、"年代秀"的举分牌、没有用完的红领巾、运动会的脸谱、广播操比赛的手套,等等,我全部都保留了!

> 新教室的清洁我也做好了！一个人扫地、倒垃圾、擦桌子、布置黑板，对了，黑板上我还写了欢迎词，猜猜是什么呢？明天一定给你们惊喜！
>
> 晚上回来一个人思考第一次学生的见面会和家长会，总觉得有很多话想对你们说。说实话到现在我都不知道我们班孩子的名字，但是不知道怎么的，有一种越来越迫切地想要见到你们的冲动！我们后天见了！可爱的孩子们！这真是激动人心的一天，未来三年，我会遇到一个什么样的班级，缘分又会让我结识一群什么样的学生！
>
> 这一天下来，太多的兴奋，太多的期待！

二、首次见面，细节取胜

1. 提前到岗，精心准备

通常开学第一天我会提前1个小时左右到教室，做好迎接新同学的准备，我们只有准备好了，才可能不慌不忙，正如我经常给学生说的，最好的"不紧张"是"胸有成竹"。这一个小时我会做这些事情：

检查教室布置：这个工作可以提前一天完成，包括教室清洁的整理、桌椅的摆放、黑板的布置，不要错过一些细节，比如清洁工具的规范、教室墙壁的整洁（不用老师提前布置，可以等开学以后让同学们集思广益，开学第一天保持整洁就好）等。

张贴重要提醒：如在黑板上或前后门张贴班级班号、班主任姓名、教室门牌号等重要信息，防止有学生因为第一次到学校，中途找不到教室。此外，如果可以提前拿到学生名单，打好座位表，张贴于醒目的位置，方便学生来了就能找到座位。特别注明：此座位是老师安排的、是临时的，老师对大家还不熟悉，可能会有考虑不周的情况，同学们先按照指定座位就座，老师会在公平公正的前提下微调。或者就直接在黑板上写：大家可以根据自己的喜好随意挑选座位，稍后老师再统一调整。不管什么方式，给学生一个明确的指示，避免了学生集中报到，老师不一定能照顾到每一个学生而引起的混乱。

来了就有任务：新生报到当天，学生陆陆续续到达，照顾了学生"报到"就照顾不到学生就座，所以要给学生安排"任务"，来了就有事情做。比如我会在

桌位上摆放《新生入学宝典》(学校编写的新生入学指导手册),学生可以阅读。我还特别给孩子们准备了两份见面礼:

第一份见面礼——来自师兄师姐的信《"叶老的窝"到底是什么样的?》

我的班级有一个共同的名字"叶老的窝",对于新入窝的同学肯定又激动又紧张。期待的是终于从一名小学生蜕变成了中学生,紧张的是小学有太多关于初中的"流言",比如"初中老师很严厉呀,没有小学老师有爱心""初中作业好多的,永远做不完""进了初中,你就进了监狱了,苦日子开始了"……虽然有些玩笑,但是这些言论也在一定程度上给学生造成困扰。所以我会邀请我已经毕业的学生给学弟学妹写封信,介绍他们心中的初中,心中的叶老师,打消孩子们的疑虑。这封信我也会打印放在每个学生的桌位上,来得早的可以细细品读。

下面是部分已经毕业的学生写给我"第三窝"19届1班孩子们的留言:

学弟学妹们你们好!我是叶老18班的班长左登浩。你们刚刚踏入初中的校门,想必是激动的,是自豪的。但我认为你心中也会不免有些小紧张,担心自己的学习,有些同学或许会很没有自信,觉得自己底子薄,比不上大家。但我想说,任何的自卑都是无用的。记得我上初一时,成绩不稳定,当时的我,曾经怀着一颗忐忑、迷茫的心,望着未来,而现在回顾我的三年初中时光,才发现自己的无知与胆怯。我相信接下来你们会多次听到"选择育才,就选择了一条艰苦奋斗的成功之路",请你们相信它。小学毕业后你们的差距微乎其微,但你们的习惯却决定未来。初一关键在培养习惯,怎样学习?怎样奋斗?你们要有明确的目标和信心。一样的老师、一样的设备、一样的时间,差距源于你们怎样利用它们。这些资源你们如何去利用它,这就是我提到的习惯。初中时我像你们一样,也曾坐在讲台下,懵懂地听着学长向我们介绍经验,每说到"到了高中你才发现初中是天堂"这句话时总是淡淡一笑,而现在我,却想严肃而诚恳地对你们说这句话。初中三年说慢也慢,说快真快,快到我还没来得及仔细观察完育才校园里那条通往教学楼的甬道,我便告别了它。初中的学习,我想说没有什么太大的压力,你所需要的只是跟着老师的步子,一章一章地学,就够了。不要自己给自己压力、逼迫和怀疑。初中的生活是多彩的,它并不是枯燥单调的,尤其是育才。更何况你们才初一,在你们心中,可望不可及的初三依然是多彩的,初中真的很美好,更何况,你们的班主任是叶老。不用多长时间,你们一定会和叶老打成一片,你们能和他一起进取。学习的时间还有三年,这让我真的很羡慕,叶老真的很优秀,我不想太多评价,因为你们自然而然就能体会到,或许当你们见到他的第一面,听他说的第一段话时就感受到了,不用我多说,因为我有这样的经历。学弟学妹们,你们的初中路,说长也短,说短也长,努力吧!自信的、不顾其他的去奋斗,去享受,去陶醉你们的初中生活。希望我的话能一定程度地帮助你们,最后我想说——我在七中等着你们!

——叶老第一窝13届18班左登浩

亲爱的学弟学妹,你们十分幸运地进入育才,与叶老相遇更是你们的毕生幸福,相信三年后,你们会和我们发出同样的感叹,这三年,我太幸福了!也许你们现在还依然沉浸在小学的快乐时光中,三年前的我也是这样的,叶老也许会对你们说初中是最美好的,相信我,叶老说得对,这三年有育才,有叶老,你们是会很快乐的。关于学习,我只想说,尽力就好,结果并不是那么重要。学习靠的是一点一滴的积累,最好从初一开始努力。面对挫折一定要淡定,要认清楚自己的真正实力,切忌自负和缺乏自信。珍惜和朋友相处的时光吧,尝试一下在班级、年级、学校担任各种职务,那真正可以锻炼自己。好羡慕你们啊,还可以和叶老一起共度一个三年,好好努力吧,不要让叶老和我们这些学哥学姐们失望哦!祝福你们今后的路越走越远。

——叶老第一窝13届18班简婕

能够进入七中育才、进入叶老的班级,是一件十分光荣的事,如果说,选择七中就是选择了一条注定艰苦的成功之路,那么,在叶老的窝你会发现这条路上永远有人陪着你。叶老的班级永远是温暖、团结的,虽然每个人各有优缺,但是在叶老的班级里,你永远能找到自己的舞台,秀出自己的精彩!在七中,在叶老的班级,没有人是一无是处的。心有多大,舞台就有多大,祝2019届的学弟学妹们在叶老温暖的窝里度过充实美好的三年!

——叶老第二窝16届11班郝浩然

我怀着十分高兴的心情告诉你们,你们来到了一个一生中超级幸福的大家庭!你们的班主任叶老会真正地用心爱你们,并且你们会经历很多其他班都无法经历的活动、聚会、体验,等等。你们更会收获到点点滴滴的感动、肆无忌惮的大笑、和同学间真正的深刻的友谊!总之恭喜你们,你们的三年幸福之旅启程了!

——叶老第二窝16届11班唐飞戈

> 学弟学妹们好，你们很幸运，因为你们有叶老这样一个班主任。或许你们在没有见到班主任之前会想象：他会不会很老？他会不会很迂腐？他会不会用成绩看人？他会不会不太随和没那么容易亲近？但实际上叶老没有一条打中。叶老虽然只是一个历史老师，但他的课却独具风味，没有听过他课的人永远不知道他有多棒。总之你们是幸运的，请好好珍惜叶老，不要再像我们一样总是气他，叶老虽仍旧年轻，但人总是会老的。作为你们的学姐，我希望你们能够喜欢自己的老师，这会使你们愿意亲近老师，多与老师交流。还有就是热爱自己的班级，班风很重要，结交的朋友也很重要，深交值得你深交的朋友，不然你可能会后悔。还有个温馨提示，听课最重要，刚开始松散了，初三就等着痛苦吧。加油啦！热爱学校，身为育才人无时无刻不感到骄傲。热爱班级、热爱老师、热爱你身边的人，我写的东西可能你们不一定喜欢看，但确实是心里话啦。
>
> ——叶老第二窝 16 届 11 班周欣彤

孩子们看这些信的时候，边看边笑。其实我觉得目的已经达到了，一方面，让学生来了以后有事情可以做，不浮躁。另一方面，他们也对学校、对班级、对班主任多了一些了解，而这份了解来自师兄师姐最真实的感受，相信他们不会那么紧张，对初中生活少一些偏见，多一些期待。

第二份见面礼——新生入学情况调查表

成都七中育才学校初2019届1班新生入学情况调查表

亲爱的同学，你好！

欢迎你加入七中育才"叶老的窝"这个新的家庭，你的到来，是我和全体1班老师的荣耀！我们优秀、我们与众不同，但这个班级需要我们每个人用心、用情去维护，去关爱！我们相信，三年后，育才会因为我们的存在而骄傲，而我们也会在这里留下一道道美丽的背影！

为了让班主任更快了解你，请你认真填写下面的调查表，并在今天中午12点之前上交。

姓名：_____ 学号：_____ 出生日期：_____

家庭住址（实际居住）：_____

联系电话：_____，_____

爱好：_____ 特长：_____

小学任职：_____

你初中希望为班级服务吗？希望在新的班级担任什么职务：_____（可以多选）

目前我们1班最需要的：

清洁委员（5个）、午餐管理员（3个）、值日生（1个）、语文领读员（1个）、英语领读员（1个）、班长（5个）、宣传委员（2个），还需要若干有美术特长的同学，以及今天第一天愿意主动为班级打扫第一次清洁的同学。

让叶老多多了解你：

你想成为一个什么样的人：_____

你理想中的班级是什么样的：_____

最喜欢的一句话：_____

最佩服的一个人：_____

他（她）值得你学习的地方是：_____

特别提醒：

今天下午会有一节班会课，需要同学们做自我介绍，请准备2分钟的发言。当然如果班级有你的小学同学，你们也可以一起展示哟，期待你的精彩，让叶老师和每个同学尽快认识优秀的你！

这个表格可以解决以下问题：早到的学生报到以后可以在座位上认真思考，避免浮躁；班主任了解学生的主要信息。

学生中午之前上交此调查表，班主任就可以利用午休的时间详细整理，根据学生填写的申报情况安排下午相应的工作：申报清洁委员的同学可以安排下午的清洁卫生；申报班长的同学可以安排发放图书和发放校服；领读员和值日生可以放学培训具体要求。这样第二天早上班级就会很快进入正轨。

（1）因为提醒了学生准备下午的发言，所以避免了学生临时被要求自我介绍而尴尬。

（2）班主任挑选有美术特长的学生，可以尽快布置黑板报和教室美化工作，创设的文化氛围有利于学生尽快融入班级。

（3）当然，如果班主任有心，那么可以从这个表格中读出更多的信息，这对于我们充分了解学生，提供了一手资料。

2019届1班开学报到第一天，即便学生没有到齐，每个人一来就知道应该做什么，教室里有条不紊

2. 谦卑和善，有条不紊

（1）第一天我们穿什么？

有的学校有专门的教师工作装，有的学校要求统一正装，都是可以的。如果学校没有特别要求，那么我建议大家以最平常的状态展示给学生，没有必要刻意打扮。毕竟以后三年都要一起相处，最真实的状态最有亲切感，着装也要注意教师的身份，避免过于花哨另类。

（2）第一天我们站哪里？

其实我很喜欢第一天站在门口迎接学生，老师和学生最理想的状态是互相尊重，而不是一方的讨好与迁就。如果学校安排在教室里注册报到，最好选择一个学生一进门就能看到老师的位置，而不是找半天不知道班主任在哪里。

（3）如何快速记住学生的名字？

方法1：让每个学生做一个姓名牌，放在桌子上，开学第一周、第一月都可以保持，这样让班级老师迅速记住孩子的名字，也方便同学之间的互相认识。

方法2：提前准备好学生的名单，让每个学生在注册的当天准备一张一寸照片，来一个就贴在名字旁边，这样班主任可以在开学头几天随时拿在手上用于观察了解学生，方便我们尽快记住学生。

方法3：多与学生接触，在开学第一周的课堂抽问、面批作业等环节照顾到每一个学生，多喊他们的名字，这样可以尽快记住学生。

方法4：开展班级活动，如我的班级开展的"入窝证"活动。（该活动在《爱要大声说出来》一书中有详细介绍）

……

（4）第一次的见面要说什么？

下面是我第一次见2019届同学们的开场白：

等了两个月，叶老终于见到了你们！感谢缘分让我们相聚在育才，未来三年，我们携手前行！前方的路有太多的"未知"，但是正是因为有了这些不可控，才让我们的生活变得多姿多彩！这个世界不是因为相同才美丽，而是因为不同才精彩！我不怕困难，我们班的科任老师都不怕挑战，你们做好准备了吗？

上了初中，我们要做的第一件事情是——"眼界"。我们经常听到这样的话——"心有多大，舞台就有多大"，那如何让我们的"心"变大呢？需要我们用眼多去观察这个世界！看得多，"眼界"自然不一样，"境界"也就不一样！

未来三年让我们一起去"看"、去"听"、去"想"……

人是要讲情怀的，甚至我有点理想主义。那种"梦想""意识""勇气""情怀""能力"……在书中、在脚下、在身边，只要你热爱生活，不惧艰难，你会发现你的路越来越宽，"心"越来越大！叶老期待着，1班的每个孩子。三年，会带给我和你们什么？从今天开始，在叶老的心里，又多了一群人让我一辈子牵挂，一辈子守望，那就是你们。三年太短了，太短了……

如果你问我：这三年在育才我们要的是什么？我想，应该是——无悔、优秀、快乐、精彩……

（5）第一次班会课还可以做什么？

教师的自我介绍，介绍自己的求学与工作经历。新老师不要一味强调自己没有经验，有经验的老师也不要夸夸其谈。更重要的是展示自己对同学们最真诚的欢迎和愿意与大家一起努力，共同迎接充满期待与挑战的三年。

教师不一定要给孩子们讲你的治班理念，但是要阐明我们的班级奋斗目标：长远目标如"市优秀班集体""区优秀班集体""校优秀班集体"等；近期目标如"我们的成绩连续进步""在初一的运动会上展示我们的风采"等。但是有了目标还要给孩子们说清楚实现这个目标的要求，比如要获得"市优秀班集体"有什么样的条件，这样让学生一开始就为这个共同目标去努力，只有目标清晰了，我们的班级发展才有动力。

介绍班级的一日常规，详细分解每一个时段的要求，让学生做到心中有数。（这部分在本书后面章节中会有具体论述）

学生的自我介绍，由学生自由发挥，2～3分钟时间。在这个过程中记录学生的特长、优点，特别注意观察一些细节：比如"话多的孩子""内向的孩子""喜欢起哄的孩子"……这些在第一次见面中都有可能表露出来，老师做好观察，有利于以后工作的开展。

邀请科任老师参加。提前对学生进行初中学习方法的指导，特别是正式上课的要求，让学生逐步培养良好的习惯。例如，明天早上的早读应该怎么组织，同学们应该读什么书；明天上课要准备哪些学习工具；作业怎么上交，作业质量的标准是什么，等等。

做 心平气和 的班主任

开学第一天，再忙也不要忘了给孩子们拍下第一张中学合影，这可是一辈子的回忆哟

三、融入学校，自信启航

为了让学生能更好地融入学校，了解学校的办学理念和文化，成都七中育才学校每一届新初一都会安排2～3天的入学教育，下面是2019届的入学教育方案（精简版）。

日期	时间	安排	负责人
30日上午	8:00到校	学生到班集合，发放《新生入学宝典》、姓名牌，名牌正面中文姓名，反面英语名字，摆放在桌上。	各班班主任
	8:20—8:40	班主任自我介绍，并宣讲入学培训期间的纪律及集队集会纪律	各班班主任
	8:40—8:10	学术厅集合，校长致词。	年级组
	9:10—10:00	校长介绍年级组长、班主任、备课组长、学校办学特色和荣誉	校长
	10:00—10:10	休息	年级组
	10:10—11:10	学校常规要求介绍：着装发饰、见面问好、集队集会、做操、用餐、清洁、公物、安全、手机使用等	教育处
	11:10—11:40	培训校歌	教育处
	11:40—12:20	回教室，培训午餐、培训午自习、午休	班主任
	12:20—13:55	午餐、领书、午自习、午休	班主任

日期	时间	安排	负责人
30日下午	14:00—15:00	学生自我介绍	班主任
	15:10—16:00	安排座位、成立四人小组、清洁培训和分工	班主任
	16:10—16:50	到操场升旗仪式、广播操列队训练	
	17:00—17:30	班会课班主任总结（学生表现情况总结，对全班近期的期望、要求，对班委和科代表队伍的组建进行讲解等）	
	17:30—18:10	放学，各班大扫除	
31日上午	8:00	到校，学生到班集合，上交干部申请材料	班主任
	8:00—8:20 8:20—8:40 8:40—9:00	语文、数学、外语各一节，年级组统一排课，主要是学法指导、学习工具准备、上课常规要求	班主任 科任老师
	9:00—9:40	广播操队列训练和广播操训练，照班级集体合影	体育组
	9:40—10:30	开学典礼彩排	各班班主任
	10:40—12:20	班会课（班级一日常规要求讲解、临时科代表、班委干部选拔培训）	
	12:20	放学、大扫除、布置教室准备家长会	班主任
31日下午	14:30—15:30	学术厅集中家长会	校长
	15:30—17:30	分班家长会	班主任

当班主任拿到这个学校的培训方案后，还应该进一步细化为自己班的入学教育方案。个别自己可以安排的时间可以灵活调整。我个人比较喜欢把工作做到前

面，比如临时班委的安排我就喜欢放在第一天进行。这样第二天一到教室，班长上岗、科代表上岗、值日生上岗、领读员上岗……虽然是临时的，但是班级秩序一下子就井井有条。对担当这些职务的同学，需要在临时指派以后的当天下午对他们进行培训。

四、及时反馈，增加好感

见面的第一天，班主任要做到"小本子"不离手，随时记录孩子们报到过程中的表现。当然班主任都有一双发现问题的眼睛，但是这一天更多需要我们去寻找闪光点。比如：

谁是今天第一个到岗的同学，还帮叶老师整理资料？

谁在今天的年级培训中积极互动，大方自信？

谁今天主动承担了发书本、倒垃圾、做值日等工作？

……

这些名字都要记录下来，一方面方便我们尽快熟悉孩子，另一方面在晚上利用博客、QQ群对学生及时表扬，让孩子明白他的努力被班主任肯定是一件多么幸福的事情。

第一天多拍照，为孩子们留下尽可能多的中学"第一次"，多么珍贵的回忆，这些照片反映了入学教育成果，都可以在第一次家长会上展示

当然个别表扬可能面比较小，在尽可能多的点名表扬的同时，还可以用整体性的评价，例如：

（1）虽然是开学第一天，但是感觉全班同学已经在努力融入集体，寻找伙伴，孩子们的适应能力真强。

（2）早上报到，我看大家那么兴奋，我还担心大家比较浮躁，没有想到我们的午自习和午休超级安静呀！真是一个好的开头，为所有孩子点赞。

（3）感觉这是一个很有爱心的集体，中午发书本的时候，除了几个临时班长累得满头大汗，很多同学都加入了搬运的队伍。特别是叶老师问有没有去图书馆抱书的时候，所有男生都冲下楼了，女同学为他们热烈鼓掌（2016届真实的场景）。不到20分钟，书本就全部发放完了。

（4）在集队训练过程中，除了两位同学有点管不住小嘴，不懂得聆听之外，班上的其他同学都非常的自律，展现了一个中学生良好的风貌。恭喜孩子们，你们长大了。

（5）认真看了孩子们填写的调查表，我发现我们班真的藏龙卧虎呀，至少乒乓球队、篮球队、舞蹈队都可以组建了，期待这三年你们带给我的精彩！

……

这样的反馈有温度、有时效，如果方便，那么多拍点照片反馈给家长，让班级一开始就确定一个"温馨"的基调，对于同样担心孩子第一天初中适应情况的家长也是一剂定心丸。

对于过程中发现的问题，建议最好单独与孩子交流。但毕竟是第一天，不要太"强势"，更不能从此就给孩子贴上标签，甚至延缓处理也可以，只有彼此充分了解、信任，我们的教育才是有效的。

第一天会很辛苦，不过我们做的所有一切都是在给学生留下"第一印象"。这一印象不在于我们穿的什么，更在于我们做了什么、怎么做的，让学生感受到了什么。

相信我们仔细的安排、周全的考虑、热情的态度，会让学生对中学少一些畏惧感，多一些信任感与期待感。而这份信任与期待也会在晚上传递给自己的家人，让我们的班级一开始就能形成"彼此信任""互相欣赏"的氛围，这样我们的班级才可以良性发展。

聚力

——如何给家长留下第一好印象

作为班主任，尤其是新年级的班主任，我们都希望一下子就可以"征服"家长。但是如何去"征服"，却让很多新班主任束手无策，甚至感到害怕。

特别提醒一点，我们经常说的"家校合作"，过分要求家长怎么样去配合学校，而忽视了学校、班级、老师也应该积极配合家长的家庭教育。往往我们有"正当"的理由：班主任面对的孩子多，所以你们一定要配合我们。但是忽视了每个家庭的特殊性，每个孩子的发展个性，那么我们是否应该在学校、年级、班级统一要求的同时，也照顾到一些"不一样"的孩子与家庭呢？

其实我不太喜欢用"征服"这个词语，"征服"意味着"被强势要求认同"或者"被过分欣赏"，我觉得这不是班主任与家长最佳的关系。最理想的关系还是应该"彼此配合"，遇事"商商量量"，做事"和和气气"。

当然如果家长能够信任老师、理解老师，甚至主动配合老师，这对于我们接下来的班级建设绝对是有好处的，那么给家长留下的第一印象就很重要。

家长对老师的印象首先来自于孩子

非要说"征服"家长，那么就要一开始"征服"学生。在上一节中我谈了如何给学生留下第一好的印象。当然有了第一印象还不够，在接下来的三年时光中，用"过日子"的心与学生相处，真诚对话，让学生能感受到班主任的关爱与班级的温暖，这一点非常重要。

记得2019届1班开学第一天的晚上，有个家长发短信给我说，叶老师，虽然我还没有见过你，但是孩子今天回家来的第一句话是："妈妈，我好高兴可以分到叶老师的班上。"孩子对我的第一印象是"喜欢"，家长对我的第一印象是"这是我孩子喜欢的老师"，其实也就足够了。

开好第一次家长会

新年级通常会在一开学就安排新生家长会,这是我们与家长第一次的"见面",非常重要。下面就我的一些做法和大家分享。

1. 会前准备体现管理品质

(1)给每个同学下发"家长会邀请函",注明家长会的时间、地点、主要流程,特别让学生标明自己的座位在第几列第几排(因为要下发资料,要求家长对号入座),避免因为刚开学,自己还不太熟悉学生而尴尬。同时在邀请函中温馨提醒,如:请家长们不要迟到,过程中请将手机调整为震动,不随意走动和接听电话,认真做好笔记。我们是孩子最好的榜样,应给孩子做好表率。

(2)精心布置教室,做好清洁卫生,内外墙文化、黑板装饰等既要有个性也要有学校文化的品位。

(3)利用大屏幕滚动播出"入学教育"中拍摄的学生学习生活的照片或视频,配上舒缓的音乐,让家长一走进来就有"家"的温暖。

(4)我会站在教室门口迎接每一位家长,握手鞠躬,简单寒暄几句,我喜欢真诚的交流,我相信幸福的三年会从第一次的微笑、点头开始。

(5)和学生第一次到教室一样,给家长也准备可以阅读学习的资料,避免来得早的家长"无所适从"。例如,我在2019届1班的第一次家长会上就给每个家长准备了一封长达20页的信,信中主要包含了以下内容:

环节	栏目	具体内容
1	欢迎词	与第一次见学生的开场白内容相近,表达对新班级、新同学的欢迎与期待,同时也期待家长和我们一起度过最难忘的三年幸福时光。
2	育才是什么样的	选择了我2013年写的一篇文章《育才三年,让我见证了什么才是名校》。这篇文章希望以班主任的视角客观给家长介绍我心中的育才。学校好在什么地方,有什么值得我们去期待,我以"身正为范""学高为师""卓尔不群""大器天下"几个关键词结合一个个真实感人的校园故事,告诉家长我们的学校是什么样的,或许这就是家长对育才的第一印象。

环节	栏目	具体内容
3	叶老是什么样的	我选择了2016年我发表在《四川教育》上的一篇文章《心系学生，一切努力自在其中》。这篇文章介绍了我在育才六年的成长，通过一个个与学生相处的真实故事，传递我的教育理念，只有我们在思想上尽可能达成共识，才能在未来三年更好地合作前行。这或许就是家长对我的第一印象。
4	初中是什么样的	第一部分《关于初中，专家这样说》，我选择网络中教育专家对初中生活的描述，特别对初中的学习内容、学习方法等进行了剖析。网络信息很杂，需要我们精心筛选，即便是很好的文章，也要做再加工，不能照搬，要与自己的校情、学情保持一致，否则适得其反。第二部分《关于育才，孩子们这样说》，我搜集了过去两届我的毕业生写的初中印象，这些内容真实感人，孩子们回忆过去在育才的点点滴滴，从学习到生活，无疑是对学生和家长最有用的初中指导宝典。特别说明，这部分内容也第一时间与学生分享了，这样也为学生和家长寻找到共同的交流话题，有利于更好的亲子沟通、家校合作。
5	有空常联系	在资料的末尾，我会毫无保留地公布我和科任老师的联系方式、班级博客地址、班级QQ群。不少老师对于某些交流方式存在争议，但我一直坚信沟通解决问题，不是断了交流，问题就不存在，只是不想看到而已，等真的看到的时候已经是大问题了。
6	尾声	温馨提醒：每个老师我们都要尊敬，每个学科都要认真。你现在说不清楚哪个学科以后对你最有用，学习是一辈子的事情，不要仅仅是为了一个分数。学习是不应该有功利心的，让我们热爱每个学科、每个老师，在育才真正度过自己快乐精彩的三年！我们一起期待着，三年后，我们会怎样？

注：此表格内容只适合第一次家长会。

2. 第一次家长会说些什么？

2013年我与2016届11班家长见面，家长会题目是《变有限为无限》。那一年我带的是学校第一届创新实验班，我在思考什么是"创新"，学生怎么"创新"，我们老师又应该"新"在哪里？学校给全班搭建了网络平台，学生上课使用"未来课堂"模式，这样让我们的教学不再局限于课堂，有了更多可能。而我也希望这三年与孩子们的相处中，给每个孩子提供更加广阔的舞台，尽可能挖掘他们的潜力，给他们展示的机会，促进个性发展与成长。所以我以"变有限为无

2019届1班入学家长会，第一次的见面非常重要，也是我们彼此的第一直观印象

限"作为主题，希望我们的家长和我们一起让孩子可以更自由、更精彩地享受初中的每一天。

2016年我与2019届1班家长见面，家长会题目是《用生命去影响生命》。教育其实就是彼此影响，社会、家庭、学校、老师、同学无一不在时时刻刻影响着我们的孩子，同时也改变着我们自己。老师在孩子的生命中到底有多少分量，不"妄自菲薄"但也绝不"自以为是"。既然我们都在孩子的生命中扮演着或重或轻的角色，那就让我们一起珍惜与孩子在一起的每一分、每一秒，用我们的生命去陪伴，去影响，去共同成长。

第一次家长会不建议给家长提过多的要求，家长也是带着"试探"的眼光在审视你，更多的是交流自己的教育理念和对班级发展的规划。

下面以2016年第一次2019届1班家长会为例，谈谈具体的流程：

	环节	内容
1	自我介绍	让家长对我有一个初步的认识，同时传递我的教育理念，希望彼此理解，尽可能达成共识。 我的个人简介，注意不宜太自吹自擂。 我最重要的教育理念：教育是和学生过日子、教育的目标是追求幸福舒展的人生、教育是公平公正地面向每一个孩子的、教育是用生命去影响生命的过程。 我的教育途径：民主严格的管理、阳光多彩的活动、及时有效的沟通。

环节		内容
2	发展目标	明确每个阶段我们的中心任务，特别对于很多第一次当初中生家长的父母有宏观的指导意义。 班级的三年规划。初一年级：适应初中，融入育才，培养习惯；初二年级：面对青春，平稳过渡，强化习惯；初三年级：目标引领，迎接挑战，赢在习惯。 学生培养目标：创新阳光的公民、好学会学的学生、宽容合作的朋友、懂事感恩的儿女。
3	入学教育成果展	展示入学教育的点点滴滴，通过图片、视频等方式让家长看到自己的孩子进入初中的状态，同时也展示学校在精细化管理中做出的努力，让家长对学校有更加直观的了解。对过程中学生的表现进行点评，以表扬鼓励为主，对一些存在的问题也要做善意的提醒，但是注意保护好学生的隐私。
4	初中学习生活指导	作为家长最关心的还是学习，特别是孩子到了初中以后能否适应新的学习要求，给家长一些理性的分析很重要。 可能面对的困难：课程数量难度增加，青春逆反期的一些特征开始逐渐出现，对自控能力和学习方法要求变高，分化开始出现，并且越拉越大等，这就要求我们不仅在学法上要适应初中，心理上也要接受与适应。最重要的就是：尊重规律、敬畏规则。 面对初中，叶老师的建议： 伟大的力量源自伟大的梦想，给孩子多点阳光，树立远大理想，培养使命感，家长对孩子各个方面多一点在乎，我们都无所谓了，孩子就更无所谓了！ 家庭教育要一致，父母思想要统一，不能把工作家庭的烦恼传染给孩子。孩子长大了，教育孩子的方法也要跟着变，学会蹲下来与孩子一起交流。多学习，与孩子一起成长。 叛逆或许只是表达独立，要学会尊重孩子。更要告诉孩子青春期不仅仅只有叛逆，这不是借口，青春是最美好的，错过了就没有。 沟通解决问题，沟通不了就换一种方式和孩子交流，千万不能因为沟通不了就不沟通了。 让孩子学会自立，学会吃苦，正确处理挫折。在一个团队里与不同性格的人相处是本事，家长不可能代替孩子把他身边所有问题都解决。严格地对待自己，宽容地对待别人，学会悦纳他人，学会与人相处。 到了初中学习当然重要，不学习很快乐，但是更要学会在学习中寻找快乐，这才是真正的持久的快乐。 还有一些细节问题与习惯培养： 注意放学回家时间、做作业一气呵成，做事干脆利落；自己对照课表、记事本，头天晚上自己整理作业；注重孩子的发式、服饰，引导孩子树立正确的审美观；养成良好的文明习惯、见面问好；有较强的时间观念；阅读的习惯；重视每一个学科；书写一定要工整……

环节		内容
5	我的带班特色	我的班级特色是通过丰富的班级活动，让学生在活动中体验，活动中学习，活动中反思，活动中进步！给家长展示了大量之前班级参与活动的案例，如教师节、母亲节、感恩节等，让家长明白活动的重要性，同时愿意积极参与，给孩子多一些的陪伴，主动融入到班级，大家携手，共同创建积极正面的环境，用我们精彩的人生去影响孩子的一生。那么这三年会有哪些精彩的活动等着我们呢，我也在家长会上做了预告。 学校活动（预设）：校园艺术节（育才达人秀、育才好声音、书画大赛、合唱比赛、集体舞比赛）、科技活动月（最炫科技风、木筷承重、纸桥过车、科幻画比赛等）、四学会、文史探究活动、运动会、六一儿童节（学生节）、语言节（辩论赛、演讲赛、话剧比赛）、每周的升旗仪式就是一堂课…… 班级活动（预设）：三年坚持一项公益事业、全班学习《弟子规》、一年一次（两次）亲子活动、班级吉祥物等班级文化、中英文阅读分享、家长沙龙、联谊班级、节日、纪念日定期感恩活动（中秋节、教师节等）、同学们的集体生日、特色班刊和电子报…… 期待同学们和家长们的积极参与。
6	期待您的参与	我给家长下发了问卷调查，会后上交。主要目的是了解家长的教育资源，在未来三年尽量整合家长资源，让教育价值实现最大化，真正变有限为无限。(调查表附后)
7	有空常联系	再次强调我和科任老师的联系方式、班级博客地址、班级QQ群。希望家长和老师彼此坦诚交流、共同陪伴孩子们度过最难忘的初中三年。

注：此内容只适合第一次家长会。

做  的班主任

附：《家长调查表》

成都七中育才学校初2019届1班家长调查表

1.你是否愿意加入家委会？小学是否有这方面的经验？可以具体说说吗？

2.除了家委会的常设机构，1班的发展还需要更多家长的加入，如果你能为班级发展提供这些方面的支持，请打勾，或者在后面补充：

平面设计、广告宣传□　　办公软件特别是表格运用熟练□　　摄影摄像□

网购达人（采购）□　　活动策划□　　公益实践活动联系□

3.如果我们班开展"家长课堂"或"家长沙龙"，你希望我们讨论什么话题？如果你主讲，你可以给大家分享你在教育方面的什么心得？

4.孩子姓名：_____　　生日：_____

父亲姓名：_____　　生日：_____

母亲姓名：_____　　生日：_____

注：搜集好这份调查表我们可以将此表作为班级家委会组建的重要依据。整合家长资源，开设"家长课堂"和"家长沙龙"，丰富教育内容，拓宽眼界，让更多的孩子受益。搜集家长和孩子的生日主要是为班级"集体生日"做准备。

经过第一次家长会，我和家长们见面了。不管是我工作的专业和用心，还是家长的投入与专注，都让我们彼此对未来三年充满了期待。我相信，为彼此留下的好印象不是靠自吹自擂说出来的，而是在一颦一笑中刻画的。

那天晚上回家，我的背包里躺着厚厚一沓信，那是我的每一位家长给我写的信——《介绍一下你的宝贝》，看着家长们真情流露的文字，我明白，未来三年，不能辜负了他们！

规矩
——如何确定班规让班级更有序

任何一个优秀的集体都必定有清晰的发展目标、和谐的人际关系、团结一致的行动规范。要做到这一点，就需要我们班级内部成员遵守一定的行为准则。这种准则就是我们通常说的"班规"或"班级公约"。这对于我们建立良好的班级秩序、提高学生的学习效果、培养学生的自主管理能力、预防一些潜在的突发问题有着积极的意义。

其实制定班规并不难，关键还是落实，否则就成了一纸空文。因此我们从一开始制定的时候，有些问题就要想清楚。

班规应该谁来制定呢？

班规是班主任一手操办？还是学生共同商定？我个人认为，因为学生刚到初中，对新学校的要求也不是很熟悉，每个班主任也有自己一套已经比较熟悉的治班策略，在中学阶段可以由班主任先拟定一份班规（草案），然后全班同学集思广益，共同讨论，广泛征集意见后再确定。

下面是我与2013届18班的同学们集体商议以后制定的《班级公约》：

初2013届18班班级公约（部分）

一、文明礼仪

1. 参加升旗仪式仪表规范、仪态端庄、脱帽肃立，行队礼或注目礼，唱国歌严肃、准确、声音洪亮。
2. 校园内见到老师主动问好，楼梯上遇到老师应礼让右行。
3. 仪表整洁、着装得体，少先队员佩戴红领巾，团员佩戴团徽。

二、两操活动

1. 做眼保健操时，动作规范、准确。
2. 做课间操时，到达操场指定位置做到快、静、齐，以军姿标准站立，做操动作到位。

三、校园常规

1. 按时到校，不迟到、不早退、不旷课。
2. 课间文明休息，不乱开玩笑，不在教室及走廊追逐打闹，不高声喧哗。不得在教室、楼道进行体育活动。
3. 自带餐具。中午按班级规定的秩序取饭，并在指定位置文明用餐，不乱丢乱倒。
4. 午餐后，负责保洁的同学做好教室内外的清洁工作并倾倒垃圾筐。
5. 小扫除20分钟，大扫除30分钟内完成。扫除时注意安全，服从劳动委员的安排，动作迅速，打扫彻底，既分工又合作，要求速度和效率，组长认真负责。
6. 举止文明，不打架、不说脏话、不欺侮同学、不随便拿别人东西、不强行借别人的钱和物，借东西要及时归还。
7. 注意爱护清洁卫生，不在教室、走廊、校内乱扔垃圾。看到垃圾及杂物主动拾起放入垃圾筐。

四、安全责任

1. 不翻越门、窗、护栏、绿化带，不携带、使用有安全隐患的尖刀、刀片，不带火源到校。
2. 上下楼梯遵守秩序，主动靠右行，不高声喧哗，不拥挤。
3. 不向楼下扔垃圾、杂物，门窗旁不摆放花盆、雨伞，以防坠落伤人。
4. 遵守实验规则，在教师的指导下使用实验用品和实验品等。未经允许，不得将实验药品带出实验室。

> **五、课堂学习**
>
> 1. 下课后立即做好下一节课课前准备，备好书本、文具和必需品，上课铃响立即静息。
> 2. 课堂上认真听讲，尊重他人，不影响老师上课和同学学习。不看其他书籍，不做与课堂无关的事。
> 3. 午自习要求绝对安静学习，不讨论、不走动、不影响其他同学。
> 4. 午休预备铃响，立即关灯、拉窗帘，安静入睡；午休过程中，教室内外不讨论、不走动、不发出任何会影响其他同学的声响。

这里所展示的是部分公约内容，此外还有班级活动、小组建设、班委干部、在家表现等方面。应该说这个公约还是比较详细完善的，规范了学生学习生活的方方面面。

特别提醒，我们的班规中语言要"柔和"，尽量不要出现类似"必须""否则"这样的词语，让学生觉得生硬，不易接受。同时奖惩一定要合理，选择学生乐于接受的方式，千万不能出现体罚、变相体罚，更不能以罚款的形式。评价的方式可以多种多样，如对学生干部、小组建设、班级荣誉、常规表现等的奖励。尽量不要按学生成绩，特别是考试分数去作为奖惩的量化指标。如果为了鼓励学生学习，可以表扬"学习进步""学习习惯"等，让每一个同学都有获得肯定的机会。

班规是不是越细越好？

上面我举例的18班班级公约全文多达6000多字，制定以后，我和学生都很满意，觉得非常详细到位，但是我根本就记不住！

精细管理是一种态度，但也容易出现过度越权和落实不到位。

很多年以后，一个年轻的班主任给我看他们班的班规，比我当年18班的还要夸张，几百条，而且每一条还有做到了怎么奖励，做不到如何惩罚的规定。我当时就问了一句，我说你能记住吗？他也郁闷地摇了摇头。如果你记不住，学生做到了你没有奖励，违反了你忘了惩罚，那你不就成"说话不算话"的班主任吗？学生还会信任你吗？那些认真执行规定的同学发现有的同学违反了班规，你也没有处理，你说他还愿意遵守吗？我之所以这样问，就因为当年在18班，我也有这个问题，所以我决定改一改。

首先，不用那么详细，班级常规抓几个重点的关键就是了，比如"迟到、作业、课堂、课间、清洁"这几个大的点抓住了，整体班级风貌没有问题，很多小毛病学生自己也就克服了。其次，不一定用这种条条款款的东西，谁都不爱看，换一种大家都记得住的方式，于是我写了下面的这篇"三字诀"。

2016届11班班级公约三字诀

育才俊、求卓越；爱学校、爱班级。德高尚、讲诚信；养习惯、爱洁净。
会自尊、会自爱；树理想、永竞赛。尊师长、互问好；爱父母、会感恩。
先责己、压怨怒；忌粗口、互照顾。言谨慎、劝人善；不信谣、不强占。
打架场、不动手；骂架场、不动口。有个性、有分寸；会交友、讲合作。
高目标、尽全力；不怕败、不放弃。重课堂、实作业；持改错、多发问。
讲方法、跟师路；懂谦虚、方进步。暂落后、不可怕；勤为径、大步跨。
吃好饭、读好书；时合理、强身体。有纪律、方成圆；齐监督、防散漫。
班干部、带好头；多奉献、好助手。班级事、大家事；担责任、踏实干。
这三年、幸福路；班形象、共维护。十一班、是一家；有你我、还有他。

注："跟师路"指的是紧跟老师的思路，以谦虚的态度对待学习，不要自以为是；"吃好饭、读好书"中"好"字两个含义，既说要把饭吃好、书读好，更重要的是要吃有营养的饭，读有营养的书。

这个"三字诀"通俗押韵，学生读起来朗朗上口，方便记忆。强化了记忆，才能真正入心，也才能真的在实际学习生活中提醒自己注意，从而规范自己的行为。我把"三字诀"贴在墙上，经常利用零散时间学几句和学生重温、巩固、讨论，同学也可以随时对照反思自我，不断改进。不过这个"三字诀"只能作为一种班规的补充形式，也不能完全代替具体的要求。

班规制定是讲究科学性还是突出班级个性？

班级公约的目标应该具有发展性，评价应该体现公平与尊重。同时，也可以带有班级发展的个性色彩，甚至采取多种形式，只有让学生乐于接受，才可能真正入心，成为班级共同的行为准则。

比如我班级特色之一就是班级活动促进班级凝聚力，所以在班规中有特别对于学生参与活动的具体奖励机制，有利于调动学生的积极性。

2019届1班《班级公约》中有这样的规定："凡是参与以下活动可以根据参与程度和获奖名次相应加分：班级活动包括黑板报、美化教室、班会等活动，校级活动包括运动会、艺术节、科技节等，市、省、国家级等各种文艺、体育、社会实践等活动。"

班规一旦制订了，能不能再修改？

作为班级公约，肯定应该有一定的持续性，不要随意更改。但是班级发展必然会面临不同阶段的新问题，所以班规也应该有阶段性的体现，尊重规律、尊重现实，不断丰富与补充。

班规制定好了，怎么落实？

班规制定好了，不能贴在墙上就完事，很多同学对里面的内容都不太熟悉。班主任要利用班会、班级活动多种途径进行宣传，同时配合班级的管理制度（如很多中学班级实行的操行分管理制度），强化班规意识，强化责任意识。

此外我们要保证这份班规是班级同学认同的，因此在制定的时候就不要急，和孩子们多商量。不仅要告诉孩子们你们应该怎么做，关键是"为什么要这么做"，只有他明白原因，才会真的接受。

有一天，已经上大学的18班罗伟嘉同学回来看我，聊天的时候，他突然问我："叶老师，你知道是什么时候开始我觉得你是个好老师，值得我去信任的吗？"这个问题有意思，我还真的不知道，很想听听。

2011年2月28日，18班关于"自习课是否应该一句话都不讲"班级辩论赛颁奖现场

他说："叶老师，你还记得吗，刚上初一的时候我们班自习课总是不太安静，你又一直强调我们必须要鸦雀无声。我就是其中最活跃的一个，搞得你也很头痛。其实我们都不明白，说一两句怎么了，有的时候遇到了自己不会的题，我想半个小时就浪费了，问一句马上就搞懂了。所以对你的政策一直有意见。后来你也急了，在班上守着还好，不守就乱套了。"

他这么一说，我还真的想起了过去的点点滴滴，感觉自己真的太不容易了。我笑了笑问："那然后呢，怎么你就喜欢我了，听我的话了呢？"

他突然抬高了嗓门："因为你搞了一个辩论赛呀。你说你们实在想不通为什么不能说话，你们就辩论一下，看看谁有道理。当时我太惊讶了，班级规定不都是班主任说了算吗？同学们不听，班主任就反复提醒，不都是这个套路吗？但是没有想到居然还可以辩论一下，发点自己的声音。那次比赛吧，我是反方，就是赞成说话的那方。虽然最后以辩论技巧我们获胜了，我们这些喜欢说话的嘴皮子还是更胜一筹，但是在辩论的过程中我的心越来越虚，更重要的是让我见到了一个值得我去尊重的好老师。叶老师，你没有发现，从那天以后我就没有在自习课捣乱了。而且你自己都说，到了初二下期我们班的自习课那简直就是全校靓丽的风景线，专注得可怕。叶老，那不是因为我们怕你，而且我们都觉得——你说得对，我们愿意听你的。"

辩论这事我当然记得，但是孩子们内心的感受我是第一次听说。有点吃惊，多简单的一个班级活动，我完全不知道可以起到这么好的效果，而且是这么多年以后我才知道。所以懂得为什么我要这么做，比明白我要做什么更加重要！

自习课的学与论

每一届学生要克服小学时的过度活跃，学会自主管理都是一道坎，到了11班，自习课又成了矛盾焦点，甚至还有家长也表示不理解，为什么不能说几句？那年，我给孩子们、家长们写了一封公开信，专门说说自习课！

可能有个别学生甚至家长还有这样的疑惑：叶老，为什么自习课不能讲话，讨论问题为什么不可以，不懂就要问嘛？

首先我说说"不懂就问"，这真是一个好习惯！这一点叶老非常非常赞同！上一届18班就有一个基础不算很好的女孩，但是嘴巴最勤快，不懂就跑到老师办公室问，只要是下课十分钟和放学一定拉着老师不放，管你老师耐烦不，只要我不懂，我就一定要搞明白，最后这个女孩考入了七中林荫校区！所以我是非常非常赞同多问的。

但是，我们这里关注的是自习课应不应该"不懂就问"，特别是对着同桌问。

（1）这是自习课。学校的课程设置有新课、评讲课、阅读课、早读、午休，等等，不同的课程形式自然有他一定的道理。顾名思义，自习课就是自己学习、自主学习。这个时间就应该是自己的，不应该被任何人占用，这四十分钟的效果，不仅决定了我们静心思考和消化知识的效率，也是训练学生自主管理、自我控制的最佳阵地！更何况没有哪个同桌有义务自习课给你讲40分钟的题，大家的时间都很宝贵。你不懂就问，而同桌正在思考，思考总是被你打断，你觉得这样合适吗？

（2）什么时候问？ 我想问问孩子和家长，你觉得在自习课上一遇到不会的就和同桌商量，然后两个人你一句我一句，一个题讨论半天好，还是对不会的问题先批注，下课马上去问老师或同学，在最快的时间获得更加准确的答案好？我们到底去问同学要一个答案好，还是再获得一种方法更好呢？有同学说，只要同桌告诉我一句怎么添加辅助线，我马上就懂了，就几秒钟。但是这最关键的一步你就是想不出来呀，而且你习惯了问同桌，你就不愿意去思考了。那么遇到考试的时候，你的身边一个人都没有，怎么办？你就会慌。所以，你需要的不是问"怎么添加辅助线"，而是一个人静下来，多思考、归纳添加辅助线的一些方法、技巧，自己去突破这关键的一步。

（3）从班级氛围来讲。 人人都希望自习课是一个安静的环境，大家可以静心思考的环境。如果你可以讨论，是不是别人也可以。全班50几个人，分成2人一组，都在小声讨论，那我们的自习课还怎么保证？关键是谁能保证其他同学也一定在讨论正事，如果出现有讲小话的，你是不是又要给叶老抱怨自习课纪律太差了？我记得我们班做过一次周末的调查，关于自习课的纪律问题，11班同学的认可度不算太高的哟！既然我们都不认可吵闹的自习课，那为什么我们还要去为这样不良的学风找理由和借口呢？

（4）自习是一道风景线！ 2007年我第一次听魏书生老师的讲座时，我被他新颖的班级管理方式征服，我觉得这样一个有创新精神的人应该很注重学生的"个性"。但是他却提出"让自习课成为一道靓丽的风景线"，那就是要安静地静心思考。我在北京学习，北京十一中的李希贵校长也专门提到自习课，这个非常注重学生个性发展的学校，同样对自习的绝对安静非常关注。我们在网上看到许多让我们羡慕的场景：哈佛图书馆鸦雀无声的震撼，叶老在中国国家图书馆看到的人山人海和绝对安静的反差，难道他们在看书学习的时候没有问题？没有疑问？不想说几句？是因为他们知道这个时候是"自习"时间，不是"讨论"时间。什么时候做什么事情，这其实是做人最简单的道理。

（5）为什么不能利用零散时间。 很多孩子喜欢在自习课上问这个问那个，那为什么不把零散时间用起来，平时一下课就到处八卦、疯玩，怎么一到自习就知道着急了？

　　来育才快四年了，很多人问我育才的法宝，我总能很骄傲地提出几个，但是其中必然有一项是"绝对安静静心的自习"。活跃不仅仅是嘴巴，更重要的是思维的活跃！所以我们现在更要学会——静心。如果自习课遇到了不会做的题，请你做好批注，下课集中去找同学或老师寻找帮助，这是对自我的管理、对时间的管理，更是对自己、对同学、对班级的负责！

　　教育是修行，学习也是，当你管住嘴巴，在自习课上听到的只有沙沙的书写声，你会发现这个世界都是你的，你会把控住你想要的一切！

　　我在育才的三个班，基本上都是固定模式，初一自习课不自觉，总有声音。到初二就能做到不影响别人，专注投入。到初三，我就可以坐在门口读自己的书了，享受难得的清闲时光，偶尔抬头，我会被孩子们专注的模样打动，那一刻，教室真的成了学生可以静心学习的地方。

　　此外，还要注意持续性评价，班主任要在过程中通过制度保证，要坚持公平公正地履行班级公约，不能三天打鱼两天晒网，我们不能坚持，学生当然也不会执行。我特别强调习惯培养的三个步骤：要做什么；做好的标准是什么；坚持训练。

　　比如教室的清洁卫生，我们不能只说一句："要把教室的清洁做好哟！"这句话一点毛病没有，但是我们只告诉了孩子要做什么，那做好的标准是什么呢？地面怎么样才算是干净？讲台怎么样才算是整洁？窗户怎么样才算是达到了"育才标准"？更重要的是训练，班主任一开始就得陪着，不仅要陪着还要教方法，最好可以亲自示范。用什么擦玻璃最干净？怎么避免手指在过程中留下指印？两个同学面对面怎么才能配合默契……这些都需要班主任在一段时间内训练，而且分阶段进行检查，再提升。等全班同学对每个流程都非常熟悉了，而且完成质量提高了，内心自觉了，我们班主任才能说"松手"。

　　切记不要遇到问题就直接指责学生没有对，关键我们要告诉他什么是对的！

"学生一日常规"对班风学风的影响

2013年,为了进一步告诉同学"应该怎么做才是到位",我和全年级班主任一起努力,制定了"学生一日常规",学生知道每个时刻该做什么,做到什么程度。从开学第一天就训练,而且全年级统一要求,形成一种整体的风气,迈出中学生活最坚实的第一步!

七中育才学校 2016 届"学生一日常规"

流程	具体任务
到校	1.到校:着装校服,佩戴好红领巾,手持作业袋进入教室,早到的同学做到早到早读,早读管理员督促提醒;进入校门要刷卡
早自习	2.交作业:进入教室后将作业袋中的作业上交,科代表交到科任老师办公室后立刻返回教室 3.早清洁:值日生检查教室是否干净,对有问题的地方及时处理 4.早读:在领读员的带领下进行早读,要求腰板挺直,手托书本竖起来大声朗读
上午	1.课前准备:在上一节课结束后,按课表做好下节课的准备 2.课间休息:课间文明休息,不在楼梯过道和教室内追打、嬉戏、窜班等,并做到起身看座 3.课前等待:上课的预备铃响就立刻返回教室,进入教室后在座位静息等待老师,课前准备检查员检查课前准备和静息等待情况 4.上课:(1)听课:坐姿端正,认真听讲,中途不插话打断老师,有疑问须举手,经老师同意再发言;(2)答问:老师提问时积极发言,声音洪亮;(3)讨论:组内讨论要小声讨论,认真听取别人意见,积极参与;(4)练习:安静、认真完成练习 5.课间操和集会:当信号响起,迅速离开教室在楼道排队,体育委员快速组织好在指定位置集合,整个过程做到快、静、齐

流程	具体任务
中午	1. 午餐：在午餐管理员和值日班长的组织下依次排队打饭，并回到座位安静就餐，餐后清理好桌面卫生并将垃圾投入垃圾桶内 2. 午清洁：清洁委员安排当天的清洁同学对自己负责的区域卫生进行处理 3. 发作业：各科代表发放上午所交的作业本 4. 午自习：在自习管理员的组织下安静、认真上好午自习，内容：改正上午作业中错误，自学、预习、复习、完成作业等，要求不讨论，不打瞌睡，教室内保持安静 5. 午休：拉好窗帘，关灯后在座位上安静午休，要求：趴在桌上，闭目养神（戴眼镜同学摘掉眼镜），做到：安静、不乱动，午休管理员负责管理 6. 午间教育：由午间十分钟同学负责安排
下午	1. 自习课：按午自习要求进行 2. 课堂要求和上午一样
放学	1. 放学：无事情况15分钟内离开学校。放学后出校门刷卡，在回家路上不要逗留，注意安全 2. 清洁扫除：按清洁委员安排完成清洁扫除，经清洁委员检查合格后离开学校
回家	1. 家庭作业：在家完成作业要求认真专注，一气呵成，周日至周四晚不玩电脑，有充裕时间可以看书读报。 2. 整理书包：按照作业记录本整理第二天所要交的作业和按照课程表整理第二天要用的书本和资料。

这个"学生一日常规"让学生在习惯养成阶段清晰地明白"标准"，加上老师的监督、同伴的协作、年级的整体氛围营造等多渠道齐头并进，促进了良好的级风、班风、学风的形成，帮助学生尽快适应中学生活。

我在张香兰《班主任工作艺术》一书中看到：既然这是一份班级公约，我们班主任也是班级的一分子，是否应该也有班主任要遵守的班规呢？

我想了想，如果是我以后的新班级，我可以写上这么几条：

做  的班主任

1. 注意语言和行为,绝对不体罚、不侮辱任何同学;
2. 对事不对人,做到人人平等,奖惩一致;
3. 班级的决策不要武断,多和同学们商量一下;
4. 保持微笑,不允许发火,如果实在憋不住,一个月允许有一次,超过一次就罚我做清洁吧!

好了,不写了,多了我也记不住,能做好这几点,我相信我的学生已经很爱我了!

责任
——班委的设置与培养

毋庸置疑，班委干部在班级管理中发挥着重要的作用，我们常常说他们是我们的"小助手"。每个班级的班委设置都有班主任的考虑，可以说很难统一，我谈谈看法。

到底是否需要班委干部？

曾经看到一种说法，说班委干部往往自带优越感，尤其个别干部"权力过大"，班主任又没有及时正确引导，反而会给班级管理带来一些负面的影响。

这一点我不是太担心，所谓的"优越感"往往是班主任给的，我们始终要坚持"公平"原则，不管是"班长""学习委员""科代表"，还是"值日生""领操员"……都是班委成员，都是为班级发展服务，为同学们老师们服务的。大家分工不同，没有谁管谁，没有谁比谁权力大，这一点给同学们说明白了，在实践中班主任做到了公平地对待每一个人，不因为职务而"照顾"或"歧视"，我相信这个问题应该可以避免。

很多班委干部没有发挥作用，形同虚设，还要不要？

班委干部形同虚设，要不是我们的培训不到位，干部对自己的职权不清晰？要不就是我们不够放权，有了干部，但是没有提供更多锻炼的机会。

班委干部的培养是一个长期的过程，不要奢望一步到位，需要时间，甚至需要课程，需要班主任花精力。班主任与班委干部一起理清几个问题："我该做什么？""我该怎么做？""我该怎么坚持做下去？""我怎样才能做得更好？"

班委占班级人数多少比例较理想？

我个人比较喜欢"人人有事做，事事有人做"这个理念。班委只有职务之分，没有优劣之别。只要为班级服务，每个人都是班委会成员，职务可以多一些，让班级生活的每一件事都落实到具体的负责同学身上，这样也会让我们的工作更加到位。

下面是我2013届18班"建班之初"的班委设置清单（后来有变动）。

职务	管理要求
班长1	统筹协管所有班委的工作，并做好上传下达的沟通，协助班主任管理班级，保持班级具有积极向上，良好的发展态势
班长2	1.召集召开班干部总结会，小组会，通报小组评比情况，督促小组整改 2.管理周一升旗仪式 3.检查小组评比结果
班长3	1.提前到校，检查班级环境、桌椅摆放情况，管理班级早读 2.每周统计一次操行评分收集：①干部的评分；②学习委员评分；③纪律委员评分；④劳动委员评分；⑤生活委员评分，打出学生个人操行分和小组操行分评比等级，将结果上板报
学习委员	1.每天统计作业完成情况 2.总负责管理班级上课、自习、集队集会纪律汇总操行分登记 3.每天早上检查值日生在黑板上公布当天课表、值日及保洁小组情况 4.管理科代表，检查科代表收交、发放作业等情况
劳动委员	1.督促检查班级清洁卫生，经劳动委员检查合格后做清洁的同学方可离开 2.检查劳动时凳子摆放 3.每天检查卫生角，要求小组清洁完后，将工具摆放整齐，垃圾筐清洗干净
生活委员	1.管理班级午餐情况 2.检查同学衣着发式、环境卫生、个人卫生、文明礼仪等日常行为规范 3.各项活动操行分登记

职务	管理要求
宣传委员	1. 负责班级各项活动的宣传组织 2. 负责班级布置的设计与制作工作
体育委员	1. 班级集队、集会的整队及管理 2. 督促班级同学积极参加体育活动及锻炼
文娱委员	1. 主要负责班级各项活动的策划与组织 2. 了解班级同学的各项特长，号召全班同学积极参加活动，发掘更多的活动新星
电教委员	电教设备的管理、维修电脑操作等
教学日志管理	每天按时填写，每周按时交、领教务处教学日志
作业日志管理	每天按时填写，每周按时交、领教务处教学日志
班团队会记录	每周填写班会内容，每周按时交、领班团队会记录
考勤	做好考勤记录，每天上交到医务室
灯、门管理	每次在班级同学全部离开教室后，关好灯、电扇、门
眼操管理员	负责管理班级眼操纪律，并作操行分登记
语文英语数学科代表	早读领读员（主要是语文、英语）早晨提前到校，提前交齐作业，准时站在讲台前组织已到同学读书，要求读书声音响亮、组织有力。 1. 负责收、发作业到位 2. 早晨迅速统计作业情况报学习委员 3. 预备铃后立刻检查同学的课前准备和静息情况 4. 该科课后立即询问老师该科作业并写在黑板上 5. 起好带头作用并协助该科老师，做好老师的助手
其他学科科代表	1. 预备铃后立刻检查同学的课前准备和静息情况 2. 提前一周通知该做课前三分钟的同学，并提前一天再次提醒 3. 起好带头作用并协助该科老师，主动与老师沟通，做好老师的助手

注：表格所呈现的班委设置在18班建班之初基本可以保证班级各项工作的顺利开展。在后来的班级生活中，根据具体的问题，做过一些微调，不过始终坚持人人都有职责，都为班级做贡献的原则。

做○○○○○的班主任

班委干部岗位是众人轮岗，还是干得好一直干下去？

班委干部最好是轮换的，一方面给每个同学锻炼的机会，同时这也是班级民主生活的重要环节。公开招聘、公平竞选、公正选举，让每一个孩子都有展示自我、为班级服务的机会。

不过，后来我也有一些新的看法，这些都源于2010年18班的郭嘉寅同学给我的一张小纸条。

那天是18班入学报到的日子，下午的最后一节班会课我们要选出临时的班委会，以便于班级工作的开展。中午上自习，我收到一张纸条，第一句话我就震惊了——叶老师，我想这三年都担任班级的值日生！

这个要求太奇怪了，说实话估计很多孩子都不喜欢当值日生，又要擦黑板，又要整理讲台，还要喊"起立"，多累呀。再说，这应该是最小的职务，在我下午竞选的班委项目中甚至都没有"值日生"这一项，值日生不就是大家轮着当吗？这还抢着当，是什么意思呢？

我接着看她写的理由：

"叶老师，小学的时候我们班老师经常还没有上课就生气了。因为老师辛辛苦苦备了课，高高兴兴走进教室，结果发现黑板没有擦，讲台也很乱，哪里还有心情上课呀。其实最后受影响的还是我们自己。我想吧，我这三年就干这一件事情，让老师走进18班每天有个好心情。你说可以不！"

孩子的责任心让我感动了，下午的竞选活动结束后，我宣布了这个消息，全班同学也为她热烈鼓掌。之后的三年她真的就只干这件事情，不光是干得心甘情愿，开开心心，关键是越干越好。不仅他擦黑板的速度越来越快，质量越来越高，而且他时不时还想一些改进擦黑板的方法，让我打心眼里佩服。

那之后，我也在考虑，这个思路很好。过程中的改选是有必要的，但是培养学生"一件事情做到底"，做得更好、更细、更精，其实也很有必要。"干部轮换制"与"责任承包制"可以结合起来，根据班级的具体情况，灵活处理。

受此启发，我们班的清洁安排我做了以下调整，下面是2019届1班的清洁扫除安排表。

星期	清洁委员 倒垃圾、关门关灯关窗（1人）	扫抹一大组（包括前后门的延伸区）（1人）	扫抹二大组以及过道（1人）	扫抹三大组以及过道（1人）	扫抹四大组以及前后门的延伸区（1人）	黑板、黑板槽、讲桌、讲台地面、黑板下的墙面（1人）	擦走廊窗前后门和玻璃（2人）		公区（2人）
周一	董濯菱	郭文冉	王秋懿	董韵涵	张逸杰	马盈帆	刘一沐	张庭崧	陈豫川 贺巧
周二	刘羿阳	辛思颖	赵雨珂	杨薯颖	余枝蔓	钟林希	曾静远	付宇航	林昆鹏 黄之爱
周三	汪周	赵欣宇	陈蕾蕾	陈心悦	于顺子	李萌佳	邱涵宇	斯宇凡	刘祖奇 郭潇云
周四	吴明轩	朱紫菡	赵君婷	于祎旸	李柯颖	赵思涵	黄千寻	潘康	曹佳宇 冯倩语
周五	李星瑶	杨熙临	赖嘉雯	奚千越	李思颖	张曾棋	游乐	任俊潮	冯昌豪 陈婉熙

上面的这个清洁安排方案，确保每个同学都有工作，人人都为班级服务。每一天都有一位清洁委员，他负责统领当天的保洁任务。最重要的是每个同学在周几保洁，具体负责哪个区域都非常的清楚，时间固定，责任明确。

一方面我们的家长明白孩子什么时候做清洁，可以监控学生回家的时间，同时也确保回家的安全。另一方面学生因为每周都做同样的工作，熟能生巧，你会发现他们越做越干净，效率越来越高。

这就避免了学生因为岗位随时在换，这周扫地、下周擦玻璃、再下周整理花草，结果一样都没有做好，因为他不"专业"。

班长能力差，该继续培养还是换掉？

这是一个老师问过我的真实问题，我们班有四个班长，不过其中有一个能力较弱。一开始我确实想了很久，我是该继续培养这个班长，还是换掉呢？

大家可以看看文章前面18班的班委会设置表格，虽然我当时也设置了三个班长，每个人有具体的分工。但是问题来了，分工安排的内容不可能面面俱到，

2015年3月1日，2016届11班新一届班长通过自主申报、主题演讲、同学投票、公告公示等环节最终产生。他们手上拿到的就是《值日班长记录本》，从这一天开始，他们肩负着全班同学的期待，光荣上岗。

始终有一些工作谁也不负责，如果遇到所选班长能力有差距，那么确实是件很头痛的事情。

我们班后来设立了五个班长。不再是之前的"大班长""纪律班长""文体班长"，等等，而是，星期一班长、星期二班长、星期三班长、星期四班长、星期五班长。

今天是周几，谁就全盘负责。这一天从早读到放学都由这个班长统领，如果班主任有事情，他会随时补位，避免了班级管理中出现的漏洞。

比如今天周三，学校突然宣布让各班班长去学生会开会，不管是什么性质的会，只要通知的是班长参加，那就是周三班长负责。如果领回来的任务是关于运动会的，那么周三班长就会牵头，召集另外四个班长和体育委员分工安排任务，但是最终这个工作的组织、汇报、协调都是周三班长来做，这样就避免了分工中出现"谁也不负责"的现象。

更重要的事，班级常规管理中，五个人每天做的一样的事情，大家还可以互相学习、交流经验，就算有能力弱一点的班长，他有学习的榜样，可以观察别的班长怎么做的，大家一起帮他出谋划策，最后个个都能独当一面，成为我班级管理中最放心、最得力的团队。

如何让班委清楚自身职责？

不管是学生的学习，还是班委干部的培养，我觉得步骤都是"要求＋标准＋训练"，缺一不可！我以我们班每天早上学生到校这一场景，做一个详细的展示。语文领读员会问我，叶老师，我应该如何更好地组织早上的早读呢？

第一步：要求——我们要达到的目标

每天早读有序、投入、高效。

第二步：标准——要做到什么程度

就我们班早上学生到校（语文早读日）的完整流程，做一个梳理，供大家参考，大家可以看到早上各个岗位的班委干部是如何明确职责、配合工作的。

流程	要求
领读员值日班长提前到岗	1.语文领读员到教室，在黑板上书写今天的早读内容。按照小组分工上交作业（小组内部一个同学负责一门作业的收交，到位的同学只需要把作业放在对应的小组成员座位上），然后站在讲台上，自己开始读书，最好声音洪亮，营造学习的氛围。 2.当天值日班长到位，根据昨天的《学习规划本》（我们班每个同学都有一个《学习规划本》，规划自己学习时间，记录当天课外作业），板书每科今天你要上交的作业清单。按照小组分工上交作业，然后站在教室前门内侧，大声读书，迎接同学们。
学生陆续进入教室	1.同学们陆续到来，一进入教室马上保持安静。 2.轻轻放下自己的凳子，如果小组成员没有来，就帮小组所有成员放下凳子，避免人员来得过于集中，声响影响全班整体早读氛围。 3.对照黑板上的作业上交清单，按照小组分工上交作业。 4.对照黑板上的早读内容开始早读，专注投入，哪怕只有一个人也开始读书，这个阶段是自由朗读。
学生到齐以后	1.值日班长宣布：科代表收作业。 2.因为每个小组作业已经由小组成员收集，科代表可以大大节约时间，原则是三分钟全部完成。 3.清理好作业，科代表从前门出，在门口给值日班长反馈作业上交情况，值日班长做好记录。 4.值日班长根据汇报落实个别同学没有完成的原因，在《班长记录本》（主要记录迟到、作业上交、课堂纪律等现象）做登记汇报。 5.科代表从后门回到教室，保持安静。 6.因为这个阶段有学生在走动，难免有学生浮躁，不管是自由朗读还是齐读效果都不理想，科代表收作业这几分钟采用领读员领读的形式，就算科代表手上抱着作业，嘴巴也可以跟着朗诵，让全班始终保持学习的氛围。
老师进入教师	语文老师进入教室，科代表和班长回到座位，参与早读。

在这个过程中，我们需要明确班级每个干部、每个同学都非常清楚地知道自己要做什么、怎么做、做到什么程度。

第三步：训练——形成习惯

有了上面的步骤，班主任还不能偷懒，要在过程中不断地训练，既训练领读员，也训练学生，真正让每个同学都熟悉流程，形成习惯了，才敢说"松手"，注意"松手"并不是"丢手"，过程中还要不断地监督、反馈、鼓励、调整。这样班级管理才会越来越轻松、越来越规范。

因此，对班委干部培训的一个重要内容就是——明确职责，不仅班委要明白，而且全班同学都要明白，达成共识。就像上面的早读流程，只要我们稍加训练，每天坚持落实，早读就会变得非常有序、投入、高效。

班委工作进入正规以后，是否意味着老师可以"丢手"

通过一段时间的培养，班委的各项工作都能配合完成，班级发展也越来越好，那么这个时候是不是就"丢手"呢？我建议最多是"松手"。

一方面，作为班主任我们要始终发挥在班级中的引导地位，不同阶段学生有不同的问题，不同的学生有不同的问题，我们的工作也要在实际中不断地丰富、创新、改变。

另一方面，学生干部首先也是"学生"，他们还有学习的任务，不能给干部太多、太繁重、事务性的工作。他们和班主任之间应该是互补关系。

2015年8月底，我被评为"全国最美教师"，要去北京领奖，会耽误一段时间，尤其是11班面临初三开学。新的学期，如此重要的时刻，我却不能在同

语文老师还没有到，同学们也还没有全部到齐，在领读员的组织下，一天的早读已经井然有序地开始了，照片拍摄于2014年2月17日早晨

学们的身边陪着，难免有些焦急。当然这也是锻炼干部的好机会，去北京之前，我给 11 班五个值日班长写了一封信：

> 开学初叶老就不能和大家一起冲刺，很是遗憾！
>
> 我觉得 11 班已经可以"适当放手"了，我相信你们的能力。两年下来，应该做什么，怎么做，我相信你们已经很清楚了！叶老这趟去北京，一是参加今年"全国最美教师"的颁奖晚会，这个奖也是颁给 11 班的，希望我们都对得起这个荣誉。同时叶老受邀去现场观摩 9 月 3 日的天安门阅兵，这对于一个历史老师来说是一生的荣誉，叶老始终说我是一个平凡的老师，我没有做什么惊天动地的事情，但是我和我的孩子们踏踏实实，坚持把平凡的事情做到极致，我们创造了奇迹，相信这就是 11 班的精神！
>
> 请等着叶老回来，如果允许，我希望可以和你们在阅兵现场直接视频对话，这又是我们 11 班历史性的一刻！下面原谅叶老师再啰嗦一下，把这段时间的工作做一个梳理，希望几个班长互相提醒，认真落实：

28 日	班长组织同学到图书馆去抱书、发书，不要乱，像以前一样，一人总协调，大家配合。值日班长配合劳动委员做好清洁卫生，并再次提醒 9 月 1 日学校检查服饰和发饰。
29 日	休息
30 日	休息（如需要给家长发提醒短信，班长把内容编辑好，我来统一发）
31 日	1. 提醒曹同学板书新课表，提醒向同学每节课的值日工作 2. 早上到校注意有没有迟到的同学，如果有及时反馈给代班班主任和我，联系家长，确保同学们的安全 3. 座位按照我黑板上贴出来的新座位就坐 4. 值日班长上岗，做好课前准备、监督好中午的午餐和清洁，课前准备的时候检查一下教室清洁，给老师一个良好的环境 5. 注意中午自习，12 点 45 分开始陆续分班，50 分保持安静，记录下到位情况 6. 下午自习课、午自习都要求和平时一样，保持绝对的安静 7. 放学后提醒做好清洁卫生 8. 班长写好博客，晚上发给我，多发现同学和老师的闪光点
后面几天安排（略）	

的班主任

写到这里,我特意去翻看了一下当年的博客,因为工作的临时调整,我原本回校的日子从9月2日推迟到了9月10日,整整离开了班级10天。这10天他们已经完全适应了初三生活,而且全班男生还在开学典礼上表演了节目,看来班级整体的发展已经趋于稳定。虽然过程中也反映出一些问题,但是总的来说还好,我们可以重新出发了!

班长和差生玩怎么办?

这也是一个老师问过我的真实问题,老师问我:"我们班长老是喜欢和差生一起玩,怎么办?"虽然我不知道这个老师定义的"差生"到底是什么?或许是成绩,或许是行为表现,但是我看到这个问题的时候,我很诧异!班长喜欢和班级目前暂时落后的学生一起玩,这是好事情呀!多好的事情呀!

我知道她担心班长跟着学,带"坏"了班级的风气!但是为什么不是班长去影响这些孩子呢?班长可是我们大家评选出来的班级领头羊,我相信最起码的正气还是有的,班级的落后生与班长关系好,说明班级氛围和谐,如果一些学生联合起来嫉妒、排挤班长,其实才更加麻烦。

再说班主任要对自己有信心,我们可以去争取班长对班主任的信任呀,说到底这背后还是师生关系的问题,我们可以想想如何让班长也同样亲近我,怎么还和学生"吃醋"了呢?不管是什么班委,他们同样是孩子、是学生。不能对他们就另眼相看,甚至提出过多过分的要求,觉得自己理所当然。

亲近班级的每个孩子,拉近彼此的心,才是班级管理真正的王牌。

团队
——如何让"小组建设"更具教育意义

> 小组合作学习于20世纪70年代率先兴起于美国,并且已被广泛应用于中小学教学实践。合作学习小组一般由研究兴趣相近的学生自愿组成,每组3~6人,在组建小组时,教师可视情况进行协调,给予帮助。
>
> 很多班主任在班级建设中也引入这一形式,成为班级文化建设的重要一环。不过也面临很多的困难:
>
> (1)班级小组成员在一段时间内应该要相对固定,不能像临时学习小组根据学习兴趣随意组合。那么班级小组成员按照什么标准组建?
>
> (2)如果有学生对老师安排的小组不满意怎么办?
>
> (3)组建起来的小组在日常班级生活中如何管理?
>
> (4)对小组建设如何评价?这种合作形式对学生学习、班级建设到底有没有积极的影响?

因为这些问题的存在,就让很多班主任对于组建班级小组认为是"流于形式"或"没有必要",甚至担心产生更多的矛盾,例如:

(1)有老师按照学生的学习成绩组建小组,所谓的"合理搭配"让家长和学生都产生比较大的抵抗情绪。

(2)有老师采取强行安排的方式,学生对新的小组非常不满,如果缺乏即时的引导,小组内部成员间就可能引发新的矛盾。

(3)小组组建以后除了强行的班规约束,没有重视小组文化建设,甚至有的老师采取"连坐法",一人违规,小组成员全部受罚,增加了小组内部的不和谐。

当然不可能哪种方法都是完美的,大家也不要照搬。下面我就我自己的班级

做心平气和的班主任

把小组组建的过程做成班级活动，自主选择，寻找"班级合伙人"

小组建设和大家做一个分享。

班级管理活动化是我带班最主要的理念，因此一开始的组建过程就是一个系统的工程，我给这个活动取名为——"寻找班级合伙人"。

我的小组组建工作通常放在寒假或者暑假，第一，时间充裕，学生和家长都可以经过充分的思考、讨论做出选择。第二，如果组建过程中出现任何问题，我都可以及时进行干预和协调。第三，小组组建完成后，我有比较充裕的时间制作各种班级必要的常规表格，如班长记录本、小组记录本、操行分表格等。

我经常给学生说："从容是因为胸有成竹。"与其强行做心理暗示，不如把事情踏踏实实做到位。小组组建在寒暑假完成（初一刚开学第一个月让学生彼此多熟悉，可以利用国庆节组建小组），这样，开学第一天就一切进入正规，避免了开学后再来进行人员的调整，带给学生不必要的"浮躁"。具体操作如下。

第一阶段：宣传动员制定规则

期末的家长会上，我会下发新学期的"小组组建方案"。之所以是发给家长，目的是让家长从一开始就参与到这个活动中来，增强家校合作，让家长对班级有归属感和认同感，下面是我下发给家长和学生的具体组建要求。

1. 把全班分成A、B、C、D四个大组，公布每个大组的学生名单。

这份名单是我和科任老师认真思考以后确定的，根据每学期学生的表现都有微调。首先四个大组人数平均分配，但是分组原则绝不是按照成绩，而是更多考虑到性格和是否互相影响的因素。要求必须在A、B、C、D中各一人，比如我会把能力比较全面的分一组，这样每一组都有领头羊。把比较活泼浮躁的同学分一组，这样相对喜欢讲话的同学就被分散。把性格内向的同学分为一组，那么避免出现个别小组比较沉闷，不积极参与课堂互动的现象。

2.A组同学为小组组建人，但是不一定是综合能力最强的，也不一定就是组长，组长可以在小组组建完毕以后内部民主选举产生。我希望三年内，每个孩子都要当一次小组组建人。

3.每个小组必须有男生、女生，根据班级具体的男生女生比例，还可以规定男生女生数量。

4.每个组建人在选择组员、组员在选择组建人的时候必须秉着对自己负责，对组员负责的态度，慎重思考。因为分组名单是交给家长带回家的，家长也可以积极参与其中，帮学生出谋划策。

5.组员一定想清楚了再答应组建人邀请，不要朝秦暮楚，这是不守信用的表现，一旦选定，原则上本学期不换。请慎重对待自己的每一次选择！班级同学能同班共读都是缘分，每个人都有值得别人欣赏关注的优点，希望组建人好好协调，不要让任何一个同学落单，我们是一家人。同时也希望组员对得起组建人对你的信任，下学期积极为小组操行分争光，向五星小组进军。

6.请组建人与小组成员认真商量后，在方案下发第10天，把以下小组信息上报给叶老师：（1）小组名称；（2）小组成员；（3）谁是小组组长；（4）小组口号；（5）小组分工（作业管理、清洁管理、纪律管理等）；（6）每位小组组建人，需要完成一篇小组组建心得，讲述你在组建过程中的酸甜苦辣！

7.我在方案的背面印上所有家长的联系方式，之所以这样做是因为：（1）已经放假，方便同学之间的联系；（2）孩子给同学家长打电话的过程，其实也就是交流的过程；（3）家长可以充分参与到孩子的小组组建过程中，给予必要的引导。

第二阶段:学生自由组建小组

接下来的 10 天左右时间,孩子们之间通过电话、QQ 等形式互相沟通,家长的积极性也被充分调动起来,参与到孩子的分组活动,给予建议。

我在家长会上,告诉家长们,在这个过程中家长要注意自己的"位置",引导而不是操控。尤其不要当着自己的孩子说别人的坏话,这样不是教育,这样培养出来的孩子心理并不健康。更多地说"我觉得谁不错""我觉得谁更好",而不是在背后搬弄是非。教会孩子更多地看别人的优点,积极地向他人学习。

在组建过程中,如果有同学没有找到合适的小组,班主任要在过程中及时监控,充分了解情况,主动关心,积极沟通。甚至可以带着这个孩子一起"找小组",认真反思自己存在的问题,给小组长和组员做出承诺,这个过程对于孩子自身也是一种教育。

每次小组组建完成,我看到一个个崭新的小组呈现在自己面前,看到所有孩子都找到了自己的合伙人,都无比的激动,对新的一学期充满期待。2017 年的那个暑假,我给家长们发了一条短信:"短短几天,新的小组组建全部完成,没有一个孩子掉队,充分体现了我第一天给孩子们讲的我们是一家人,而且明显这次家长的参与度更高。感谢优秀的家长,优秀的孩子,期待新学期!"

小组自由组建的过程,就是学生自我教育的过程,我让每一个组建人都写了"小组组建心得",从中能看到孩子们通过活动的自我感悟:

W 同学 组队真不是件容易的事啊!刚开始我觉得从 53 个人里面选 3 个人那还不容易。我先打电话给 H,不出我意料他爽快答应,如此顺利令我"沾沾自喜",于是开始在其他组找 2 个女生。但是情况出现反转,一打过去好多同学都被选了,有些同学答应考虑,我一下子慌乱了,等待变成一种煎熬,选择变得如此纠结!我开始紧张,害怕组建不成,于是在同一组里选了 2 个人。我为了自己的小聪明违反了组队规则,结果被叶老师发现,指出我这样会造成其他小组组队困难,让我迅速调整人员,幸好最后成功了!叶老师,对不起,你虽然没批评我,但我知道错了!通过这次组队让我知道不管是任何情况我们都不能随意破坏或改变规则,组队如此,学习如此,人生更如此!

Z同学 这次是第一次小组组建，我深刻体会到了组长的不易。一个个打电话去问，拨通电话号码那一刻的那种紧张，那种期盼，都是独一无二的感觉。被婉拒后的失落，被肯定后的高兴，非常令人印象深刻。在创建组名与组训的过程中，我发挥"洪荒"之力，与我的伙伴们左思右想，重重选拔，定下了方案，当看到新鲜出炉的组名与组训时，心中就会有一种成就感。下一个学期，我们就要坐在一起取长补短，共同努力了。作为组长，一步一步地去规划小组的发展确实很累，但这个过程，这种复杂的心情起落，都让我格外难忘，我感觉又向担当迈了一步，感觉自己挑起了一个担子，不敢松懈。我也切身体会了上一任组长的辛苦，感谢她的付出。我想到了下一个学期，可以与我新的小伙伴并肩作战了。我有一些小期待，对我们的小组充满了信心！

P同学 非常感谢叶老把这次组建小组的任务交给我。在组建小组时，我首先向D组的M同学发出邀请，我认为她的性格很好，学习非常踏实、谦虚、善良，她也很爽快地答应了我的邀请。之后我在C组找到了Y同学，但他告诉我他已经有小组了，我马上打电话给T同学，向T同学发出邀请，因为他人很好，有什么他都会直接告诉你，他马上就同意了，我挺高兴的，认为组建小组不是我开始想象的那么难。接着我向B组的三位同学发出邀请，但是她们都有组了。我开始有点着急了，赶紧给妈妈打电话发短信，妈妈鼓励我自己想办法，于是我就打电话给T同学，和他商量B组选谁比较合适，把B组男生的名字说了一遍，他问我介意让男生加入吗？我说我不介意男生的。由于我对我们班的男生不是特别了解，于是我打电话向叶老师求助，叶老向我推荐了3个人。我就挨着打了一遍电话，没想到前面两个同学都有小组了，接着我向V同学发出了邀请，因为他平时上课不会说"小话"，能邀请到是最好不过了。V同学也同意加入了，终于小组的成员都邀请成功了。在这次组建小组中我要感谢T同学想出的小组组名，M同学推荐我当组长。希望我们在新的学期有一个新的开始。

虽然孩子们的想法比较幼稚,但是能看到他们在不断观察他人、接纳他人、融入集体,这就是难能可贵的。组建过程中要面对的酸甜苦辣其实和社会是一样的,如何成为一个受欢迎的人,如何去寻找别人的优点,如何与不同性格的人相处,这些都是学问。仅仅教理论是不行的,只能让孩子们自己去磨合!

从上面三位同学的小组"组建心得"中,我们可以看到学生不断在活动中反思自我、认识自我、评价自我、改进自我。同时因为有了同学、家长、老师共同的参与、鼓励,组建的过程显得比结果更有意义和价值。

第三阶段:小组文化建设

一切的班级活动都是文化!虽然小组组建起来很容易,但是如何在过程中体现价值,让四人小组成为班级管理非常重要的"抓手",就需要我们过程中有制度、有指导、有评价、有活动,真正把小组建设成为学生温馨的"小家"。

评选班级"五星小组",孩子们会获得一张特殊的奖状

方式一　五星小组评比

初中多数班主任都制定有操行分管理制度，如何把它融入小组建设中呢？学生每周的操行分评比可以分为两条线，一条线是个人的操行分，还有一条线是小组的团队评比。只有将学生置于小组团队之中，给予组长一定的权利和压力，给予每个组员一定的任务，这样的小组建设才有活力。但有两点需要特别注意：

（1）团队评比以鼓励为主。对于小组全体成员都参加的活动，尽可能以鼓励加分的方式，让他们享受到分享合作带来的喜悦。

（2）绝对不搞"连坐"制度，这样会导致小组内部矛盾激化。比如"一人说话四人扣分""一人座位下面有垃圾四个人都要被处罚"等，这样只会让个别同学在小组内受到排挤，不利于同学的团结和小组的和谐。班主任要做的是"协调平衡"，而不是"故意挑事"。

每周我们会进行一次"五星小组"的评比。小组操行总分在全班前 5 名的小组可以获得一颗星，累积到 5 颗星，可以被评为"五星小组"，这是我们班孩子们最期待的荣誉。为此我设计了专门的奖状，孩子们说这份奖状太有意义了，因为上面有我们每个人的名字！模板如下：

叶老幸福窝"五星小组"奖状

恭喜 XX：

你所在的 XX 小组，在组长 XX 的带领下，和 XX、XX、XX 并肩作战，获得了班级第 X 周"五星小组"称号。

这是一个集体的荣誉，代表我们一起为了共同的目标而努力所取得的成绩，是值得我们骄傲与铭记的。

做  的班主任

方式二　小组记录本

每个小组都会领到一个小组记录本，让小组成员记录一天的故事。不是让孩子们写作文，而是真实地表达心情，几个孩子一人一天轮流写，任务不重，不仅自己记录了，还能看到别人写的有趣的事，孩子们也非常乐于接受这样的形式。其实这就是他们共同记录的一部历史！

小组记录本上主要有这些栏目：

今天是 201＿＿年＿＿月＿＿日　　星期＿＿　　今天＿＿＿＿＿＿当家

今天心情	太开心了　心情好极了　还不错　我抓狂了　有点点难过
今天上课情况	
今天作业上交和完成情况	
今天我们组最有趣的事（申诉栏）	
班级闪光点	
今天最想对组员说的话	
叶老评语	

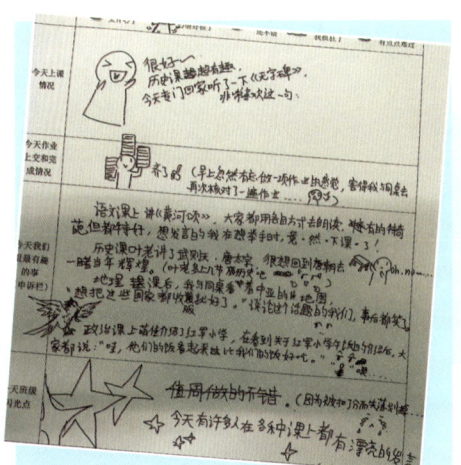

小组本的涂鸦，让学生记录历史，
发泄情绪，分享收获，感悟幸福

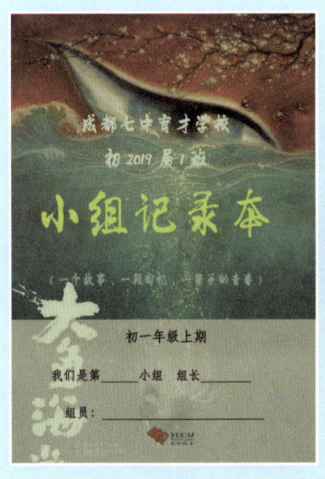  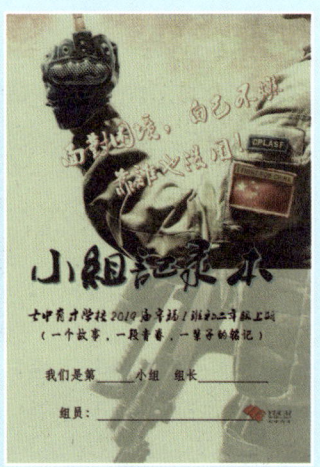

《大鱼海棠》体现的关爱；《西游降魔篇》体现的团结合作；《战狼2》体现的拼搏爱国，这些主题词也很自然地成为了班级文化的一部分，每天翻看着小组本，就是一种潜移默化的教育

这个记录本成了孩子们每天最好的情绪宣泄地，孩子在里面无话不谈，敞开心扉。有的画画，有的创作诗歌，不仅可以使我真实地了解班级每天的情况，而且也可以起到调剂孩子们的心情，增进同学间友谊的作用。初二的时候同学们压力比较大，我特别增加了"吉祥物涂鸦"环节，孩子们的创意与精彩给相对枯燥的学习带来了很多的乐趣。

还有很多细节都可以体现教育的价值。比如2019届的小组记录本封面我就设计了电影主题，选用了当年最火爆的假期电影海报，孩子们一开学看到新的小组本会觉得很亲切，能产生一定的共鸣。

《成都日报》曾经这样报道我们班的小组记录本：（节选）

开学报到这一天，七中育才水井坊校区初一1班的孩子们除了领到新课本外，还拿到了一本别致的"小组记录本"。记录本很有特色，除了封面是最近大热的电影"西游降魔篇"海报外，本子里还设有"今天心情如何""上课情况""作业上交和完成情况""今日我们组最

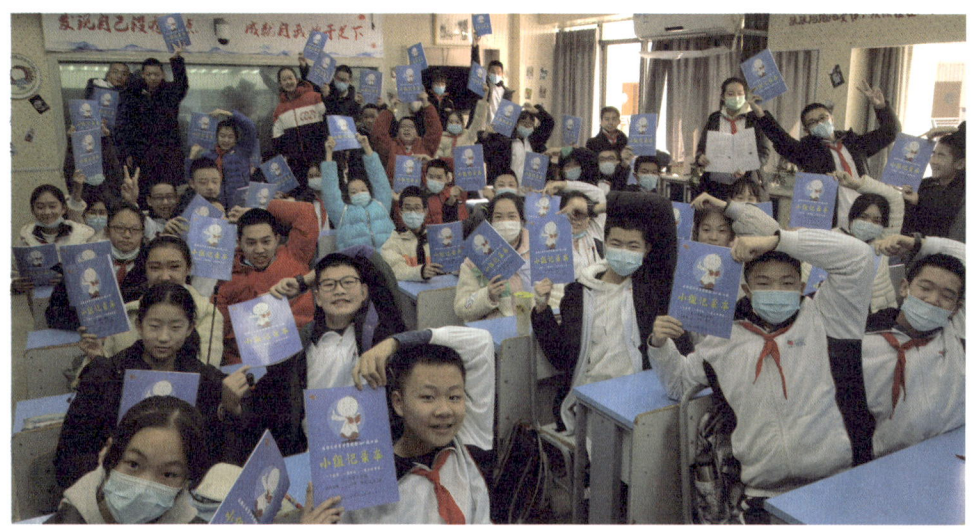

2022届10班初二上期期末,每个同学都获得了一本小组本(复印件),这里记录了他们学校生活的"每一天"

有趣的事""今日班级闪光点"以及"今日最想对组员说的话"等6个需要同学们填写的板块。

……

哪个男孩子暗恋哪个女生;哪个学生对老师的一些行为不满;哪个孩子这段时间情绪不好……在"小组本"里,学生们用绘画或文字的方式,记录讲述着每天自己的真实感受。叶德元老师谈道,很高兴学生愿意在"小组本"中坦白自我,但同时自己也从没把小组本当作"告密本"。遇到问题,先认同学生愿意与自己真诚交流、说心里话,然后再去了解情况、解决问题。"'小组本'让孩子们有了情绪发泄的窗口,搭起了学生与我交心的平台,同时也记录着他们的成长。"叶老师说。

每期期末,我会把孩子们精心撰写的这段历史——"小组本"每人复印一份,发给孩子们留作一生的纪念。

方式三　小组活动

小组长经验交流： 干部是需要培养的，尤其是小组长，按照我们班的小组组建方案，小组长不一定是能力最强的孩子，所以对他们的培养显得尤为重要。定期召开小组长的培训会，提升他们的管理能力；小组长内部交流会，分享彼此的烦恼和有效的管理经验；阶段性小组长总结会，对小组发展过程中出现的一些问题及时纠正，对表现优异的小组长及时表扬鼓励。期末家长会的时候，可以让小组长直接面对各个组的家长进行总结，当然小组成员也都参加，班级形成良性的舆论氛围，有话当面说，不背后指指点点。一方面感谢各位家长、各位同学一学期对小组长工作的支持，多发现他们的进步。另一方面，对下学期即将面对的新小组提出期望。每次开完会，家长和孩子都非常感动，觉得特别舍不得我们的小组长，家长由衷的感叹：一学期，大家都成长了！

小组内部协调会： 当小组内部出现矛盾或者组长觉得需要通过会议协调的时候，可以给班主任申请召开"协调会"。地点可以在老师办公室，也可以自选。

利用午饭召开小组内部协调会，气氛融洽，效果很好哟

班级活动"我给小组画张像"

学校的大型活动都以小组为单位，增进彼此之间的友谊

时间可以是中午吃饭的时候，大家一起聚餐，在轻松的氛围中协调小组内部事务。班主任只做列席，不参与讨论，让学生自主解决问题。如果遇到不能调和的时候，那么班主任可以出面，但是更多在尊重学生的前提下处理矛盾，充分相信孩子们的能力。

丰富的小组活动：可以开展"夸夸我的小组长""我给组长画张像""小组午间十分钟精彩展示"等丰富多彩的班级活动，多给小组成员合作交流的机会。学校的各类型活动，如"春游""运动会""科技节"等都尽量以小组为单位参加，一方面方便老师过程中的管理和监督，另一方面，同学们在活动中彼此欣赏，彼此认可，增进他们的友谊与能力。小组发展得越好，班级也就越和谐。

方式四　小组评价

已经有了学生个人的操行评比和小组的"五星小组"评比，对于小组最后的评价不一定要过度"量化"，更多是感恩与珍惜。让学生明白在集体中生活的意义和价值，学会尊重他人、自我管理、积极融入。

方式一：小组长自我陈述，结合"五星小组"的量化评比与全班投票两个指标评选优秀小组。

方式二：组员介绍自己的组长，每个组员要给自己的组长拉票，描述自己组长的优点，表达对小组长一学期付出心血的感谢。通过组员的陈述，评选出优秀的小组长。

方式三：期末家长除了拿到班主任的评语以外，还可以看到小组成员彼此之间写的评语，因为下学期又要重新选小组，所以这份评语还有寄语的意味，渗透着浓浓的同学情谊。

小组建设不是一蹴而就的，需要从组建开始，过好每一天的小组生活，想好每一个活动的策划，抓住每一个教育的契机。我相信这个过程中，我、孩子们、家长都在改变。

2016年，已经毕业三年的18班筱瑜回来看我，她给了我一封信，里面有这样一段话：

做心平气和
的班主任

> 我从小性格就比较内向，小升初第一次自己去学校报名，内心很紧张。再加之自己的成绩不是很好，而育才又是名校，里面的学生也很优秀，所以初到育才的时候我压力很大，非常忐忑。其实刚开始见到叶老师时我很紧张，很担心老师对我的第一印象不好！
>
> 可是没有想到第一次分四人小组，我就被叶老师分成了组建人，而且还对我很信任，在我不能处理组内纠纷的时候及时出现帮忙解决问题，给了我很大的鼓励与帮助。初一那年是我头一次打心底觉得自己对学校生活充满了自信，也有了满满的成就感！

每期期末，我看着桌上那一叠已经泛黄的小组本，感到满满的幸福！

认同
——如何与科任老师打交道

2015年,我在山东卫视录制《我是先生》节目,主持人问我:"叶老师,听说你很多届班级在初三毕业的时候都实现了逆袭,成绩进步很大,你能给大家介绍一下,你是怎么抓成绩的吗?"

我回答:"我一个教小学科的老师,还真不会去抓成绩。"

后来,有了解我的老师对我说:"其实你很会抓成绩,你不完全盯着分数,你抓的是团队凝聚力。"

细想,好像是这么回事。抓学生团队、家长团队是很多老师非常重视的,但还有一环很重要——科任老师团队。对于一部分刚走上工作岗位的年轻班主任而言,他们不太会和科任老师相处,甚至不敢和科任老师相处,这很容易影响到整个班级的良性发展。

我认为,班科团队建设的核心词就是"认同",让每一位在集体中的老师对班级发展越来越认同,他觉得越来越有信心,能看到希望,能享受到幸福。简而言之,班主任要做的,就是让科任老师越来越爱自己的班级。

2016届11班初三新学期开学前,我和所有科任老师一起为孩子们点赞,用微笑迎接孩子们的到来

更好"服务",与科任老师站同一角度

首先,我们要明确自己的定位。班主任和科任老师是一个团队,没有谁领导谁的说法。班主任是班级的主心骨,在班级管理中不能摆出一副高高在上的样子,优秀的班主任应放低自己在班级大团队中的位置,积极为科任老师"服务",主动协调,积极沟通。在班级的文化氛围中,我们应该突出科任老师的地位,因为,班主任不可能把所有的班级事务都做完做好,要充分认识到科任老师团队是我们向前发展的最好依靠。

班主任还需要协助科任老师处理教学中出现的问题,且在通常情况下不要干涉科任老师开展教学工作,若科任老师主动找到班主任寻求帮助,我们应该积极出面协调,保障科任老师的教学工作有序开展。当然,我们出现或干预的目的是让班级形成合力势态,是为更好地推动班级发展,不能激化矛盾,造成科任老师与学生的对立,更不能让科任老师或学生觉得你有所偏袒。

在教育实际中,当学生对老师有意见时,班主任在未全面知晓情况前,不要随意下结论,须多观察、调研,看学生反映情况是否属实,尽量避免用"我听学生说……"等类似语句。如真实存在,要及时坦诚地与科任老师沟通,相信科任老师在我们有理有据的事实陈述中都会接受采纳我们的建议。由于我们前期针对问题开展了调研走访,看问题角度更加全面,知晓事情原委更加翔实,在这种情况下与科任老师沟通不仅会赢得尊重,而且能让科任老师体察到你没有无故偏袒自己班学生。

同科任老师沟通学生问题时还需要注意保护学生隐私,只说现象,不加个人评判,力求站在科任老师的角度提出共同努力改进的建议。

不拆台是前提,主动帮助是关键

我们经常听到有科任老师在背后说:"我最不喜欢上那个班的课了,纪律差得很,不知道班主任怎么在管理?"这话是毫无道理的,自己的课堂自己就是第一责任人,假若自己不能有效管理,还推卸责任,这样的话传到学生和班主任耳朵里,课堂纪律不但不会变好,而且可能会更加糟糕。

配合语文老师一起开展"名著阅读知识竞赛",配合英语老师开展"英语拼写大赛"等。把班级活动与学科活动融合起来,让科任老师感受到班主任对学科的重视与工作的支持

2022届10班语文课,语文詹老师讲新闻采访,同学们突然把我请进了教室。以"班级小组建设"为话题对我进行了采访。把学科活动与班级文化建设完美的融合,这样的科任老师很有心,一定能得到班主任的支持与同学们的喜爱

我们也经常听到班主任说:"不知道怎么搞的,我上课我们班就乖得很,那个老师上课就恼火,学生一点都不听他的。"这样的话也很伤人,抛开"班主任效应"不说,至少说明孩子的表现呈现"两面派",这是我们要想办法去积极改

变的，而不是对科任老师抱怨。

受人欢迎的人是"背后说别人好话的人"，只要我们是班级的一员，就应该随时随地维护好班级的形象，对班级充满期待，更重要的是大家一起商量做事，不能遇事只会抱怨，更不能抬高自己贬低别人。

不拆台只是前提，班主任老师还要积极支持科任老师组织的活动。比如，初二地理生物会考的时候，小学科老师都比较忙，可能一个人要教很多的班。班主任可帮助科任老师监督学生的背诵、过关情况。一方面减轻科任老师的压力，同时也增进了我们与学生的感情，让学生觉得我们是在和他们一起面对压力，共同进步！再如，和语文老师一起开展古诗词的背诵比赛；和数学老师一起做几何书写大赛；和英语老师一起做英语动画片配音大赛；和物理老师化学老师一起策划学生周末生活小实验……把学科活动与班级活动结合起来，老师与学生、班主任与科任老师之间的感情都在这个过程中加深，对整个班级的和谐发展都有重要的意义。

积极与科任老师交流，打造高效的教育团队

班主任要懂得积极沟通的重要性，班级要形成合力，方方面面都需要协调。比如，面对学习压力如何达成共识，就需要班科团队制定阶段性的班级发展目标，统一步调，互相配合。不能一个老师一个要求，造成学生很容易"钻空子"的局面。

通常情况下，我会利用好一学期两次的班科教师会和平时的随时沟通机会，针对班级存在的普遍问题，与所有老师达成共识。例如，在初三，我会对部分学习还有潜力的同学（每个同学都可以申报）推行"学习跟踪"制度。这就需要所有老师明确这一活动的要求，毕竟新的举措势必增加老师负担，需要班主任积极斡旋，让老师、学生、家长都明白这一举措的必要性，确保推行没有阻力。否则学生会觉得增加了任务；家长会想是否有歧视自己孩子的嫌疑；科任老师更会觉得初三都这么辛苦还增加工作量。但是如果大家都明白这个活动的意义，在制定过程中大家都给意见，不断优化，这样推行起来就容易得多。

再比如开家长会，班主任一定要组织科任老师"集体备课"，明白现阶段班级发展面临的最重要问题、最迫切问题，由此制定相应的改进措施。只有围绕问

给化学老师送上的生日祝福

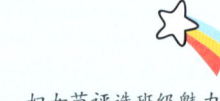

妇女节评选班级魅力女教师颁奖现场

题来谈解决对策，焦点集中了才有成效，不然几个小时下来，要求多，内容杂，家长消化不了，还是一头雾水，更谈不上回去之后与孩子达成共识。

活动让科任老师真实融入班级

经常有老师说："哎，不当班主任始终觉得这不是自己的班。"这话有一定的道理，毕竟学生和班主任相处时间更长、更亲近。但如果我们可以通过各种形式的活动让科任老师了解班级文化，主动融入其中，把班级这个"大家庭"标签深深烙印在他们的心里，这种归属感就会强很多，对班级各项事务的推进都有积极的影响。以下是我的有益尝试。

初一年级参加学校运动会，班级自发定制班服时，和厂家商量，给科任老师也送上一件。科任老师穿着有班级形象标志的衣服来到教室，会让学生兴奋不已，深切感受到我们就是一家人。

学校的各种班级活动都邀请科任老师参加，如合唱比赛、舞蹈比赛、运动会、外出研学等，让科任老师与学生一起玩。一方面让科任老师感受到学生的热情，同时学生也能看到老师更加真实的另一面，增进师生感情。

抓住各种感恩契机，如教师节、母亲节、父亲节、老师生日等，表达我们对老师的感谢，送上最真挚的祝福（部分活动在《爱要大声说出来》中有详细介绍）。

班级开展的各种活动，在设计之初就把科任老师考虑进来，如儿童节中我们班科任老师写的"假如回到童年"、道歉日中的"我最想对老师说的话"、每年春节给老师们送上的拜年视频等（部分活动在《爱要大声说出来》中有详细介绍）。

不搞对立，让班级的每一个人都感受到班级的温暖，明白我们是一条船上的人，我们的目标是一致的。更多地依靠、信任、感恩我们的班科团队，如此，你根本不需要抓成绩，它自然就会提升上去，最关键的是班级氛围会越来越好，你会发现，那一刻，我们当班主任才真的是越来越轻松！

我的教育故事

故事一　拖堂现象发生，怎样与科任老师、学生有效沟通

那年，我们班的M老师特别有文艺气质，他对班级事务很上心，但有时候这种过于"好"会让学生有点不自在。比如，他经常说："我上你们班的课太舒服了，你们与我的互动，给我的眼神让我觉得是一种享受，我都舍得不下课。"故经常拖堂，显然这样爱学生，学生不一定领情。

有次，他把课间十分钟讲完，下一节课的老师都已进教室他才依依不舍走出来。更神奇的是值日生"起立"都没有说完，他又冲进来补充了一句："宝贝们，我再说一句……"刚好在门口的我一快步进去抱住他把他拽了出来，笑嘻嘻地说："大哥，没说完的我们可以中午来，我给你安排时间主讲。"

他可能太陶醉了，还不停地说："哎呀！今天给你们班上课真棒。"彼时，我回过头看到讲台上的老师"恶狠狠"地看着他，学生们都忍不住捂着嘴巴笑，

而后，我赔着笑脸与这个老师回了办公室。一方面接下来两边老师都需要我去沟通，让这个拖堂的老师觉得我的提醒是善意的，是担心他被学生讨厌，是担心他和其他老师有矛盾。同时，还可以给一些建议，比如学生监督，绝不拖堂，我们老师在学生面前都是要面子的，所以改起来还是很容易。另一方面，对被占用了课时的老师就从"都爱学生、都爱班级"的角度出发，调和矛盾。有什么抱怨都先听着，等他倾诉完了，再说接下来的改进，都是同事，出发点都是为学生好，自然这些都是很容易化解的。与两位老师沟通后，还要跟学生讲下，让他们体谅老师给予他们特别的"爱"，肯定他们课堂上的积极表现才使得老师如此舍不得下课，希望和他们长久待在一起，让他们一如既往的支持老师，支持所有的老师。

这样的事情，相信很多班主任老师经常会遇到，我把"不正面冲突""微笑面对""有理有据""绝不偏袒""留住面子""正面引导"等几个关键词奉上，愿对老师们的班级管理有效。

故事二　班主任要善于"搞事情"

另一个记忆犹新的故事，主人翁仍旧是M老师。

那年初三，学生还有两个月就中考了，全年级学生在操场上举行动员大会，M老师推着自行车刚参加完教研活动回学校，突然看到操场上的我：

> **M老师** 德元，今天的活动要搞多久呢？
>
> 不太清楚，估计还有一会吧！
>
> **M老师** 那一会同学们还回教室吗？
>
> 肯定要的，我还要回去给他们总结，我看他们听得很认真，再给中考冲刺添一把火。
>
> **M老师** 哦，好的。
>
> 大约过了20分钟，M老师从教学楼出来，又来操场找我。
>
> **M老师** 德元，你过来，我给你说个事情。

🧑 大哥，你讲，有什么需要的尽管说。

M 老师　今天中午我不是在你们班布置了作业吗？（我们学校的惯例，家庭作业都在中午布置，这样学生可以利用下午的自习课完成，很多学生都能在学校完成大部分作业，减轻回家的负担。）

🧑 对，我看科代表很早就写出来了。

M 老师　我今天下午开会的时候脑袋里一直在想你们班，我突然想到了一个非常好的作业，简直太好了，完全是给你们班量身打造的，特别好，我刚才去教室已经写在黑板上了，一会儿学生回教室时，麻烦你给科代表说："今天中午布置的作业不做了，做新的！"

🧑 （我一脸茫然，我能想象学生回到教室看到这一黑板新作业会多么的愤怒，因为下午自习课许多同学都完成了语文作业，都还没有放学回家，作业就推翻重来，看着 M 老师激动的表情，真的很无奈，简直欲哭无泪。）

M 老师　算了，小叶，我自己给科代表说。

🧑 （我赶紧拦下他）他们在听考试技巧的讲座，很重要的。不就布置作业嘛！小事情，你还不放心我，我一会上去给你布置。

M 老师　好的，我都写在黑板上了，我给你说……（滔滔不绝地强调了要求）

🧑 好，大哥放心，一定强调到位。不知道他们还要多久才结束，最近初三比较辛苦，今天你也早点回去陪陪孩子。

M 老师　马上也下班了，我就先走了，拜托了，兄弟。

🧑 好，你放心。

我目送他推着自行车离开了学校，马上转身叫值日生过来。

🧑 你回趟教室，把黑板擦干净。

值日生　啊？为什么呢？

> 你上去就知道为什么了,不过答应我,一定保密。
>
> 十分钟之后,值日生下楼来,一脸诡异的笑容:"叶老师,我搞定了。"
> 我小声给他说:"老师也是为你们好,但是今天大家都做过作业了,这个明天来补,不要乱说,这是我们的小秘密。"值日生是个精灵鬼,笑道:"放心,叶老,我懂。"

第二天一大早我买了一杯豆浆,几个小笼包,跑去M老师的办公室,一进门我就坐在他椅子的扶手上:"大哥,简直对不起,昨天活动时间有点晚了,我就想不耽误同学们回家,就取消了总结;因为我要组织全年级学生退场,走在最后,我回教室的时候他们都开始做清洁了,黑板早已擦得干干净净,我本想给你打电话,又想你难得早点回家,加上最近太辛苦就不好打扰了。这样,今天的家庭作业你还布置这个,然后我监督他们自习课的时候先完成你的,尽早给你一个反馈,你看怎么样?小弟给你赔不是了,这不,早餐都给你带来了,不能生气哟!"

M老师满脸笑容地说:"哎呀!兄弟这么客气干吗!今天我让他们做就是了。"

我不知道M老师是否有生气,但是我知道,如果学生真的回去看到了布置的新作业,学生一定会生气,生M老师的气。

写这个故事的时候,M老师都还不知道那天是我在背后搞鬼,估计他已经忘了这个事情。

班主任要善于"搞事",但是"搞事"不是"搅和",不是让双方更加对立,我们要做的是协调与平衡。下面是两个发生在其他班级的真实故事,我们引以为戒:

故事三　学科分数不能是科任老师的地位体现

一日自习课,班主任坐在讲台上,同学们也都非常认真地在学习。突然,数学老师和化学老师同时走了进来,且几乎说了同样的话:"今天作业有个要求我补充说明一下。"因为两个老师都堵在了门口,班主任主动开始协调:"这样,分数（成都市中考数学150分，化学50分）多的先来说。"我为什么知道这个故事，那是因为化学老师非常生气地在食堂告诉其他人："我们这些分数少的，以后不再去他们班要时间了。"你看，这不就是矛盾吗？如果化学老师小气点，你说班级的化学成绩能不受影响吗？

故事四 学生面前与科任老师保持意见一致

自习课上，还是班主任坐在讲台上。倏地，年轻的英语老师走了进来，一进门就扯着嗓子喊："同学们，今天的英语作业……"刚说完这句，原本非常安静的自习课马上就躁动起来，班主任非常客气地说："老师，能不能一会来说，现在自习课，时间也不多，让他们静一下。"学校有规定，自习课完全还给学生，不上课、不讲题，最好保持绝对的安静和专注。这个年轻的老师一脸不爽，也没有走，就站在门口。突然数学老师进来了，同样一进门就扯着嗓子喊："同学们，今天的数学作业……"班主任还没有反应过来，这个英语老师一句话怼过来："班主任你看，数学老师还不是一样要讲，你怎么不说他呢？"全班同学哄堂大笑。我为什么知道这个故事，因为学生课后到处学他们英语老师当时生气的表情。

班主任要学会换位思考，与学科老师互相搭台补台，背后绝对不拆台。故事三、故事四中我们看到老师之间就是缺乏换位思考，加之不注意语言语境，很容易导致矛盾的激化，不利于班科团队和谐的氛围。特别是在学生面前，尤其忌讳相互拆台，用四川话说要"互相扎起"。

做心平气和的班主任

融入
——如何让家长也能找到班级归属感

家长队伍是班级建设与发展中的重要力量，如今家校合作已然成为大家非常关注的话题，合作得好自然对学校、对班级发展可以起到积极的助推作用；相反，家校关系不好，也可能成为班级发展中最大的隐患，带来严重的负面影响。

既然众人都觉得家校合作非常重要，那么我们应该怎么做呢？借此机会，我也谈谈自己的看法。

建立良好关系，营造和谐的班级氛围

2018年，重庆的一所学校邀请我以"家校合作"为题作场报告，我是这样开场的：

我听到的很多关于家校合作的讲座都是讲如何去引导我们的家长积极配合学校，给出了许多非常科学且行之有效的方法。不管是作为我们家长还是一线班主任，这些方法都是非常可贵的，我们结合自己的教育教学实际，选择性的运用是可以的。

但是既然是合作，我想不能光是家长要配合学校、配合班级。我们是否也要想想是否满足了家长对学校、对班级的期待。我们是否也真正了解他们的愿望，让他们找到了对班级的归属感。

班级建设中的每一个环节都很重要，学生、班主任、科任老师、家长都是缺一不可，千万不要"一厢情愿"，大家最好"商商量量"。

此外，我一直认为，家长怎么合作很重要，但是主动热情地配合班主任、配合学校更加重要。说得直白一点，他的孩子爱我们学校、爱我们的老师，家长自然就愿意合作。如果不爱，再好的方法也是白搭，而且还有可能和我们唱反调。

这番发言在现场引起了共鸣，听课的老师给了我热烈的掌声。

我们谈家校合作的前提是良好的师生关系，和谐的班级氛围。家长眼中的学校是什么样？家长眼中的班主任是什么样？很大程度都是学生回到家中告诉给家长的。在班级里学生觉得自己受到了老师公平的爱，学到了想学的知识，感受到了集体的温暖，对我们的学校、老师评价高，家长自然愿意配合我们的学校，形成合力。

所以我们还是应该多花点心思在师生关系与班级氛围的营造方面，而不是一味地给家长提要求。

家长和我们是"一条船上"的人

不少班主任喜欢"训"家长，认为家长听话了，学生就会听话。实际我们看到的往往是学生和家长都不买账。

家长可能只是"忍气吞声"，学生则会认为班主任"除了叫家长，没有其他本事"。如果家长也变得"敷衍应付"，学生自然也就突破了最后的底线。因此我们应该明白家长、学生、老师，我们都是"一条船上"的人，而不是站在对立面。孩子的问题，是需要我们共同面对的。对班主任，我有几点建议：

1. 班主任不轻易找家长

学生最反感那种动不动就请家长的老师。家庭教育是起点，但同时家长应该是我们学校教育的最后一道防线。不轻易找家长，一方面给学生留够面子，另一方面避免造成家长对老师的反感。不要随意把问题直接推给家长，就算是反映情况，也应该是教师想到相应措施后邀请家长一起来商量实施，目的不是惩罚，而是把问题处理好。

2. 少抱怨，多建议

我们经常听说"每一个问题孩子的背后就有一个问题家庭"。这句话似乎是没有错的，但是这个家庭的问题到底是什么？是什么原因造成的？我们是否知道？反观我们自己的家庭，往往也会有很多对自己孩子成长不利的因素，不给孩子贴标签，也不要给家庭随意贴标签。现实中，家家有一本难念的经，其实谁都不容易，老师对家长、家长对老师都要多一分理解、尊重、包容。

我相信，没有家长不希望自己的孩子成才，因为这样对家长没有任何好处。只有当我们让家长能切身地感受到老师是为了他考虑，是真心为了他的孩子，他才可能接受你的建议。比如以下一些我们经常给家长的温馨提醒：不要觉得把学生交给学校就万事大吉，多关注学校、班级动态，主动融入学生的生活；尽可能下班以后回归家庭，不把工作带回家；对孩子深度陪伴，以身作则，先做好自己，让自己成为孩子的榜样，相信示范优于说教；夫妻感情要和睦，家庭教育要一致；多了解学校老师的要求，达成共识，不背后拆台；积极参与到学校和班级的建设中；正视亲子冲突，沟通解决问题；不吝啬自己的赞美……

3. 关注成长比反映问题更重要

往往矛盾是因为彼此不了解，我们经常听到这样的抱怨：老师说："家长平时对孩子成绩不闻不问，考试没有考好就问老师为什么，怎么不问问自己怎么做的呢？"家长说："平时孩子在学校的表现我们都不知道，一出了问题就质问家长怎么管的孩子？这孩子天天在学校，我怎么知道你们老师怎么管的呢？"

家校合作，不是出了问题才合作，沟通应该是及时的、随时的、适时的！首先，我们与家长沟通不能只反映问题。今天我们与家长联系的方式很多，比如QQ、微信。另外，我写的博客都是可以做到及时、随时沟通。但我们除了反映孩子的一些问题以外，也应该全面呈现班级的发展。对班级的活动、涌现出来的优秀典型，好的学习风气都应该与家长交流，让家长更全面了解我们的工作，避免因为"不了解"而产生误会。

此外，如果是要反映问题，尽量不在群里点名，更不能把全班的成绩排名直接发到群里，我是非常不赞成这样的做法的。学生私密的东西最好单独发给家长。在公众的平台上尽量多表扬，确实有需要沟通的，其实一个电话会让家长感到更加亲切。

再有就是要选择合适的时机。如果我看到孩子在学校有什么问题，我跟家长交流时，我会提醒家长不要晚上孩子一回家就劈头盖脸地"骂"，这样孩子肯定会认为是班主任"告状"，觉得我们和家长串通一气，对我们失去信任。家长在了解到孩子在学校的表现后，应该多用自己的眼睛去观察，如果发现了同样的问题，再和孩子一起心平气和地沟通。同理，对于家长反映的问题，我也会用自己的眼睛去看，特别是个别家长的心态存在问题时，我们还需要用自己的思维去判断，而不是"听风就是雨"，导致事态扩大。

和家长一起参与班级活动，让他们认同班级文化

家长是否认识我们的班徽？家长是否会唱我们的班歌？家长是否认同我们的班级发展目标？……和学生一样，归属感来自对文化的认同，我们也应该让家长积极参与到班级建设中，让家长感觉到"我也是班级的一分子"。我有一些具体的做法，供大家参考。

1. "让55个孩子享受到55个家庭的温暖"

这是我在11班发起的一个活动。我们班每年都有一本属于我们自己的班级台历，上面有每个孩子的笑脸。家长们也可多看看这本台历，用2～3个月的时间认识班级所有的孩子。当每天放学的时候，家长站在校门口只要看到是11班的孩子，大家都可以热情地打个招呼。同样，孩子也尽可能认识我们班所有的家长，一句"阿姨好""叔叔好"，能很快拉近彼此的距离。

拿到我们班专属的台历，老师、孩子、家长都非常高兴

我经常听到 11 班的家长说:"我们班的孩子们最乖了,每一个出来的都跟我们打招呼,感觉 11 班的文化氛围就是不一样。"

我也经常听到 11 班的孩子说:"我们班的爸爸妈妈都太好了,有时候我忘了带公交卡,只要是 11 班的家长都可以马上帮我联系我的父母,有的还送我回家,真的太感动了,感觉每个爸爸妈妈都很好。"

我们的家长心里装有全班的学生,家长的班级融入感自然就会很强,同时也会减少很多家校之间的纠纷。

2. 让家长参与到班级活动中来

我们班的每一个活动设计都会考虑到家长的参与,比如,母亲节、父亲节、感恩节表达对父母的爱;儿童节让家长和孩子一起共同回忆童年美好时光;春节走近父母,走近家人,了解家族传承;艺术节邀请家长一起来观看彩排,一起给孩子加油打气;小组组建过程中请家长全程参与,帮助孩子出谋划策;班级评选十件大事家长也一起参与投票……班级的许多重大活动,如"年代秀""班委选举""艺术节表演"等都通过现场直播的方式,让没有来到现场的家长也能感受到这份班级的温暖与幸福,一起为班级加油,喝彩!

2014 年 2 月 27 日放学后,家长们偷偷来到教室,为孩子们录制歌曲《一起长大》

班主任要积极调动家长资源，参与到班级建设中来。如我们开展的"家长讲坛"，让各行各业的家长走进班级，通过讲座、分享、体验等方式，让学生了解家长工作、体谅家长辛苦，拓宽了孩子眼界，增强了班级凝聚力。

我记得有一年看《中国达人秀》，《一起长大》这一首歌让我印象深刻，当时我正在准备一节班会课，我就把这首歌发到了家长群里，征求家长的意见，希望家长可以一起合唱这首歌曲作为一份礼物送给孩子们。那晚放学，11班的爸爸妈妈们偷偷来到教室，学习这首歌，希望给孩子们一份惊喜。录制过程中，他们始终不满意。一遍又一遍，我在旁边看着这些可爱的爸爸妈妈们，真觉得作为这个班的班主任太幸福了。果然，第二天当这首歌在教室里响起时，很多孩子都落泪了！

世界太大他们看不到你，这时只能靠你自己，一步一步留下足迹，就有可能踏出一片天地。既然我们有缘相遇，我就不会把你放弃，你是我生命的继续；你会受到很多委屈，也会遇到背叛的爱情，这就是生活，它并不容易。我会牵着你的手一起长大！

——歌曲《一起长大》（节选）　词曲：秦勇

我还经常周末组织一些亲子活动，如一起看电影、看川剧、一起骑游，一起露营……孩子之间、家长之间、家长与孩子之间都成为好朋友，把班级变成一个

2013届18班组织的家长周末骑游活动，家庭之间彼此了解，增进友谊，同样对班级发展有积极的推动作用

温暖的大家庭，少分一些彼此，多一些互帮互助，很多家庭在毕业以后依然关系非常亲密，家庭成员成为一生的好朋友。

在班级里面为所有家长过生日

我们经常片面地强调整合家长资源，家长当然是非常愿意为班级服务的，但是我们更应该让家长也感受到班级的温暖，而不是一提到孩子的班级、孩子的学习全是压力。

孩子的成长会让家长幸福。我们老师对学生的学习要尽心，对学生的关爱要尽心，对父母的指导要尽心，如此，才能让家长真正放心，有了良好的信任基础，家长自然就会乐于配合促进班级健康和谐发展。所以，在我的班级博客中我也会展示很多孩子积极乐观、班级和谐发展的案例，让家长看到自己的孩子，尤其是孩子因为班级良性发展而身在其中的快乐、取得的进步，孩子身上这种实际的变化更能让家长认同我们的班级，认同班主任。

此外，在活动的参与上，我会想着我们班的家长，除了一些感恩教育以外，当时的18班、11班还有一个特殊的活动——"给父母送上生日的祝福"。我们班的班级台历上有每个父母的生日，当时做这个活动，我先在学生中开展了调查，惊讶地发现，真有很多孩子不记得父母的生日。我们搜集父母准确的生日只是活动的前奏，即便是前奏，活动本身也被我们赋予了意义，调查后，我发现很多孩子说："我以后再也不会忘记爸爸妈妈的生日了。"后来，我们班家长过生日时都会收到来自全班同学的祝福，因为孩子们对叔叔阿姨都非常熟悉了，所以这样的祝福特别真实，表现形式不管是写文字、录视频都能让家长们感受到孩子们的真诚与投入。如果刚好当天放学在门口遇到了过生日的家长，孩子们还会非常热情地跑上去说一句"××妈妈，生日快乐！"家长告诉我，这个小小的举动，让他觉得他就是班级的一分子，他很幸福！

协调好家委会工作，感恩家长的付出

班级都有自己的家委会，我个人觉得成立家委会还是很有必要的，但是不要认为家委会就该为班级服务，班主任与家委会之间的关系不是"上级对下级"的关系，而是大家有商有量的基础上反映班级情况、协调班级工作、配合班级活动、促进班级发展。

我一直非常感谢我的每一届家委会成员，我经常对他们说："你们是有大爱的。"我们要让家长看到，家长不是抱着给自己的孩子"谋私利"的心态来参加家委会的。如果说真的有私心，那么应该是通过做好家委会的工作，让班级更好发展。班级好，自然我们的每个孩子都从中受益。

2013届18班家委会被评为"锦江区优秀家委会"，盛誉下媒体对他们也进行了报道：

只为那共同的心愿
——记成都七中育才学校初2013届18班家委会

2013届18班家委会太出色了，这个班能够在全校所有班级中表现那么好，除了班主任和全体老师的努力，家委会功不可没。

——时任七中育才学校杨校长

教书20多年来，从来没见过这么团结，这么热爱班级，这么支持老师工作的家委会，以后不会再遇到了。

——英语老师鹿雯

家委会真的太让我们感动了，为了18班的孩子，他们付出了太多。

——18班某家长

真的要感谢我的坚强后盾——18班家委会，是你们在我最需要帮助的时候挺身而出，我像依赖亲人一样依赖着你们，我会尽最大的努力，带好18班，对得起你们的信任！我爱你们。

——2013届18班班主任叶德元老师

这样的评价，2013届18班家委会担当得起。

做心平气和的班主任

2013年6月15日，在2013届18班的班级毕业典礼上，我特别安排这个环节——感谢18班家委会，并且我为他们每个人都准备了小礼物，一张我们的合影，希望我们永远铭记这份友谊，感谢他们的大爱与付出

家委会应积极主动参与学校活动，发挥桥梁纽带作用。学校各类大型活动，凡是有18班学生身影的，就有18班家委会忙碌的身影。运动会、军训、校园艺术节、四学会、文史探究，台前幕后，他们积极配合班级老师参与策划组织，拍照摄像，化妆造型，呐喊助威，充分发挥了学校与班级、老师与学生和家长之间沟通交流的桥梁纽带作用，他们在家长参与学校班级活动中走在了最前列。

家委会应积极参与班级管理，做老师坚强的后盾。日常班级管理中，家委会是我们最坚实的"后勤堡垒"，配合学校班级准备各类活动、节日贺卡、班刊、班服、班徽、台历等，美化教室、定期更换教室清洁用具等。发挥作用的家委会不仅能为孩子们创造有利的学习条件，而且能为老师和家长排解许多"后顾之忧"。

家委会应创班级特色，配合老师做好各项班级活动。家委会几乎参与了每一次的班级活动，如遇大型活动，则召开专门会议反复商议每个细节，明确分工，协同配合。先后成功策划举办了中秋亲子联谊活动、户外亲子拓展训练，而这两项活动的顺利开展，在全年级甚至全校产生了轰动效应，也使18班很快成为一个团结、奋进、阳光、向上的班集体。同时参与策划了庆祝"三八妇女节"主题班会，教师节、

> 母亲节、感恩节特别献礼,设计制作了18班专属各类节日贺卡。在育才学校"家长讲坛"上做专题演讲,作为学生家长代表在学校开学典礼上表演,等等。正是因为他们的积极参与和聪明才智,使18班在各类班级活动中表现出了别具一格、出类拔萃的风采。在他们的影响下,18班越来越多的家长积极加入到班级活动中来,使18班的各项活动愈加丰富多彩。
>
> 三年来,家委会的家长们用实际行动默默做着一切,这让我知道爱自己的孩子是理所当然,但是用一颗无偿的心爱着18班所有的孩子,这是一种真正的大爱。

我曾经听说有的班级没有家长愿意进入家委会,甚至有的班级是用"抓阄"的形式轮流进入家委会。我想这样的尴尬是因为我们没有让家长融入班级,感受到班级的温暖。如果家长们觉得他们是班级的一分子,那么自然就会愿意参与。

很感动的是,我在育才四个班级的家委会人数从来只增不少,甚至很多爸爸妈妈还成为我生活中的挚友。我陪伴他们的孩子,他们也因为有更丰富的人生阅历,给了我很多工作生活建议,成为我生命中的良师益友。

我的教育故事

2017年5月18日,这一天是我的生日。下午两点过,11班的一位家长给我打电话,他告诉我说她到学校门口让我去接她。我当时很开心,11班毕业快一年了,感觉他们是在回娘家,我是在迎接亲人。

当我走到学校门口的时候却非常诧异,因为——这位妈妈手里提了两个很大的蛋糕。见状,我说:"这不都毕业了吗?过去三年你们都给我生日惊喜,但是今年这个太不合适了吧!"

这位妈妈还非常不客气地说:"叶老师,你搞清楚,这个生日可不是给你过的,是过给班上孩子看的。"

班会课上,这位妈妈走进教室告诉所有的孩子们:"今天是你们叶老师的生日,你们一定要记住这一天,叶老师为你们付出了很多很多,不要忘了,他也是个孩子。"接着，她在电脑上播放了一段 11 班孩子们从天南地北给我录的生日祝福，很多孩子都加了这样的几句话："各位学弟学妹，请爱你们的叶老，像我们爱他一样，爱他、宠他，他很爱哭，不要惹他生气，因为他是独一无二的。"看完视频后我泪流满面，1 班的孩子们时不时回头看看我。我不知道他们在想什么，但是之后的每一个 5 月 18 日我都无比幸福。

这叫我怎么能不爱他们，那位妈妈还调侃我道："叶老师，不要太感动哟，我就知道你肯定会哭。今天虽然只有我一个人来，但这是 11 班所有爸爸妈妈、孩子们都商量了许久的，你一直给我们讲爱要大声说出来，过去三年你为我们做了很多，这也是我们应该做的。相信现在 1 班的孩子们也会慢慢懂你，真羡慕他们，有你的陪伴。"

务实
——如何让每次的家长会开出新意富有时效

有个别班主任不太重视家长会,觉得如今通讯已经足够发达,与家长交流的方式也很多样,QQ、微信随时都可以聊,对为什么还要开家长会始终感到疑惑。

班主任与家长的单独交流更多是针对某个孩子的具体问题而展开,而QQ群、微信群里的交流更多应该对是班级某一时期出现的问题或取得的成绩进行展现。但是家长会不一样,他是对过去一段时间内班级发展情况的总结,更重要的是对家长起到"引领"作用,对现阶段家庭在教育中普遍存在的困惑进行培训,从而达成班级成员共识,更好地推动下一阶段的班级发展。

当然,也有个别班主任和科任老师对家长会到底要干什么缺乏认真思考,所以我们经常会看到一些以下的情况。

情况1 家长会开成批斗会

因为很多学校的家长会往往安排在阶段性检测之后,因此班主任和科任老师容易在会上一味强调成绩,分析数据(分数),这让个别成绩暂时落后的孩子和家长都感到压力,使他们一听到要开家长会就觉得要被"批斗"了。

情况2 个别问题扩大化

个别班主任容易把班级一些"个体化""个别化"的问题夸大,虽然主观目的是希望引起大家重视,但是负面的暗示不一定能起到最佳的效果;尤其是针对个别学生、个别群体,在这样公众场合更不合时宜。

情况3　作业评讲会、作文欣赏会

有的老师（特别是科任老师）喜欢在家长会上评讲试卷，或者朗读优秀作文，其本意是倡导大家向看齐优秀，让家长明白我们老师的教学意图，但实际上这个工作更多应该面对学生。因为，这对家长本身意义不大，而且容易引起家长反感。

我所在的七中育才学校就非常重视家长会，除了开学第一次与家长的见面会，初一初二每个学期的半期、期末都会召开家长会。初三由于面临中考，每次诊断性考试结束以后也都安排有家长会。此外还有类似于"外出研学家长培训会""军训说明会""体考说明会""中考说明会"等这样特殊情况下召开的临时家长会。在初三开始可能还有针对个别层次学生的分层家长会。这样算来，三年，育才学校的家长估计要开20多次左右的家长会。因此，如何把每次的家长会都开出新意且富有成效就非常重要，结合我自己的班级管理实际，我有以下一些建议。

家长会的形式要多样化

如果我们的家长会每次都是老师讲、家长听，家长也会烦躁。我们同样可以把家长会组织成一次班级活动，让家长觉得开家长会也是"很好玩"的。

分段家长会：育才的家长会一般家长先在学术厅集中，由学校分管领导和年级组长统一就前一阶段的年级发展进行总结和提出具体的要求。但在此之前年级组和年级班主任团队一定会提前开会，集体备课，班主任要了解集中家长会领导要说些什么，避免产生分歧。

学生展示：家长会同样可以安排一些学生展示活动，不过不宜太复杂，最好能利用教育教学中现成的成果，让家长全方位看到班级发展与学生的成长。

家长交流：既然是家长会，更多的应该是指导家长们怎么做。除了学校的具体安排，家长在家里的陪伴引导也很重要。可邀请部分家校合作卓有成效的家长进行经验分享，引起家长共鸣。

小组交流：利用家长会，让我们的小组长直接面对家长，对小组发展和成员表现进行总结，同时和爸爸妈妈们坦诚交流，从孩子的视角更真实、更全面地让家长了解自己的孩子。

小组长直接面对家长，家长可以多侧面了解孩子的表现

明人不说暗话，重点达成共识

每次要开家长会，学生就会非常紧张，到处打听"不知道班主任要说些什么"，致使学生内心无比纠结，出现"完蛋了，班主任肯定要告我的状了"的想法。出现这样的情绪是因为——孩子们不知道我们家长会要讲什么。

既然家长会的目的是达成共识，那么我们不仅要讲给家长听，更要讲给学生听。我通常在家长会之前给学生先开一次"家长会"，明明白白告诉孩子们我讲的内容。一方面避免了家长回去传达有误，另一方面，对一些重点强调的事发出"班级的声音"。

甚至在某些特殊时候，我们可以召开全班家长会让孩子和家长一起参加，这也会让学生更加信任班主任，同时更有利于家长回去与孩子的沟通，班级的事情摆在台面上，人人知晓，才能达成共识，行动一致。

营造氛围体现用心，充分准备重在指导

我们都明白"环境育人"的重要性，当家长走进教室的那一刻，一定要给爸爸妈妈赏心悦目的感觉，尤其是一些细节。首先是教室环境的布置。清洁卫生一定要做好，桌椅摆放整齐，特别注意抽屉的整齐，黑板上写上欢迎词，播放一首

悦耳的音乐，或者可以用学生近期活动的照片或视频营造氛围，让家长放松心情，不要一开始就担心会被批评而紧张。

我会提前在群里公布学生的座位表，并安排班委干部门口引导，让家长迅速可以到位。先到的家长可以做点什么呢？除了看我准备的活动视频，他们的座位上都有我精心准备的各种资料，让家长不但不会闲着，还能觉得很温暖：

资料1：学校的校刊、校报

资料2：学生的成绩分析单

（注意：家长只能看到自己孩子的成绩情况）

资料3：每次家长会我给家长的一封信

资料4：我搜集的家庭教育资料，主要针对当前阶段的学生教育

资料5：本学期班级、学生取得的各种荣誉的"荣誉册"

资料6：班级十件大事、个人五件大事评选结果材料

……

同时，我会在门口微笑迎接每一位家长，让家长们一进到教室就会被大屏幕的视频吸引，被手上的各种资料吸引，被班级深深吸引……

教室布置干净整洁，桌面上摆放好各种家长会资料，让家长一进来也同样可以投入到"学习"的氛围中

站在门口微笑迎接，欢迎来到我们共同的家

家长会不是批斗会，也不仅仅是成绩分析会，我们可以做些什么呢？

★ 集中展示本学年（学期）班级、学校丰富多彩的活动，对学生进行多元评价。让每一个家长都能看到孩子在不同层面的成长。特别是发现班级的整体优点，从学生的进步、家长的付出、老师的关爱多维度展示班级一年来的变化，让家长对班级充满信心。

★ 聚焦在学生对新的学习生活的适应和学习习惯的培养方面，对于班级存在的普遍问题不要避讳，和家长坦诚交流，但是只说现象，不针对任何人，对个别突出的学生私下交流。如初二学生进入青春期叛逆期，给家长更多具体的指导，下面是我针对班级出现的交友问题和浮躁问题提出的关键词：

交友——关键词：会选择、懂方式、不传八卦

自律——关键词：会自习、懂规划、不当小丑

利用适当的时候和家长一起进行专题学习，可以共读相关书籍，或者邀请教育专家、优秀家长，也可以由班主任自己分享。

★ 学习方面重点聚焦"上课专注程度高""参与课堂积极""课后积极思考主动问问题""作业规范质量高"四个方面，与全班同学、家长、老师达成共识。

★ 每一个阶段提前做好心理铺垫，比如初一要结束的家长会就谈谈初二是什么样的，初二要结束的时候就谈谈初三是什么样的，还可以邀请学长学姐来到班级和大家分享，这样利用假期不仅做好知识的储备，更做好心理建设，迎接新的挑战！

★ 强调家庭教育的重要性，就学校要求、家庭教育的一些技巧和原则，对家长进行培训和引导，尽可能达成共识，形成家庭、学校教育最大的合力。

★ 召开全班学生、家长共同家长会，小组长直接面对家长，共同寻找小组闪光点，帮助同学改正不足。

★对家长进行家庭教育的培训,推荐好的文章,如《好的家庭教育浓缩为6句话》《教育,请别再以爱的名义对孩子让步!》《为什么我们要上一所好的高中》等。

★对寒暑假的具体安排进行指导,可以采用分段的方法,教会学生合理安排时间,避免先松后紧。还可以过程中利用QQ提交作业清单,制定作业检查方案,协助家长在家的管理。特别强调放假期间的安全。

★班级特色活动安排:

初一上寒假:春节特色活动——习俗体验

初一下暑假:职业初体验

初二上寒假:春节特色活动——走进家庭

初二下暑假:我和名校有个约

初三上寒假:春节特色活动——新年新祝福,新年新启航

初三下暑假:班级毕业活动

总的来说,家长会要开出信心,让学生和家长都看到希望!家长会要给出建议,为学生和家长清楚指明方向!家长会要开出成效,让班级更加团结,氛围更加和谐,每一次家长会就是班级发展的一个新起点,成为班级发展最强的助推力。

附1　2019届1班初一年级上期期末家长会给家长的建议

经过初一上学期紧张忙碌的初中生活，随后的寒假是最好的调整期，也是最好的充电期。很多人都会告诉你初一下学期有多么的重要，很多在上学期还不怎么难的学科难度一下子就增大了；语文阅读量更大；数学几何难度加大；英语课本上每一篇的长度都加大了。关键是顺利度过这一个学期，对初二迎接新的物理学科打好坚实的基础。

一、合理安排好时间

我建议把这个寒假分为三个阶段，我和老师们也会在过程中检查两次作业。

第一阶段：调整、补漏、作业（1月16日——1月24日，共9天）

完成作业的 1/2——2/3

第二阶段：休闲、走亲、访友（1月25日——2月3日，共10天）

每天仍坚持少量的作业，或者阅读，保持学习的常态和作息

第三阶段：收心、作业、复习预习（2月4日——2月11日 8天）

规范作息、作业收尾，根据个人情况预习，做好开学准备。

二、高度重视寒假作业

寒假的作业重点在查漏补缺，我们每一个学科都是分层布置作业，这样更加有的放矢。请家长转告叶老的两句话"优生无偏科、优生无难易"。就是说真正优秀的同学每个学科都很优秀，没有特别弱的学科；真正优秀的孩子对待简单和复杂的题目都是一样的认真，不会去犯低级的错误。

补课只是"寻求一种心理安慰"。建议今天晚上回去大家就好好制定一个暑期的计划，建议计划包括：作业进度计划、拓展阅读计划、锻炼放松计划。

在家里作息时间不要乱，不要因为放假了，晚上一直玩，早上一直睡，不要把我们刚刚养好的一点点习惯又破坏了！无聊的时候背背课文和单词，语言的学习是日积月累的过程。"一天不读口生，一天不写手生"，这是老话，但是很有道理！

做  的班主任

1班还有班级活动特色作业,很有年味,让孩子们多点时间陪我们,也请大家积极参与,1班人才济济,相信我们的作品一定会非常非常棒!

特别提醒:

1. 整个暑假注意安全,你可以随时和我(小叶)联系,沟通孩子的情况,我不怕麻烦,QQ、短信、电话均可。

2. 我做了一个"作业完成进度表",防止孩子作业临时抱佛脚,任何事情都要有规划,所以制定作业计划,按进度完成最好。

3. 填写家长讲坛申请表格,如果你有这方面的资源请提供给我,让我们通过资源整合,开展丰富的活动,使得孩子们周末远离电脑,更加阳光愉快!

4. 小组组建方案也在后面,不要让一个孩子掉队,我们不可能一辈子为孩子遮风避雨,扫除身边一些障碍,但是如果这次你的孩子组建小组很困难,也要抓住机会,观察孩子的心理变化,好好反思,主动出击,认真承诺,争取下学期自律并向优秀看齐。

附2 2019届1班初二年级上期期末班级特色活动

成都七中育才学校初2019届1班狗年（2018年）春节特色活动

经常有家长说孩子不积极、不主动，比较冷漠！其实叶老提供的各种班级活动就是很好的参与机会，每次活动让孩子写几句，也是很好的积累机会。有的家庭利用得好，孩子的思想越来越正，行为越来越大气，越来越愿意和父母沟通，其实这才是我们开展活动的目的，今年叶老也提供了丰富的活动项目，希望大家积极参与，度过一个祥和的中国年。

1. 过传统中国年

还记得叶老做的三集视频教大家过的传统中国年吗？如果忘了的可以在博客上温习一下哟！今年叶老建议我们还是要用自己的双手让我们的春节变得"春意浓浓"。

2015年春节自制纪录片《叶老教你欢欢喜喜中国年》

《腊月》

《除夕》

《正月》

2月9日（腊月24）：二十四，扫尘日，动手打扫家里的清洁卫生，用行动干干净净迎接新的一年。

2月15日（腊月30）：和家人一起筹备年夜饭，布置家庭过年氛围，拍摄做饭、贴对联、贴窗花、团圆饭等照片，附上一两句新年愿望和对同学老师家人的新年祝福。

2月25日（正月初十）：选择过年时拍摄的最精彩、最感动、最温馨的一张照片，能体现家人的团聚、特有的过年习俗，展示家族的欢乐都可以，并附上说明。

2. 2月13日（腊月28）：原创春联大赛

还记得去年春节我们班的"原创拜年短信"大赛吗？幸福1班拒绝抄袭，支

持正版。今年是狗年，叶老宣布，2018年农历狗年1班原创对联大赛现在开始：

作品要求：

（1）提前了解对联的基本格式和写作技巧；

（2）作品应该上下联横批都完整，上下联字数没有限制；

（3）要求把"1"的元素、狗年的元素融进对联。比如我们的"1""萤火虫""叶老的窝"……

上交要求：

请在2月13日之前在指定位置上交作品：（1）文字：完成的上下联和横批；（2）购买空白春联，手写原创春联，全家一起拿着拍一张全家福；（3）还可以附上自己的创作历程。

评奖表彰：

开学叶老会和语文一起进行评比，优秀的作品会获得叶老精心准备的新年礼物。

3.2月20日（正月初五）：走进长辈，感受幸福

下学期我们的历史课将进入"中国现代史"的学习，历史也将离我们越来越近。叶老在第一节历史课上就给大家说过"我们不仅要当历史的学习者，更应该是历史的见证者，未来历史的创造者"。这个春节，让我们走进自己的家庭，走进自己的家族，从我们熟悉而陌生的历史开始。叶老相信，当你坐下来和爷爷奶奶、外公外婆、爸爸妈妈、舅舅舅妈、三叔四姨聊起家长里短时，一定会有别样的收获。

要求：

（1）分别走进三代人，爷爷奶奶那一辈、爸爸妈妈那一辈、结婚3年内的夫妻，用相机和采访记录下他们的幸福；

（2）采访题目：姓名、和自己的关系、结婚时间、当时选择伴侣的条件、当时的嫁妆或者生活必需品、一路走来，他们认为"家庭"是什么？

（3）上交三张夫妻合影的照片，每张照片下面附上上面采访问题的答案；并且在最后写上自己采访活动的感想，家长也可以在后面有自己的感想和点评；

（4）这项活动参与好的同学，叶老会有终极神秘大奖送上，每个人都要参与哟！

附3 2019届1班初二年级下期期末家长会给家长的建议

2019年我们怎么面对中考
（根据网络文章修改）

每年中考都会涌出一批中考"黑马"，所谓中考"黑马"也就是平时学习成绩一般，但是在中考中却取得了让人惊讶成绩的同学。其实，成为中考"黑马"并不是一件不可实现的事情，只要在冲刺阶段掌握了复习要点，针对个人的实际情况对症下药，很多学生都会成为"黑马"。

【攻略1：缺一不可——回归教材、拓展训练】

"黑马"学生有个共性，就是他们在最后冲刺阶段的复习状态特别好。在最后的复习阶段，成绩较差的学生主要有三种心态：一是彻底放弃了；二是紧张起来豁出去最后一搏；三是心态平和抓重要知识点复习。这三种状态下，后两类的学生会因人而异取得很明显的进步，很多学生可能会在短时间内总成绩进步30分、甚至50分。这个时期的最佳复习方法就是回归教材。只要把教科书中的练习题和例题都做会了，中考试卷中的基础分基本都到手了。所以，回归教材是冲刺复习的根本。要在教材中进行总结和归类，做最后的查缺补漏。

温馨提醒：回归教材和拓展训练缺一不可，今年中考A卷很A，B卷很B就体现了这两者的统一！如果一味地整难题，在A卷上丢了不该丢的分就划不来了！所以提醒优秀的同学千万不要忘了最简单的东西！

【攻略2：迎偏而上——全面提高，解决偏科】

东北财经大学的大一学生柳中慧在初中阶段一直是中等偏上的学生。她的语文、英语成绩突出，但数学非常薄弱，一直都在及格边缘。对于数学成绩，柳中慧其实早就放弃了，但初三下学期的第一次模拟考试后，数学老师的一句鼓励改变了她对数学的态度。当时柳中慧在班级的总成绩是第15名，当数学老师查看了她的各科成绩后惊奇地发现，原来只有数学这一科在拖后腿。老师对她说："我

觉得你的数学水平可不是这个水平啊？是不是我教得不好呢？"数学老师的话让柳中慧觉得非常不好意思，所以她决定为数学老师挽回这个"面子"。

从那时起，柳中慧每天在数学课上都特认真，每天都会抽出两个小时单独学习数学，还专门备了个错题本，把不会做或者做错的题都整理出来，有时候别人10分钟就能算好的题她可能需要30分钟，但是每次算明白之后都觉得特别有满足感。最后一次模拟考试，柳中慧数学成绩提高了30多分。

温馨提醒： 其实偏科问题并不可怕。只是，很多家长和学生都把偏科定义得非常严重，他们觉得一旦偏科了，就是不适合学习这一科，把偏科理所当然化。其实，越有这种想法就越难学好这一科。事实上，根据学生们的智力水平，基本上不存在"不适合"学习某一学科这种情况。学生不爱学或者学不好通常是心理原因，比如曾经不喜欢某一科的老师，或者在学习过程中突然遭遇某些难题而产生了抵触情绪等。只要改变这些心理因素，对这一学科重新产生兴趣和信心，很快就会改变学习效果。

【攻略3：战胜自我——自我把脉、寻找伙伴】

中考中最大的对手是自己

很多家长都会找到学生的任课老师或者班主任，想了解孩子的复习情况。但是，一个班级几十名学生，班主任老师很难对每位学生都了如指掌。归根结底，最了解学生学习情况的还是学生自己。所以，在最后的冲刺阶段应该给学生足够的自我复习和自我调节的空间。因为中考时所考核的是学生的全面水平，所以这个时候学生的某一科达到什么样的水平已经不再重要，最重要的是要知道自己还在哪些科目上有提升的空间。最后冲刺阶段，复习要点应该从具体的知识点转化成将知识点形成知识体系，从全面复习变为重点复习，有针对性地结合自己的情况进行选择性的复习。这个时候，不要担心暴露自己的弱点，只有了解自己的弱点才能有的放矢，达到提升成绩的效果。

温馨提醒： 你会发现很多在某科上有竞争对手的同学，这两个同学的这一科都很优秀！在初三我们一定要互相促进，同学之间不是敌人，而是伙伴，和同学一起手拉手冲刺！

进入新初三：该怎么拥有良好心态
（根据网络文章修改）

进入初三，每个同学都希望在来年的中考中发挥出色，但是，深知影响大家学习的因素也不少，希望以下案例能帮各位同学度过美好的初三生活。

【要有平和的心态——善待父母的期望】

[案例] 小丽：初二刚结束，我妈就为我找了初三的家教，还成天对我说，初三很关键，要努力呀，争取考上重高，并说只要我学习搞好了，他们什么都愿意为我做，等等。我的压力很大，要是我考不好，那我怎么对得起他们呢？

贴心提醒：一是多和父母沟通。沟通是为了降低父母的期望，制定合理的学习目标，缓解心理压力。我想只要你的目标是积极的，父母都是百分之百支持你、相信你的！二是学习要有计划。计划可以帮助我们合理调控学习进度，克服随意性。三是理解父母的期望。父母毕竟是为我们好，我们要尊重、理解父母，并用行动证明给父母看。

【要有合作的心态——克服不良竞争】

[案例] 李同学成绩优异，为了保住自己的名次，他一方面悄悄用功学习，另一方面对同学请教的问题故意推说不会，还经常打扰同学学习。为此，大家都很讨厌他，使他陷入了孤独。

贴心提醒：一要认清危害。拒绝帮助甚至故意打扰同学学习，不仅容易疏远同学关系，遭到孤立，增添烦恼，而且也影响自己的学习。二要提倡合作学习。合作学习可以互相启发，拓宽解题思路，彼此获益。三是允许别人超过自己。一个人要学会容纳别人的超越和长处，这是健康人格的表现。1班现在缺的就是尖子生，或者说尖子生太少，原因就在于我们的优生没有抱成团，形成合力，我们应该集体优秀，互相弥补对方的不足，这样大家才能一起进步，一起上高中！

【要有放弃的心态——拒绝异性追求】

[案例]家长：我女儿都上初三了，结果这么紧张的时候居然交了一个男朋友，由于交往比较频繁，她的学习成绩从以往保持的前10名降到了40多名。我跟她谈了好几次，她就是不听，还说自己的事情大人不要管，我担心这样下去，会影响她明年的中考。

贴心提醒：首先，要权衡利弊。谈恋爱是正常的，但是在什么时候谈，却是需要认真考虑的，可别因为一时的糊涂遗憾一生。其次，要学会放弃。放弃烦琐，收获简洁；放弃烦恼，收获愉悦；放弃恋爱，就可能收获学业的成功。

【要有成功的心态——拒绝平庸和无所谓】

[案例]部分同学因为成绩不太好，所以对初三抱有一种无所谓、悠然自得的态度。

贴心提醒：同学们一是要有不甘平庸的精神，时刻充满进取心，争取最后的胜利。二是要尽到自己最大的努力。一位高中同学说，只要尽到了自己的努力，即使失败了，也对得起自己和父母，不会后悔。三是要保持适度的紧张。过度紧张和不紧张都会影响学习，适度紧张才是一种比较好的学习心态。

附4 2019届1班中考前给家长的建议

1. 精心安排复习

加强复习针对性,有序复习,不慌乱,按照老师的指导展开复习。各科中考冲刺诀窍和技巧是每个备课组智慧的结晶,请珍惜、用好。

(1)突出重点:巩固基础,归纳整理知识,抓住重点,查缺补漏(从中考难易程度看,中考与平时考试无多大区别,甚至考题比平时考试简单得多、平稳得多)。

(2)明确禁忌:偏、难、怪的题,不要贪多,试题浩如烟海,不可穷尽,不再做其他的题,重在解剖好典型题、易错题、易混题。

(3)落实"三看":一看——翻看,重点看书及笔记、重点看原来不扎实、易混淆的内容。考前快速翻书(把知识点系统化);二看——看试卷、看复习资料;三看——平时自己积累的易错易混淆的或较模糊的一些问题。

(4)文理搭配:合理安排复习计划,注意文理科搭配,把每一天分成5个时段,早睡早起。

2. 保持阳光心态

靠心理情绪调节取胜:引导孩子进入考前最佳心态,赢在心态,赢在状态(自信阳光、积极向上)。做孩子心灵的守护者,给孩子心灵的鸡汤滋润心田。家长重视但不能表现出过分重视,家长提醒,切忌唠叨。

孩子如果考前紧张,是很正常的。家长不要跟着紧张,唯一的做法就是告诉他这是正常的。多鼓励他,让学生心理上压力减小。每一个孩子应该有足够的信心,一定要做到:遇难不慌(题难、人难,我不畏难)、遇易不骄(题易、人易,我不大意)。

3. 科学起居,贴心饮食

从6月7日到中考期间,给孩子做好后勤工作,并同时起到管理、督促和赞美的作用。特别是考前几天请家长尽量都在家关心、陪伴、帮助学生。

饮食建议:不要想在中考前大补,如吃大鱼大肉,天天海鲜,吃得过敏就事与愿违了。而应该根据学生平时的口味，注意加强营养，如有的家长晚上熬了桂圆百合粥、莲子银耳汤等润肺消暑静心的爱心食品，静能生慧。学生想吃清淡就吃清淡，想吃肉就吃肉，不必刻意安排。但一定要注意食品卫生，千万不能拉肚子。不吃生冷食物，不吃雪糕、冰激凌等。不新鲜的食物不能给学生，学生的抵抗能力较弱，易生病，注意消毒。

如果考生确实生病或身体不适了，请一定告诉学生，不要背包袱，不要有思想负担，其实生病的影响不大。要鼓励学生正确面对它，并战胜它，不要在心理上先打败仗，觉得自己病了肯定考不好。

作息调整：从现在开始，我们就让孩子开始调整作息时间，尽量向中考靠拢。晚上不要睡得太晚，调整自己的生物钟。不要再给孩子安排额外的补习，把时间还给孩子！

积极
——班风学风的营造

带 11 班时，语文科代表 Z 同学晚上给我发短信：

Z 同学 叶老，最近我们班有几个同学上课比较浮躁，感觉纪律不太好，喜欢接话，特别是语文课，老师都停下来很多次，整顿纪律了！

是吗？语文老师和其他老师都没有给我反映过呢？

Z 同学 可能是老师们都觉得你太忙了，不想打扰你。

那你可以告诉我是哪几个同学吗？

Z 同学 叶老，不用。我只是告诉你这个事情，因为我已经在处理了。

你在处理？怎么处理？

Z 同学 接话的几个同学都是爱学习的，只是可能不知道自己的行为影响到了更多同学听课，所以好沟通。我已经联合了三位比较自觉的同学，成立了一个小组，我们和那几个同学关系都很好，我们一对一去给他们做思想工作，告诉他们不要接话，我相信他们会听我们的，因为大家都是好朋友。

这样行吗？

Z 同学 肯定没有问题的，而且我已经给不接话的同学都说了，他们接话我们也别起哄，大家共同维护班级良好的上课纪律。

那我就不管了？

Z 同学 本来就不希望叶老操心，只是告诉你一下，发现有苗头了你心里明白就好。不耽误你休息了，叶老晚安。

之后几天，我专门去看课堂，风平浪静……

估计好多老师看了这个故事都会羡慕，你们肯定在想："如此给力的班委干部是怎么培养的？"其实培养班委的能力不难，难就难在班级的同学是否愿意配合班委的工作。有问题不可怕，提醒了、调整了就好了，就怕一股无形的力量团结起来"抬杠"，那就麻烦了。因此一个班级的班风、学风至关重要。良好的班风、学风有助于学生形成正确价值观、塑造高尚人格，养成良好行为习惯。所以我们常说环境育人，制度再完善，没有良好的班级氛围，我们做班级建设就会显得生硬，缺乏人情味。

班级生活的每一天、每件事都对班级的班风、学风有影响。在长期的交往中，同学们会形成一种共同的心理倾向，反映出班级成员整体精神风貌和个性特点，体现出班级的内在品格与外部形象。因此，班风学风既要有积极向上的、正面引领的导向作用，同时也应该具有班级特色，体现出个性。

良好班风的因子一般包括：正确的舆论导向、良好的精神风貌、高尚的道德情操、积极的学习态度、严明的组织纪律、和谐的人际关系、健康的身心，等等。在这样的班级里同学懂得文明礼貌、团结友爱，同时活而不乱、严守纪律、勤奋刻苦，班级学习氛围浓厚，同学们思维活跃，富有创新精神。不过不同的班级在发展过程中，还可以根据阶段性的特点，通过各种形式的主题活动，突出班级特色。比如成都七中育才学校2016届，各班班主任都对自己的班级特色进行了总结：

班级	班级特色	班级	班级特色
1	清洁迅速高效	8	班委干部给力
2	学习常规规范	9	学生有效合作
3	小组有效合作	10	行动有序高效
4	学生独立思维	11	特色活动丰富
5	自习安静专注	12	班级自主管理
6	师生关系融洽	13	操行科学管理
7	时间管理科学	14	关注人人发展

其实表格里面的班级特色还不能算是完整意义上的班风，但在阶段性发展中有重点培养目标、能形成班级特色，有利于良好的、个性化的班风形成。不管突出的是什么，在这样的氛围中，个人得失与集体荣辱结合在一起，正面、积极的

班级理想信念和奋斗目标，也会让班级成员感到温暖鼓舞，进而学习更加积极向上、不畏困难、教学相长。同时个别成员的不良思想也能得到正确舆论的修正。

如果说班级是一个生态系统的话，那么班风学风起到的作用就是帮助我们"自我调节"，维持这个生态系统的正常、有序、高效、健康的运转。这种无形的教育力量，能滋润学生的心田、陶冶学生的情操、塑造学生的性格、促进学生形成良好的行为习惯，潜移默化地影响和教育学生，使其健康快乐地成长。

影响班风的因素很多，比如学校的整体校风、学生的家庭背景，特别是家长对教育的重视程度、当地的社会风气等。作为班主任，我们如何营造积极的班风呢？

在充分了解学生的基础上与学生共同确立班级发展目标

班级目标管理，能统一学生的目标指向和期望，增强班级凝聚力，调动学生参与管理的主动性和积极性。

我们可以分学段确立目标，比如初一适应初中生活，培养学习习惯；初二积极面对青春，强化学习习惯；初三微笑迎接中考，坚持永不放弃！

当然，我们也可以给班级一个远期的目标，如获得市级、区级优秀班集体。中期目标如学习成绩在年级的进步，让流动红旗在我们班不再流动等。再细化到每个月、每个人的近期目标。

目标确定了，便要告诉孩子们达成的条件，让孩子们在日常生活中严格比对，自我改进、注重结果、注重过程。很欣慰的是，我在育才的这三个班级都在初三毕业前获得了"区优秀班集体"，这是对孩子们的肯定，更是新的鼓励与鞭策。

我记得11班竞选演讲那天，离2016年的成都市中考刚好剩90天，我听了孩子们的陈述，感动不已。我们进校第一天就树立要争取"区优秀班集体"这个目标，三年来，我们一点点在努力。没有人违反校规、成绩稳步提升、学校老师家长满意度高，良好的班风让孩子们认同这个集体，认同这个集体里的每一个人，最后能不能获奖已经不重要，我们无悔于这三年。

帮助学生不断认知自我树立正确世界观

一个人不能没有生活，而生活的内容，也不能使它没有意义。做一件事，说一句话，你都得有规划，先问问自己做这件事、说这句话，有没有意义。做出规划，我们今天所做的事情是为了有更好的明天。未来属于那些在今天做出明智决策、并有目标地前行的人们。

下面是我每一届学生都会完成的"第一份人生规划书"：

成都七中育才学校初2016级11班
我的第一份人生规划

规划时间：　　年　　月　　日

贴照片处

　　一个人不能没有生活，而生活的内容，也不能使它没有意义。做一件事，说一句话，无论事情大小，说话多少，你都得有规划，先问问自己做这件事、说这句话，有没有意义。你能这样做，就是奠定奋斗基础的开始。做出规划，今天所做的事情是为了我们有更好的明天。未来属于那些在今天做出明智决策、并有目标地前行的人们。

我叫：_____　　　　性别：_____

学号：_____　　　　生日：_____

我的性格：_____　　我的爱好：_____

我的优势学科：_____　我的薄弱学科：_____

我已经具备的能力：_____

我还需要加强的能力：_____

【学业规划】

1. 高中阶段

我心目中的第一理想高中是：_____　当年录取线是：_____

这所学校的校训是：＿＿＿＿＿＿＿＿＿＿＿＿＿＿＿＿＿＿＿＿＿＿＿＿

选择它的理由是：＿＿＿＿＿＿＿＿＿＿＿＿＿＿＿＿＿＿＿＿＿＿＿＿＿

冲刺理想，目前我最大的障碍是：

未来一年我的努力方向：

对于这份"高中阶段"的计划，家长打分＿＿＿＿＿＿＿（满分 10 分），

家长建议：

2. 大学阶段

我心目中的第一理想大学是：＿＿＿＿＿＿＿　　2015 年录取线是：＿＿＿＿＿＿

我最喜欢的专业是：＿＿＿＿＿＿＿＿＿＿＿＿＿＿＿＿＿＿＿＿＿＿＿＿＿

选择它的理由是：＿＿＿＿＿＿＿＿＿＿＿＿＿＿＿＿＿＿＿＿＿＿＿＿＿

我理想的大学生活是：

对于这份"大学阶段"的计划，家长打分＿＿＿＿＿＿＿（满分 10 分），

家长建议：

【事业规划】

我最理想的第一职业是：＿＿＿＿＿＿　　这个行业现在应具有的文凭：＿＿＿＿＿＿

选择理由是：＿＿＿＿＿＿＿＿＿＿＿＿＿＿＿＿＿＿＿＿＿＿＿＿＿＿＿

这一行业应该具备的最起码的能力：＿＿＿＿＿＿＿＿＿＿＿＿＿＿＿＿＿

目前我还存在哪些能力上的欠缺，怎么去弥补？＿＿＿＿＿＿＿＿＿＿＿＿

对于这份"事业规划"的计划，家长打分_____（满分10分），
家长建议：

【理财规划】

1. **学生阶段**：目前我一个月的平均零花钱是：_____ 主要来源：_____
我的主要支配：_____
_____

2. **工作阶段**：我理想的一个月收入是：_____ 哪些行业可以提供：____
最起码的学历要求：_____ 应该具备的能力：_____
我的主要支配：_____

3. 假如我有了人生中的第一个1000万元，我会怎么支配？_____

【远景规划】

1. 我心中的另一半应该是什么样的？

2. 我希望把我的下一代培养成什么样的人？

对于这份"理财与远景"的计划，家长打分_____（满分10分），
家长建议：

这份规划书中有"学业规划""事业规划""理财规划""远景规划"四个方面的内容。虽然内容设计不一定严谨,但是我的目的不是让学生规划了,以后就一定要去考这个学校、做这个职业,而是教会学生正确地自我认知,并引导学生在每个阶段形成积极向上的价值观。所以我说了这是"第一份",以后还可以做调整。

"学业规划":我高中、大学想去什么学校?为什么喜欢这个学校?目前我的水平可以达到吗?我还需要怎么样的改进措施?

"事业规划":我想从事的职业是什么?为什么喜欢这个职业?这个职业的入职门槛是什么?要具备哪些必需的能力?我现在可以做一些什么努力?

"理财规划":零用钱的来源和支配方式,工作以后期待的月薪,主要支配方式;如果有了1000万元,你会怎么用?

最有意思的是,我在"远景规划"中提了两个问题:

第一,你心中的另一半是什么样的?学生觉得很害羞,不明白我的用意,我说其实就是看看什么样的女生更受男生欢迎,什么样的男生更受女生欢迎。从最后的反馈情况来看,男生更喜欢努力、温柔、不乱发脾气的女生,女生更喜欢有绅士风度、懂得谦让、不随便说脏话的男生。我说,现在你知道你要怎么改进自己了吧,不然以后等你成年谈恋爱就难了!孩子们都笑了!

第二,你希望如何培养你的下一代?孩子们又不明白了,问我这是什么意思。我说:"这可不是写给你们自己看的,而是写给你们父母看的。"孩子们恍然大悟,纷纷表示"我懂了,我懂了,我一定好好写"。其实这一条就是给家长看的,孩子希望如何培养自己的下一代,其实就是期待自己的父母如何培养自己。比如有孩子写:我会尊重孩子的选择、我一定不会打击我的孩子,更多地给他鼓励……这每句话的背后都是有故事的,相信聪明的家长一定能读懂。

这些目标、规划对个人的发展有正面引导作用,孩子们三观正了,班级的三观也就正了,咱们当班主任队伍也就好带了。

落实班级常规,明确道德底线

很多人对我的了解大多是"小叶喜欢开展活动",于是以为我班的学生是比较"活跃"和有"个性"的，本身这两个词语略带褒义，但是有些人说出来就变成了讽刺。其实我对班级常规是非常重视的，"抓常规"与"搞活动"两者一点都不矛盾，反而可以互相促进。这么多年来，我带的班的学生，在自习课上相当专注；每学期获得的学校流动红旗都是年级最多；老师们对学生上课的评价越来越好；学生学习习惯从初一到初三得到很大改善……这一切都源于我对常规的重视，这也是良好的班风学风形成的最重要的环节。

我告诉学生："越优秀越应该守纪律，越应该'谨言慎行'。"班主任妥协退让去笼络人心不是对学生真正的爱，而应坚守我们的底线，对班级常规常抓不懈，让每个孩子从集体氛围中能享受到更清静的学习环境、更和谐的人际关系、更充实幸福的班级生活，这些才是好老师应该做的。班主任应该大力弘扬正气，如果品德高尚的学生成为班级主流力量，大多数同学能团结友爱、互相关心、互相帮助、勤奋学习、积极向上，那么便会形成强大的班级舆论氛围，使不良行为受到谴责，歪风邪气无处藏身，从而使良好的班风主导班级的学习和生活。

另外，班主任还要有敏锐的观察力，对于一些问题要摆明底线，及时纠正，耐心细致，持续强化。比如班级中出现的互相攀比奢侈之风、威胁欺负霸道之风、抄袭作弊投机之风、拉帮结派八卦之风等，我们要引起高度的重视，采用灵活多样的方式处理，或者通过丰富多彩的班级活动，以班级凝聚力去影响改变个别孩子的极端行为。

积极正面的舆论导向，让学生家长看到希望

其实班风学风就是一种舆论。我们的积极导向是让班级中的每个人更爱我们的班级，只有这样我们才愿意为了彼此共同的目标努力，班级中的每个人既包含学生和老师，也包含我们的家长。

不管是班主任还是科任老师，都不要在人前或背后说班级的坏话，比如：

"你们是我教过的最差的班级！"

"我最讨厌上你们班的课，你看看隔壁班，都是我在教，你们怎么学成这样？"

"××班主任，你们班上课纪律好差呀，你是怎么要求的呀，严厉点嘛。"

……

缘分让我们相聚在一个班,我们都是这个班的主人,骂班级就是在骂自己。我们给学生的不应该是抱怨和咒骂,而应该是信任与喜爱。如果碰到问题比较多的班级,我们要让学生感受到老师在积极想办法,并且善于发现他们的优点,乐于肯定他们的进步。班主任切记情绪化,要注意自己的言行,把班级舆论引向正确的方向。

曾经有同学对我说:"叶老师,你在班级博客上把我们班写得好好哟!"首先,在我看来,博客就是我的舆论阵地。每天在博客上表扬进步、表扬优秀,记录故事,分享感受,享受幸福是最为重要的;其次,让所有的老师、孩子、家长都为班级发展的每一天欢欣鼓舞,自发地关注班级,加强了解。有了这样的正面展示,众人就会慢慢地爱上班级,而且这份爱会越来越深。

成为学生喜欢的班主任,培养正能量干部队伍

努力让自己成为学生喜欢的老师,我们要用先进的教育理念、扎实的专业学识,以及独特的人格魅力去赢得学生的欣赏。对学生理解与关爱要严慈相济、关系融洽、以身作则,营造的班级氛围就会活跃、民主、公平、公正。学生会因为喜欢班主任,才更愿意和班主任一起团结拼搏,彼此包容,过好每一天。

在学生队伍中,班主任也要花心思去培养班委干部。只有班委充满正气、责任心强、工作得力,班委团队团结一心、精干高效,明确班级的奋斗目标,建立合理的规章制度和工作机制,才能保证有规范和谐的班级秩序,这对良好班风的形成有着至关重要的作用。

此外,一个班级良好的班风还依赖于:和谐的师生关系、生生关系、家校关系;丰富多彩的班级活动,独具特色的文化浸润,重视阶段性总结和树立榜样等各个方面,这些内容在本书其他章节有分享,此处不再赘述。

最后还要特别提醒一下,班风的建设急不得。教育好比是农业,需要我们慢慢地浇灌,班主任要有舍得去等待的这份坚守之心,过度功利性的追求结果与下表面工夫,并不利于班级的发展。

做心平气和的班主任

再来说说学风，简单地讲学风就是学习的风气

一个班级，优良学风表现在：具有目的明确、态度端正、动机纯正的学习观念，有勤奋努力、刻苦钻研、百折不挠的学习意志，有博学慎思、独立思考、与时俱进的创新精神，有切磋学习、学以致用、善于实践的学习氛围。

简而言之，第一要明白"我为什么而学"！第二要用积极认真的态度"好好地学"！每个学科老师都有自己的学法指导，作为班主任的角色，我谈几点自己的想法：

（1）课堂是学习的主阵地，如果班级整体学习风气不好、兴趣不浓，我们老师还得先从自己身上找原因。积极拓宽教育渠道，开发教育资源，变"灌输"为"体验"，激发学生学习兴趣；加强心理辅导，加强家校沟通，帮助学生明确学习动机；对于部分学习能力较弱的学生适时降低难度，让学生品尝到成功的甜头；多维度树立榜样，利用榜样的引领作用，营造全班的学习氛围。

（2）重视常规落实的同时一定要建立科学的评价机制，不能因为成绩分数对学生随意贴标签。过程中重行为表现，重进步提升，用发展的眼光去看待学生。

（3）加强家校合作。我的班级每个同学都有一个"学习规划本"，帮助规划每天的学习时间、认真记录当天的作业、与家长及时的沟通反馈、了解学生的学习改错、作业完成、晚上睡觉时间等情况，帮助部分学习不自觉的同学克服惰性，找到真正适合他的学习方法。

（4）建立良性竞争机制。除了老师的指导，同学之间也可以交流学法。班级中可以有"一帮一"的学习小组，但是一定不要"摊派"，不要让学习优秀的同学觉得是负担。除了班级内部的竞争，我们还可以给其他班级发去"挑战书"，为了避免产生矛盾，在同一个老师教的两个班之间展开较量最好。为了更有仪式感，可以写下"挑战书"，对方班级写下"应战书"。班主任利用好每一次教育的机会，把学习上的挑战做成班级活动，并且商量过程评价机制，形成两个班同学既互相追赶，又不伤和气，甚至互相交流经验，最后一起进步的良好氛围。

（5）有需要就要给关爱。对于个别确实学习困难的同学，我会提前与科任老师达成共识，在班级成立了"熊猫组"，就像爱我们的"国宝"熊猫一样爱他们。进组名单不由老师指派，当学生确实觉得需要而主动申请的，应消除学生内

第三章 和谐关系

2019届1班，我从英国旅游回来，孩子们希望看我穿苏格兰裙，我说可以，只要你们初三学习进步，我一定穿。2019年6月12日，中考前一天，我穿着苏格兰裙走进教室，在讲台上大鹏展翅，祝福我的孩子们中考取得好的成绩！叶老永远给你们加油打气

心的"不公平"感。建立教师"跟踪关爱体系"，把需要帮助的学生分到班级每个老师的人头上，坚持一个不放弃的原则，同时科任老师一起上阵，减轻了班主任的压力。

我的教育故事

故事一　输掉的篮球比赛与排球赛

班级之所以成为班级，因为这里的事情与我们每个人有关：

2015年，学校的球类运动会让我们期待已久，因为我们班有好几个学校篮球队的主力，所以自我感觉很好，以为其他班级都会闻风丧胆，但是万万没有想到，篮球第一场小组赛我们班意外失利，直接被淘汰。那天全班同学一起抱头痛哭，几个主力运动员更是泣不成声，一直在检讨自己的低级错误。我没有作声，我把时间留给他们，让他们发泄自己情绪。

做 的班主任

……在哭声中，突然冒出一个声音："没关系，接下来还有排球比赛。"这话说完，全班瞬间安静了——"排球，有没有搞错，我们班可能连上场的队员都找不齐。"

……

篮球队长给我说："叶老，我们这次太轻敌了，对不起。"

我很平静地问："那接下来的排球比赛怎么办？"

"叶老，我来组织训练吧！"

"来得及吗？"

"反正都是拼了，试一下。"

"那好，你安排好时间，合理利用，尽力而为，我全力支持。"

我说"尽力而为"，是怕孩子们有负担，不是自己的强项还愿意去拼，其实对我这个班主任来说已经很欣慰了。孩子们哭也好，难过也好，后悔也好，都是他们青春最美好的回忆。看着他们，我知道这个班是值得期待的，因为没有抱怨和放弃！

从篮球到排球，转变很突然，但是孩子们的微笑就是最好的动力，当我举起相机的那一刻，看到如此阳光的孩子们，我明白这个班级不会差！排球最后无缘决赛，一个孩子用漫画的形式安慰队员，给班级打气加油

接下来的每一天放学我都看到孩子们在训练排球，他们自己组织，至于球从哪里来的我都不知道，只要有时间我会过去陪着。没有想到的是，这个最不被我们看好的项目，居然给了我们太多惊喜。第一场、第二场、第三场……接二连三的险胜或许有运气的成分，但是我明白我们太需要这些胜利了。但因为赛制的原因，那天下午我们一口气打了三场，最后的半决赛孩子们已经精疲力竭，对手以逸待劳，最终我们无缘前三。

面对无缘前三的结局孩子们哭了，我给孩子们说了一段话，后来我写在了博客上：

> 这是我第一次看你们打排球，估计好多同学都是人生中的第一次参加排球比赛。还记得吗？第一场球，我们连怎么转位都不知道。不容易呀！一路走来，我们收获的是什么？学校举行比赛的目的又是什么？
>
> 其实，当你站在这个集体中，能看到注视的目光，能听到震耳的呐喊，能感受到热情的拥抱，已经足够了！比赛是让我们更加了解彼此，认同彼此，一种宣泄、一种释放，同时也是一种进步！
>
> 10年，20年以后，我们还会在乎这个几比几的结果吗？我们更在乎的是当年兄弟你就站在我后面；当年我们一起携手战斗过；当年我们因为同一个目标呐喊过、欣喜过、难过过！
>
> 足够，足以！
>
> 我们用什么样的心态面对结果、面对朋友，是一种境界。可能暂时你还达不到，没有关系，只要你肯回味，那你就有收获了！
>
> 比赛的硝烟结束了，不管是场上的你，还是场下的你，面对身边这群可爱的同学，你在想些什么呢？

孩子们呈现出来的一切行为的背后，都是一个班级班风的体现。

在班级生活中，孩子们追求对自己负责，从形象到行为，阳光、大气、谦逊，刻苦、积极……

在社会生活中，努力履行公民义务，增强公民意识，积极参加社会实践。

在家庭社会中，明确自己的角色意识，懂得感恩。

故事二 每个弯道都有同学们的呐喊声

初一运动会，C同学和初二同学同场比赛中，获得了男子200米决赛第一名。我因为班里一个女生跳高崴了脚，陪她待在医务室治疗，没能见证到这个时刻。比赛结束后C同学冲到我的面前，非常气愤。

"叶老师，你去哪里了？我刚才为11班拿了第一名呀！"

我很委屈，无力地辩解道："这不有同学受伤了吗，对不起，我刚才没有……"

孩子直接打断了我的话："你这个班主任怎么当的，我冲过终点的时候，一个11班的人都没有。"说完，他转身走了！那个背影我至今难忘。

我能说什么，我明明每个接应点都安排了同学，我怎么知道他们为什么没有去？看着孩子远去的背影，我心里也很不是滋味，但我也明白，这个11班还是有很多问题。

这件事情我在班上没有讲，因为讲出来只会让C同学很被动，同学们会觉得他有了荣誉太矫情，所以我忍了。我要做的是在未来的日子里，营造更和气的班级氛围，培养学生尽职的责任意识，让他们深入地剖析自己，了解同学。我一面做，也在一面提醒自己：11班刚成立不到一年，千万急不得。

等了一年，我终于等到了这句话——叶老师，11班真棒，我在每个弯道都能听到11班的呐喊声

之后的一年，我开展了很多班级活动与主题班会，进行了很多次的家长交流。一年后的运动会上，L同学跑完男子1000米下来，一群同学围上去搀扶着他，他用虚弱的声音对我说："叶老师，11班真棒，我在每个弯道都能听到11班的呐喊声。"

那年，这句话成为我对运动会的全部回忆，它也成了我们班最经典的名言！一直鼓励着全班同学，互帮互助，一起前进！

那年，C同学拿到了3块金牌，同学们像迎接英雄一样紧紧围着他……

因为愿意等待，等待的时候再积极做点事情，孩子们一定会给我们加倍的惊喜。又过了一年，11班终于站在了"区优秀班集体"的竞选现场。

下面是11班竞选"区优秀班集体"的演讲全文，内容是孩子们自己写的，你一定能感受到他们对班级的那份认可与喜爱。

各位老师大家好，很高兴今天在这里为大家介绍我们幸福的11班。

在七中育才，大家一提到11班，马上就会想起"毛毛虫"三个字，作为一群幸福的毛毛虫，三年来，我们因为梦想紧紧团结在一起，如今我们正在努力蜕变。这一千多个日日夜夜，我们全力拼搏，从不放弃，就因为我们心里有一个共同的声音：每一只毛毛虫心里都藏有一双展翅高飞的翅膀。

这小小的吉祥物，这大大的爆发力，蕴藏于每一位11班的同学、老师、家长的心里。它不仅印在我们的班服、班旗上，做成我们的钥匙扣、桌上的公仔玩具，而且烙印在我们脑中，它甚至陪伴着在外留学的皇老师那么多日日夜夜。

很多老师都说，11班的孩子有一种独特的气场，在我们心中，毛毛虫已经不单单是我们的班级吉祥物，它逐渐成了一种爱心与感恩、传承与担当、团结与坚持的象征，更是一种荣誉，对于班级和彼此的责任感。

【爱心与感恩】

这三年中，大大小小的节日数不胜数，但在每一个节日之中，总少不了毛毛虫的身影。我们大声喊出我们的爱，同时也更加懂得感恩与尊重。在母亲节送给妈妈贺卡，在父亲节我们写下心中爸爸最光辉的形象，在教师节老师们一定会收到我们的神秘礼物,我们每年都为山区的孩子献上爱心。三年,我们班举办了一百多个特色活动。

这些活动不仅给我们带来了轻松快乐的时光,而且让我们和家长老师紧紧联系在一起。初二时,皇老师要去英国学习,我们举行隆重的欢送会。三年来,每一位实习老师离开11班,我们都会用特别的送行仪式给他在育才留下最美好的回忆。我们的爱也感染了身边的人,爸爸妈妈们在百忙之中偷偷为我们录制歌曲《一起长大》,更是温暖人心。

即使是一句简单的问候,一次普通的祝福,同学们在这一次次活动中渐渐学会了爱心与感恩。我印象最深的那次是叶老的生日,我们和全体家长偷偷组织了生日会,还把叶老的爸爸妈妈接到了班级,搞得叶老一会儿哭一会儿笑。爱在我们彼此心中传递,让我们变得更有担当。

【传承与担当】

记得刚刚进入初三的那次开学典礼,学校需要我们班表演音乐剧《川军抗战》,说实话,当时刚进初三,真的好忙,叶老又不在学校,但是我们班的同学一点怨言都没有,相信各位老师都还记得那一幕,我们班同学多么出色地完成了任务。

这样的例子太多,只要学校需要我们,11班就一定站在最前面。三年,我们在学术厅上过多少节公开课,多少人登上集体朝会的舞台,在学校的各项活动中担任主力,学校组织的水井坊义卖、保护郫都区湿地、承担锦江区的国庆海报、阳光阅读推荐一本书,11班同学都那么积极。16届国旗班的四位护旗手中就有三位是我们11班的同学。学校只要有需要的时候,就一定会想到11班,而我们每次都会出色地完成任务。

叶老带我们走进川剧院,我们积极报名,坚信传承的力量。叶老教我们过传统中国年,我们积极参与,我们坚信传承的力量。在老师和学校的培养下,我们自己也越来越有创意。大家还记得初二的《博物馆奇妙夜》吗?同学们自己创意、自己排练,没有请一个外援,57个同学把四川的文化一一重现舞台,大家就像在看一部电影大片一样,掌声不断,最后我们以绝对的高分勇夺第一。

【团结与坚持】

一个优秀的集体靠的是团结与坚持!在11班,我们善于接纳每一个人,我们的小组建设没有任何一个人掉队，没有一个人被集体抛弃。我们相信团结的力量，就像初二，我参加运动会长跑结束后，我告诉同学们：每一个弯道都有 11 班的呐喊声，那一刻我清楚地意识到 11 已经不再是一个简单的两位数，必将陪伴我们一生！

正是这样的团结与坚持，我们坚信优秀是一种习惯，初一到初二我们保持了每学期学校值周班操行平均分全年级第一的纪录。包揽艺术节、科技活动月、运动会三大学校活动的团体一等奖。同时在两届朗诵比赛中均获一等奖，在外墙板报展示中，两年内全部获得一等奖……这是我们的骄傲，也是我们一起努力拼搏的结果。

最后我们真心感谢育才，感谢学校对我们 11 班的关爱，正是学校"卓尔不群、大器天下"的文化滋养，让我们变得不一样，变得越来越优秀。我们更要感谢每一个班级，你们一直是我们努力学习和追赶的榜样，记得初二时，我们斗志昂扬去 10 班下战书，现在想想，正是大家公平、友好的竞争，让我们离梦想越来越近。

今天，我们可以站在这里，代表 11 班申请区优秀班集体，我们所有同学既兴奋又紧张，这是对我们最强的鞭策，带给我们最大的动力，不论结果如何，我们仍将继续前行。

今天站在这里发言的学生，不是班长，也不是表达能力最强的学生，但是如果您向任何一个 11 班的学生询问，都会明白我们对 11 班对叶老的爱。

只剩最后 90 天，我们一定不会辜负大家的期望！请大家等待着我们破茧成蝶，漫天飞舞的绚丽时刻吧！

故事三　叶老，你给我等着！

我在育才带的几个班，从进校的成绩中等偏下，到初三都有突飞猛进的进步，我觉得进步关键在于孩子们对班级的认可。很多人都让我介绍一下我是怎么做到的，其实这真不是三言两语可以说清楚的。

不过我确实非常善于营造积极的学习氛围，我绝对不会放过任何一个可以教育的机会,也绝对不放弃任何一个人。2019年,1班学生初三了,孩子们整体状态还是不错,但那种劲头还是差了一点,我得想个什么办法呢?

给奖励吧!这是百试不爽的!我很不喜欢实物奖励,不过偶尔用用也不错。干脆,吃火锅。孩子们一听这个消息高兴得跳了起来,但是我马上听到了班上一位成绩落后的W同学说:"哎,反正我是吃不到的。"虽然很小声,但是却在我的耳朵里无限放大了。

于是,我当即宣布,我请吃火锅的条件有:

每次大型考试年级前列,有几个同学脸都笑烂了;

每个月操行分班级前列,又有几个同学眼睛一亮;

连续三次考试和自己比,成绩在年级持续进步的。

我刚说完,W同学马上问:"每次进步一名都可以吗?"

我说:"当然!"

学生一听喜笑颜开。

其实这三条很简单,归纳成一句话——每个孩子都有机会和我吃火锅!终于有一天,W同学跑到我面前,得意扬扬地说:"叶老,已经进步两次了,你等着,下个月的火锅,一定有我!"

我看了看他的成绩,还是倒数,但是进步一名也可以,他没有放弃,甚至还想学,足够了!

13位同学超过了对手,我也兑现了承诺,请大家吃火锅,孩子们高兴惨了

> **附** 《我的治班策略》

近年来，对班主任基本技能要求之一就是撰写治班策略。下面是我在 2016 年带初三的班时，写的一篇针对初三年级的治班策略，记下了我的一些教育思想、治班理念。这篇文章曾收录在成都市德育教研员吕红霞老师编著的《多角度引领、全方位提升——班主任专业发展课程系列（一）》一书中。

特色文化凝聚班级合力　主题活动收获班级幸福

我的初 2016 届 11 班被称为"毛毛虫班""幸福 11 班"。"毛毛虫"是我们的班级文化标志，引领着 11 班"破茧成蝶"的目标追求，也凝聚着班级各方力量形成合力。"幸福"是我们构建和谐健康的班级生态，努力要达到的最终目标。苏霍姆林斯基说："学校的任务，不仅在于传授学生必备的知识，而且也在于个人精神生活的幸福。"

一、学情班情分析

11 班是学校的"创新教育特色班"，经过两年的适应、磨合、创建，幸福 11 班在进入初三的时候基本已经形成了一个"团结""进取""和谐"的班集体。学生、老师和家长都以能成为"叶老的窝"里的一员而自豪。但是学科差异、学生差异、家庭教育差异依然明显，尤其进入初三，分化加剧，班级发展也迎来了新挑战。

学生发展现状：男生 34 人，女生 23 人，男女生比例不协调。男生多的班级，学生"懂事晚""浮躁""好动"是科任老师经常挂在嘴边的关键词。初三的学生正处于青春叛逆期，心理上的关键期，学习上的突变期，独立要求和依赖心理并存。学习压力的增大，使学生青春期的躁动、逆反的因素增多，帮助学生正向分化，树立更加明确的目标，让学生从喜欢学习再到会学习，至关重要。

家庭发展现状：大多数家庭和睦，家长很关注孩子的教育，对孩子的期望值比较高，希望孩子在愉快学习的前提下，卓越发展，学生的学习动力大，但是压力也大。多数家长信奉"愉快教育",孩子小学多为"放养式"教育,导致了学生的心理年龄偏小,习惯和能力较差。虽然经过两年的培养有所改变,但是初三面对高强度的学习压力,对孩子和家庭的心理关注应适当加强。

学科教师分析:11班的科任老师实力比较强,都是育才的"老手",自觉贯彻育才"卓尔不群、大器天下"的办学理念。他们很容易和班主任形成合力,有利于班集体的良性、稳定发展。

二、教育治班理念

一个班级就是一个生态圈,良好的"班级生态"应该有"自我修复"功能,所有的班级成员在一种良性的"师生关系""生生关系""亲子关系"中"自由成长"。尤其是到了初三,学生有了更加清楚的学习目标以后,对于如何维系良好的"生态环境",让学生收获到初中三年最后的"幸福",我提出"特色文化凝聚班级合力,主题活动收获班级幸福"的理念。

三、班级建设目标

班级建设的目标落脚点是"人",终极目标就是收获"人"在成长过程中的"幸福"。

短期目标:顺利完成学业,不惧怕"破茧成蝶"的痛苦。

中期目标:明白"幸福"的真正含义,享受"破茧成蝶"的过程。

长期目标:传承"卓尔不群、大器天下"的育才精神,真正体味到"破茧成蝶"的幸福。

四、治班策略

(一)特色文化凝聚班级合力

1. 文化养班,增强班级认同

文化是班级的形象和精神,是班级的灵魂和生命。好的文化对班级的发展具有自我调节、自我约束的功能,它积极影响着生生关系、师生关系、亲子关系、家校关系、师师关系。班级文化的建设过程能唤醒学生主人翁意识,激发学生参与班级管理热情,促进学生借用共同任务,将个人愿景和班级梦想结合起来。

根据学生的创意，我们的班名为"毛毛虫班"，寓意为"破茧成蝶"，我们的班训为"每一只毛毛虫心里都藏有一双展翅高飞的翅膀"。在此之下，班徽、吉祥物、班旗、班服、每个同学的钥匙扣、我送给孩子们的生日礼物、运动会入场式的造型皆为"毛毛虫"，科任老师出国学习都带着"毛毛虫"拍照，家长们自称为"虫爸""虫妈"。

三年来，这个互相关联、有着共同文化特征的"毛毛虫"深入人心，表达了班级学生在初三拼搏时努力进取的勇气与决心。学生深知，小小的毛毛虫也有大大的能量，但是"破茧"的过程必须要经历痛苦。这一文化理念对于学生树立更加明确的目标，培养学生克服困难，勇于自我挑战有非常积极的意义。

2. 强化常规，提升学习品质

虽然初三提升学习质量是班主任工作的重点，但是如果一味强调分数只能适得其反。我可以不在乎分数，但是我在乎在这个过程中培养学生正确看待分数、努力面对困难、团结合作共同进步的精神。所以在初三的冲刺阶段，继续强化常规管理，重视学生人格修养，绝对有必要。

（1）操行评比激励发展

班级实行严格而人性化的操行分管理制度，有专人记录，每周上墙公布，公开透明。操行分的激励作用，促进了人人重视、管理约束、自我反思，不断进步模式的形成。同时以小组为单位的评价，将个人和小组结合，两条线管理，让学生能更好地融入集体，同时也可以利用集体的力量对学生的行为进行约束。

（2）小组合作共同进步

A. 民主建组：制定完善的小组组建方案。班级14个小组，全部由学生自由组建，双向选择，自主分配职务，自主制定组规。

B. 文化管理：各组的组名、组规都有丰富的文化内涵。如"不想长大组"能见出小组成员的古灵精怪，四个男生组成的"清一色"小组，看得出男子汉的干练。各组的组规仿佛五花八门，但都考虑了常规和学习两方面的要求。不管是操行、活动、评比还是学习都以小组为单位，一起分享、一起承担、一起进步。进入初三以来，学生们每天通过写小组日志，记录得失、调侃老师、吐槽班级（同学、自己）起到了非常好的调剂学习压力，分享快乐，调控情绪，加强交流，增进友谊的作用，同学们在小组中互相帮助、互相监督，收获了友情，学会了自我教育。

C. 树立榜样：进入初三以来，班级每周评选五星小组。以集体为单位进行表彰，有利于培养学生的团队意识，有利于学生相互学习、相互鼓励、相互监督，帮助学生在实现集体价值的同时实现个人价值。这样形成的班级"生态圈"，比老师直接"教导"更有实效，更能培养学生的自主意识和民主意识，过好校园生活就成了学生最有价值的追求。

3. 整合资源，形成教育合力

（1）目标引领学生。初三寒假，全班每个孩子都做了"我的第一份人生规划书"。在放假前，一堂《我的人生，我做主》的主题班会课，让孩子们认识到未来属于那些在今天做出明智决策、并朝目标前行的人们。

给学生自己的舞台：教育不是自己要有一桶水才能给学生一瓢水，而是营造一种氛围，让孩子自己去打水，哪怕你一滴水都没有。即使在初三，我班的学习管理、班级事务、学校活动都始终把舞台让给孩子，而我只在一边听从他们的随时"召唤"。

（2）用好家长资源。最后一年，首先做好家长心态的调节工作，教会家长和孩子一起面对初三，不给孩子"添乱"。我告诉家长初三应该有一颗"菩萨心"。家长问我，什么是"菩萨心"，我说那你看"菩萨"干什么，你就干什么。家长问那"菩萨"干什么呢？我说：闭上嘴巴，微笑！

我班学生家长有一定的教育水准，班级管理和活动始终都有他们的身影。初三入学、100天冲刺、最后一个月、中考当天等重要时间节点，家长都是孩子们坚强的后盾。如初三开学第一天，孩子走进教室就能看到我喷绘的假期收集的家长祝福语；中考100天，每个孩子都会收到父母写给他们的一封信。孩子感受到了这一年家长给的不是压力而是鼓励和理解。

（3）配合学科教师。初三阶段我更加重视配合学科教师的教学和学科活动，增进孩子们和科任教师的师生友谊，让教师队伍成为这个良性生态圈中有益的一环。比如在班级文化建设上为每位科任老师过集体生日、利用好所有的节日活动如教师节、母亲节、妇女节等让科任老师参与到班级活动中。同时即时召开班科团队会议，对每一次的学科诊断进行科学分析，达成共识，形成合力。并配合他们在初三仍然开展亲子阅读、单词记忆比赛等学科活动，为略显枯燥又充满了激烈竞争的初三生活增加浓浓温情。

（二）主题活动收获班级幸福

我的带班特色是用主题活动去促进班级的良性发展，增强学生的班级幸福感，初一、初二如此，初三也不例外。除了传统的日常管理活动、主题教育活动、文体科技活动外，初三的班级活动已扩展到读书活动、心理辅导活动和社会实践活动等。学生在班级活动中的地位也发生了根本的变化，从被管理者、受教育者转变为活动组织者、自我管理者和实践建构者，由原来的"活动人"转变为"人活动"，其自主性得到张扬，主体性得到发挥。

1. "年代秀"，秀感恩秀温情。三年来，我们的班级有太多的人、太多的事注定了要用一生去铭记。孩子们小，不懂怎么去感恩，怎么去思念，我便借用了《年代秀》这个形式，在初三这个特殊时期一起回顾我们走过的日子。

在题目的设计上，每一道题目都是与孩子们有关的，或是我们班自己发生的事情，或许是我们班真实的人，这里有孩子、有老师、有家长，甚至有很多已经被我们遗忘的瞬间。通过这样的活动，唤起孩子们共同的记忆，学会感谢生活，感谢发生的一切，同时这个活动对于增进师生、生生关系、凝聚班级有着意想不到的作用。

> **一个学生这样写道：** 最后一年，我们将迎来最后的冲刺，之前所有的努力，都是为了六月最美丽的绽放！最后一年，我们将更加辛苦，当然可能我们都没有发现，慢慢地，我们已经长大了！一些长大了的烦恼，来了，是正常的，以后这是我们最大的财富！最后一年，我们将各奔东西，可能不到明年的元旦，你就已经有了新的好朋友，但"11班"多多少少会在我们的心里为这个集体留着那么一个位置，这里有汗水、有泪水、有激动、有伤感！有成长的烦恼，有青春的叛逆，有发奋的激情，更有一份友谊，一份关爱，一份牵挂！

2. 传统节日，传承家风家训。初三是学生人生的转折期，也是他们走向成熟的关键时期。我在最后一个春节适时开展了《欢乐祥和中国年》一系列主题活动：原创春联大赛、原创拜年短信大赛、我制作微视频教孩子们过传统中国年、学生学过传统中国年、走进长辈并调查我们的家族来源、采访三对不同时代的夫妻了解他们对"家庭"的理解、元宵节打灯谜……家长反馈说孩子在此项活动中，走进长辈，走进生活，收获真实感情；通过此项活动增加了对"家""家庭""家族"文化的理解，感受了家风、家训等传统文化内涵；通过此项活动体会了悠久的家族历史长河中感人的亲情故事。对孩子既是一种感动、一份震撼，更是一种责任。

3. 学法指导，提升学习品质。初三学生、家长对学业成绩的追求肯定是放在第一位的，所以对学生进行学法指导，避免盲目刷题，用科学的方法去提升成绩显得尤为重要。在初二升初三的假期，我就组织全班同学进行了一次"思维导图"专项培训，邀请了专门的老师，并且在之后的学习中，通过教师指导、小组分享、自我反思等活动，强化利用思维导图构建学科知识体系，提升复习效率，得到了同学和老师们的高度认可。

五、班级建设成果

我的教育最终是希望孩子们能收获到一段幸福的班级生活。每个人对幸福的理解不同，三年时间，我们获得了"锦江区优秀班集体"，这是幸福；我们包揽了学校三个主题活动的全部一等奖，这是幸福；我们开展了100多个班级主题活动，让叶老师在2015年成为全国最美教师，这是幸福……

其实最幸福的，是我们一起走过的1200多个日日夜夜。这是一段任何人都不能替代的经历，酸甜苦辣都变成了幸福的回忆，正如11班唐飞戈同学在毕业的时候写道：

当我还沉浸在美好幻想的时候，三年已经结束了。不管怎样，这一千多个日日夜夜，这一千多个在11班这个温暖的大家庭中的日子，那些我们的嬉戏打闹、感动与大笑、我们这3年的奋力拼搏，无论是谁都无法忘却。于是在今天，我们毕业了，在踏上新的开始时，我们"毛毛虫们"绝不会忘记彼此，大家有缘相聚，这是一生的缘分，就注定不会分离。青春不老，我们永不散场。11班的所有成员，让我们珍藏我们所有的记忆，这段幸福得不能再幸福的记忆，开始全新的"幸福追求"吧！

是呀，懂得珍惜幸福、追求幸福、享受幸福、创造幸福不就是这三年我们的目标吗？祝福我的孩子们永远被幸福包围。

现在，我只要看到漫天飞舞的蝴蝶，就会想起那"破茧成蝶"的三年时光。

做 心中有光 的班主任

"插班"班主任
——我成为了 10 班的一员
（中途接棒班主任的感受）

2020年9月，我结束了在香港为期一年的交流学习，重新回到育才，回到熟悉的年级、熟悉的讲台。有一瞬间，我觉得这一切都不需要适应期：十五年的教学经历，十四年的班主任经历，而且是如此熟悉的校园和战友，我没有恐惧，只有期待与兴奋。

但是，我唯一感到紧张的是，我的人生中第一次有了中途接班的经历——我要担任 2022 届 10 班的班主任。

这么多年的带班经验，虽然我不敢说"游刃有余"，但是至少还是有一些"套路"的，从学生们初一到学校，再到初三离校，我完完整整地带过很多届，我太清楚如何去凝聚一个班级向心力，如何去打造一个班级的文化，如何去规范一个班级的常规，几乎每一项，我都很清晰。但是中途接班我还从未有过。这个班的孩子已经有了一定的班级"文化"，这个"文化"不一定是显性的，更多是体现在学生集体的性格与行为上，那么这个班就已经不再是一张白纸了，我要如何去适应、去融入、去管理、去建设与改变？这是一个全新的考验。

这里我不敢说是总结什么经验，本文是从这一学期我和 10 班一起"过的日子"中梳理出的反思和总结，旨在提炼一些我个人觉得有价值的内容和大家分享。

第一部分：准备阶段

不打无准备之仗是我的做事风格，接任 10 班班主任前半个月时我才收到明确通知，也就从那一刻开始，我认真思考我要怎么走进这个班，走近这群孩子。

1. 心态准备——自己去认识孩子

这之前，我听到了很多老师对 10 班的赞美声。"这个班娃娃乖得很！""我最喜欢这个班的孩子了！""叶德元，你要是回来接这个班，简直就是捡了一个大便宜！"这样的评价，虽然对于我来说是动力，但是更大的压力也随着赞誉而来。

一方面，这说明之前的班主任把班级建设得很好，那么孩子对之前班主任肯定是充满感情的，突然间这一个"陌生人"的加入，他们的接受度需要我去努力，这势必是非常大的挑战。另一方面，因为班团队的高度默契，如果试图要在班上做一些改变（毕竟每个人的带班风格是不一样的），那么会难上加难。

因此我给自己定了三个接班的心态：

首先，主动融入，我先让自己变成 10 班的一份子，让孩子、家长们接纳我，而不是一定要他们按照我的习惯性做法去改变，甚至我可以为了他们改变我自己！

其次，建立和谐关系，不管是学生还是家长，先让他们和我建立信任关系，然后再谈班级的管理和建设。比较好的是很多孩子和家长对我还是有一定认识，也比较认可，这样可能会少很多隔阂。

最后，全面了解，这里的了解是了解班级，不是了解孩子！现在班级发展很好，我感受到了一个积极、团结的班级已经形成。但是我不向任何老师打听"哪些孩子优秀、哪些孩子有问题"，我会自己去观察，我希望不带任何标签走进这个班，也希望孩子们给我一个最自信的自己！我们的生活我们自己过，重新过，好好过，幸福地过。

2. 工作准备——召开"三会"

我还在深圳隔离的时候，就主动对接上一任班主任和科任老师，特别感动的是，有一天晚上 12 点过了，上一届班主任还在发视频和我交流，她细致到把办公室的物品交接都拍了短视频给我，并详细告知我情况，瞬时，我感叹道：这就是育才人呀！体现了育才品质！

班主任很热情地给我介绍班级的情况，但是我强调不要介绍班级的任何一个

人，以免先入为主。这包括对几个科任老师，我都告诉他们可以先讲讲"面"上的事情，具体到个人，我暂时还不想知道。我向他们表达，我希望用自己的眼睛去观察，给孩子们一次重新展示自我的机会，因为一个陌生人，"重新来过"的机会实在不多，所以我相信我和孩子都很珍惜这个相互了解的机会。

不过，我在交流中也得到了一些共识的信息：10班孩子们情商很高，比较省心；没有特别调皮的孩子，整体发展很好；因为上一任班主任工作繁忙，不一定随时能守着孩子们，所以早上出勤不好、中午自习、午休是不怎么静心的；班委干部很给力，事情交给他们很放心；学生的自我要求比较高，当然家长的要求就更高了。有了大概的了解，我准备在开学前做三件事情：召开一次家委会的全体会议，召开一次班长会，召开一次家长会。

2020年8月13日晚，我与家委会的家长们见面了，我了解班级的情况，感谢家长们热情的介绍，除了表达欢迎以外，大家也告诉我他们观察到的班级的不足，我感谢了大家对我的信任，言明我会努力去先观察，再适应，慢慢改变。

8月15日晚，我召开了一次全体班长视频会。10班一共有七位班长（正班长、副班长，五个值日班长），分享开始前我先表达了对班长团队的感谢，我希望大家畅所欲言，真诚交流。当晚会议的主要内容有：

（1）了解班长的成员和分工；
（2）小组建设与座位安排；
（3）干部与常规；
（4）操行分管理；
（5）班级自习课的静心；
（6）班级凝聚的增强；
（7）班级活动的开展。

我和班长们交流完，心里一下子踏实多了。我看到了一个非常优秀的班级，一个非常优秀的班长团队。我能想象上一届班主任叶姐姐为这个班级付出了多少的心血，我也能想象这群孩子们是多么值得我去期待。

8月22日晚，叶姐姐在10班家长群里最后一次以班主任的身份开家长会，我没有想到，叶姐姐打开PPT的第一页写着：离别也是一堂课，我们都在学习中……我清楚地听到，叶姐姐才说了几个字，就哽咽了！这段话，不长，我相信对于10班的孩子和家长来说，内心肯定五味杂陈。感恩、不舍、难过、祝福交织在一起。而对于我来说，可以用"震撼"两个字来形容！那一刻，我明白，这就是育才。那次与家长的交流非常顺利，我相信，此时的热烈欢迎对于家长来说充满未知，家长不会因为所谓的传闻和头衔就对你十足信任，他们要的是改变，要的是效果。所以我说什么不重要，关键我要去行动。

第二部分：接班之初

1. 多多观察——让他们主动走向我

开完家长会，我就算正式接手了10班，当时，虽然隔离还没有结束，甚至开学第一周我都还不能回到学校，但是我已经全面在对接工作，我像之前预设的那样，少说多看。

我让孩子们好好表现，看得出来，每个孩子都希望有一个全新的面貌，所以一开始还是很顺的，这个过程其实我要做的就是让他们慢慢信任我，先搞好关系。

第一个月，班级的所有管理规程我都没有变。我会微笑地看着他们，就算有点小问题，我也不会急，他们自己觉得不好意思了，会找我商量，那时我再适当给点建议，也是很好的。

先改善关系，
教育才有效

慢慢地我发现一个问题，孩子们不怎么粘我，可能有的老师喜欢这样，但是我不喜欢，因为这样我发现不了问题，也没有合适的契机去走进孩子的内心。想要了解他们的真实想法，彼此都需要舒适的距离，若太过疏远就会陷入出了问题应付问题的不良循环，事情要做在前头，不搞事后弥补。

那时，刚好遇到一个契机——感恩节，我给全班每个孩子都写了一封信表达我的感谢，感谢这份相遇，感谢他们的信任。其中我专门说了一句话："我讲原则，但是我挺好说话，期待你随时来找叶老聊聊。"

就从那天早上开始，很多孩子下课就来我办公室："叶老，我来和你聊聊。"慢慢地，我的办公室又恢复了以前的"喧嚣"，我很喜欢这样的感觉，被孩子们包围着，这样其实我可以了解很多故事，早点有心理准备，防患于未然。

2. 主动融入——双向的自动性需要引导

多观察，不等于什么都不做。第一次看他们办外墙板报，板报有点乱，没有设计感，没有主题，效率也很低，我心里着急，尽管如此，我仍然没有插手。我放手让他们去做，不停地给他们说："相信你们可以做得很好！"但是我也会时不时在上课的时候透露一点自己有关设计的想法，当然,这算是我的一点小心思！美育渗透在方方面面，我们的字，我们的PPT排版，我们对教室的布置其实都是美育教育。果然我的放手与他们的自由操刀导致第一次出来的效果很不好。即便如此，我仍告诉自己很多事情不要急，我没有批评，我和宣传组的同学一起讨论不足，孩子主动说："叶老师，给点指导吧！"一直以来我就在等这句话，这是孩子们主动要求的，不是我逼迫的，效果自然可知。

第二次我和他们一起，从版面设计、内容选择、画面优化、效率分配我都深度参与，质量提高了很多。记得期末评选班级大事记，几个宣传委员的提名内容中这样写道：叶老和我们一起办外墙，质量有很大提升！

孩子愿意和你商量，期待你的介入，我觉得从心理角度，这一步我是走对了！

班主任一开始要主动融入，甚至我让他们按照"10班的老规矩"来办，遇到问题大家再一起想办法。但是这里有一个很重要的事情，就是我们班主任的能力，或者说得更专业点——班主任的专业化发展。

当学生需要我们的时候，我们要能够给孩子提出专业的建议与解决方案，要让他们心服口服。不然多几次添乱的建议，学生也就不想和你商量了。

3. 适度干预——不以成绩量长短，以共识原则为基准

干预可以，但有两个关键词我们需要注意，第一是"适度"；第二就是上一段我写的"专业"。

比如，班级发展中已经形成的比较好的习惯就保持，不好的习惯就要抓住"一开始"的这个时间点，给它扭转过来，以免持续发酵。

比如，班长制度，我发现几个人的职责划分还是不明确，我们一起再次明晰每个人到底要做些什么，哪个时间段该做什么，做到什么样子。刚开始的一周，我还进行了跟踪培训。我认真观察他们的工作状态，不随意乱插手，不乱发言，百分之百地信任我们的班长团队！我还发现值日生、操行分、领读、清洁安排等方面孩子们都可以独当一面，保持不变，叶老完全支持！

之前班长给我介绍了班级的座位安排和小组建设，我觉得很棒，和我的理念非常相似。我提出想法："我不想按成绩分数来组建小组。"全班欢呼，由此可见，我们一些家长或许眼中只有分数，而不了解孩子们的想法。十月国庆放假期间，我们完成了新的小组组建工作，不看成绩，同时，对于小组成员的组成、分工我也有一些新的建议：班级开始实施《小组本》，给同学们一个可以畅所欲言、排解情绪、发泄不满的途径。同学们很感兴趣，而每天看小组本也成了我最开心的事情。

4. 水到渠成——"尽量在""养习惯""最先到"

接下来我要做一个重要的事情，就是纠正老师们普遍反映的10班同学迟到、自习、午休三个方面问题，我得趁着他们很想在我面前表现的这个最好时机，把这三个方面作为班级常规的突破口。

一方面是展示我的专业性，也是我作为班主任必须具备的素养，既是给孩子看，也是给家长看。换了班主任，这个班主任是有能力的，而不是"什么都不做""什么都做不了"。另一方面，也是告诉孩子们，我很好讲话，但好讲话的基准是不逾越原则与底线，比如常规是底线，也是我们胜利的保证，所以这个不算是干涉大家，我们是要一起做得更好。第三就是很考手艺的了，既然已经是坏习惯了，怎么改变学生才不反感，而且还有效果，那就必须是"攻心"，也就是说不仅要孩子们明确我要做什么，还要明确我为什么要这样做，还有就是过程中的监督！

做心平气和的班主任

　　我告诉自己一句话：虽然很忙，但是说了这三个时段是我重点要抓的，那我肯定必须要监督到位，再累、再忙、有时候吃不到饭，我也会这个时段"尽量"在。

　　我给全班的家长、学生在第一次家长会上就强调了自习、午休的重要性，希望得到大家的支持，关键告诉他们为什么自习要安静，我看到很多同学都在点头，说明分析原因是到了他们心里的，认同才能做得到！我提出：要让10班的同学真正学会自习、享受自习。第一次的班会课我上得很有历史味道，用《千里江山图》与《清明上河图》做对比，告诉孩子们认清自己的问题，只有不回避，大胆去面对，才可能真正进步。为了防止有同学钻漏洞，我们在新学期开始便认真使用《学习规划本》，我和值日班长共同管理，使其真正发挥这个记录本的重要性，让同学们自己学会规划，自己对自己负责。还不错，一个学期下来，因为跟得紧，很多好习惯慢慢就养成了，关键是大家享受到了"自习安静专注"的成就感。此外，我也会经常表扬，鼓励，给大家点赞，现在如果有说小话的自己都会觉得不好意思，感觉影响了其他同学，可以这样说："10班的自习，我是可以松手了。"

　　英语语文老师说："很奇怪，10班这学期就没有人迟到，早读状态很好。"其实只要没有人迟到，早读自然状态就好了，若总有人走来走去，就是干扰。做到这一点其实只有一个窍门：我每天第一个到教室。第一，就是以身作则吧，我不偷懒，孩子们自然也会更加勤快！第二，我会及时在群里表扬，祛除一些负面的东西，最好的办法就是输入正向的，所以慢慢班级氛围就好多了。有家长给我说："以前孩子在家里很慢，现在很早就想往学校跑，还说在学校早读氛围很好。"听到这样的反馈——舒心！

常规是班级发展的基础，也是保障

再有就是午休，班里有几个同学总是睡不着，给我说没有午休习惯！我说习惯是培养出来的！关键是我们要知道午休的重要性。告诉他们为什么中午要睡着一会，对他自己有什么好处。同学刚开始睡不着，我就睁着眼睛看着他们，不准他们抬头，其实吧，睡觉这个事，一安静，不抬头，普遍都睡得着，训练了几次，现在我都担心叫不醒了！

第三部分：坚持特色

1. 班级文化——让所有人做文化的创造者

开学前，班长反映班级同学"带头"作用不强。遇事不愿意第一个站出来，缺乏荣誉意识。我想从班级凝聚力方面继续强化，我问班长我们班的班训是什么？孩子居然回答不出来，这说明班级文化、班级符号的烙印还不深，我从"叶老的窝"这个定义出发，重新去梳理我们的班训、班徽、班规、班级吉祥物，从精神上给学生更多的引领和目标，让10班的同学更加认同、更加团结、更加自律，更加积极向上。

我第一天就分享了"叶老的窝"，这是一个身份的象征，欢迎大家来到这个大家庭，在班级博客"叶老的窝"里，我会继续记录大家的每一天，希望你们像之前的18班、11班、1班一样优秀，延续窝里的精彩，创造属于第四窝的更多奇迹！

利用班会课，我们重新对班训、班徽进行了解读，让每个同学再次清晰我们的目标和定位，仅仅这样做是远远不够的，我随即组织了班级吉祥物的设计活动。可能很多人觉得这些事情可有可无，错了！凝聚力、向心力源于我们有共同的符号、共同的身份、共同的行为、共同的期许，放在一起就是文化。

吉祥物的评选非常隆重，从海选到投票，从取名到制作，短短一学期，"云宝"已经不自觉地成为所有人对10班孩子们的称呼，而"云宝"的图案也出现在了我们的班级美化、班服、外墙、小组本、运动会，甚至我们做成了公仔，作为新年礼物送给每个孩子。

在期末班级大事评选中，有孩子写道：班级文化不断完善，这学期班级凝聚力明显提高了。

班级吉祥物——云宝

2. 班级活动

由于受到疫情的影响，第一学年年级开展的活动不多，班级活动主要是讲座类型。接下来我准备发挥我的长项，我通过开展丰富多彩的班级活动，增强同学们对校园生活的幸福感，但是更重要的是正向积极的价值观的引导，同时给孩子们全方位展示一个立体的我，让他们更加了解我，信任我，"亲其师，信其道"，我一直坚信这一点。

本学期我班主要开展的活动（班级和学校）：

九月： 教师节特色活动——我给老师画张像、给老师送祝福活动；10班吉祥物云宝闪亮登场；开始给每个月过生日同学送上小礼物；教室美化大赛一等奖；班级共读《中国文化课》、成都香港炉霍（藏区）三地共唱一首歌、共读一首诗中秋国庆特色活动；18班师兄师姐回到叶老的窝给云宝分享学习经验；班级拍摄抗疫小视频；物理降落伞比赛；欢迎实习许老师来带云班。

十月： 学校运动会团体第一名；新的小组组建，小组本记录每天精彩、班级书桌整理大赛；语文采访大赛；社团招新10班云宝唱主力；代表学校参加锦江区运动会；我们班自己的班服闪亮登场；中秋创意月饼大赛。

运动会勇夺第一

10班举行国庆中秋特色活动，成都、炉霍、香港三地同学共唱一首歌、共赏一轮月

全班同学参与，10班原创诗歌《遇见》获得学校诗歌朗诵比赛第一名

十一月：参加成都市课堂器乐大赛并获得成都市一等奖、（感恩节）叶老给每个孩子一封信；"出彩育才人"班级海选、关爱牙齿专题讲座，周末走进金沙、成都市博物馆、杜甫草堂；观看校园话剧《超越少年》。

十二月：学校朗诵比赛年级一等奖第一名；历史课我的2020；"出彩育才人"十佳评选；给老师们送班级台历；圣诞节实习老师给每个同学写一封信；拍摄银杏活动；参与学校教育教学研讨会博物馆课程；中午全班看电影，看完《建党伟业》《建军大业》《建国大业》三部曲。

一月：给同学们送云宝、台历；拍摄新年全家福；"出彩育才人"总结表彰；班级十件大事评选；对标网班，积极准备期末考试。

这些活动既是孩子们拓宽眼界和格局的需要，更重要的是可以让他们越来越温暖、越来越融入、越来越有责任感。

难忘我们三地同学中秋的深情演唱；难忘同学给我的画像登上报刊；难忘孩子们抱着云宝公仔舍不得撒手的样子；难忘孩子们和我一起拿下的第一次运动会团体第一；难忘孩子们诗歌朗诵比赛那让我头皮发麻的怒吼；难忘研讨会上每个出彩的10班人……

今天的10班，用孩子们自己的话来说——我们愿意为了这个集体而战。

第四部分：面对压力

1. 学生的适应与改变

学生是肯定会把我和上任班主任做对比的，我早有心理准备。我不求去超越什么，只求孩子们能顺利过渡。因为我和上一任班主任都姓叶，孩子们都不用改口，但是内心肯定有太多的不舍与纠结。教师节上我组织所有同学一起给叶姐姐录制视频，祝她节日快乐！并且我大声地告诉孩子们：你们越爱叶姐姐，我越爱你们！人一定要懂得感恩，这比什么都重要。

很喜欢桂老师那句话：爱孩子，更要让孩子感受到这份爱。所以我在任何场所都不会吝啬我对云宝们爱的表达，但是更需要我用实际行动去赢得他们。

尊重他们的想法：我们班的小组记录本可以随便吐槽，我会像一个年轻人一样给他们回复，让他们愿意和我交流。

公平面对每一个人：绝对不以成绩去给任何人贴标签，所有机会人人平等，所有活动人人参与。诗歌朗诵的时候，只要你说叶老我来一句，我都给你安排。我给孩子们说，我不喜欢最后大家看到的是几个特长生，我希望他们看到的是整个十班。

讲规则但更要有温暖：对就对，不对就不对。我也会放学"收拾"几个同学，但是怎么收拾是门艺术，被"收拾"的孩子要真正明白错误，

> 不要有心理压力。来我这里补午休，我会抬好凳子，打开空调，靠着我坐，不要感冒了。所以我经常忙得昏天黑地很晚回到办公室，都会看到这样的纸条：叶老，今天上课被点名了，有点浮躁，我已经自觉补了自习，效率还不错，黄老师可以证明，你也早点回去，不要太累了，茶杯已经给你洗干净了。

说适应，我可以说，10班孩子们已经适应了我！改变嘛，慢慢来，不要急，真不要急！也真急不得，但是我相信改变一定是有的！

2. 家长的要求与质疑

无意中，我听了一个故事，当10班的家长们听说是一个"全国最美老师"来接10班的时候，10班至少有3位家长准备给孩子转学了。为什么呢？我问了一下，原来是因为家长觉得获得这个殊荣的老师都是"花架子"，估计没有太多时间去抓常规，抓习惯。这样的故事是不是很好笑，好在，他们最后都没有走！

再说一个故事，十一月的一天晚上，我被班里的家长"约谈"了。谁组织的我不知道，要干什么我也不知道，自认为开学两个月班级发展也很不错，但是突然被十多个家长拉近腾讯会议室，十多个家长一人几个问题，一连几十个问题对我轮番轰炸，且不管家长是出于什么目的，我内心真的是很不爽快的，相信换作任何人与我易地而处，也是相同的心情。尤其是当我进去一看，所有家长还都是匿名的，只有我写了一个"叶德元"，其他都是"家长1、家长2"，我不禁浮想联翩。那一晚，我永远不会忘。

家长们提出的问题，从需要热水洗手，到打听育才升学率，从一个月英语老师布置了好多个阅读，到语文什么类型的作文写了几次，在"招架"这些问题时，我甚至蹦出了一个想法：这些家长完全可以来分管学校的教学工作了。两个半小时的"拷问"，我的心态也从不爽到慢慢平静，最后还有点小反思！

对一些不合理的问题与需求，我拒绝了，但合理的，我认真记录在册。静下来思考一下：10班的家长非常重视成绩，个别家长是有点过分，已经有超越自身责任的范围举动，对学校有指手画脚之嫌，换一个角度想，家长们重视学生教育，积极配合这点我还是非常理解的。当然家长更多只是站在自己孩子的个体思考问题，不太会考虑到全局和长远，一方面我需要引导，就像我给孩子都要说明做每个事情的原因，其实对家长也是一样，沟通解决问题嘛。另一方面，其实也给我们提出了新的课题，云班的孩子家长就是需要得到更个性化的引导，我觉得既然我们叫云班，或许就该不一样。

多年的班主任工作，让我有了良好的心态，那晚我认真地记录了4页笔记，有的建议很好，第二天我就开始把我觉得合理的诉求一一落实，这是我的一贯作风，是啥就是啥。

一位家长给我留言：叶老，我是昨晚和您交流的一员，昨晚的交流，我最大的感受是感动于你的坦诚，说真的，我真没想到年纪轻轻又有一定领导职务的班主任老师会这么务实真诚地和家长沟通，其实我平时和老师交流得不多，一方面，是娃娃还算比较省心，我相信他不会给老师和班级惹事，如果有事那么老师会来找家长；另一方面，我觉得老师工作很辛苦，工作时间满负荷，下了班再去打扰老师确实于心不忍，毕竟每个人都有自己的家庭父母儿女。虽然交流不多，但你的每份认真、每份努力、每份用心我都看在眼里，也经常和孩子说，要学会感受老师的用心、辛苦、负责，要让他向你学习。

有质疑很正常，我们不能回避，需要坦然面对！当然我们要有自己的原则。云班家长的"过分在乎"也给我未来的工作敲了一个警钟：工作还要更有质量意识、有忧患意识、有大局意识。说得直白点：认真谨慎，不要出错，至少不要出大错！

3. 目标格局——走向辽阔平台始于学校的每一次"出众"

既然是云班，就应该有不一样的目标。我们从半期以后喊出了非常响亮的口号：对标网班、竞争网班，超越网班。在班级营造积极比拼的舆论氛围。虽然是竞争，但是一定是良性的，我们承认对手的优秀，不搞损人不利己的事情，光明正大去竞赛。半期我们对标全军覆没，期末我们居然在同等对标人头的基础上13人次超越对手，总平均分差距也缩小了5分，这让孩子们非常兴奋，觉得我们努力是一定有回报的。

当然将分数作为目标是肯定不够的，长远的发展才是我们应该给学生的。教

全班共读《中国文化课》

育比拼到最后一定是眼界和格局，从孩子们的言谈举止、自律程度、拼搏精神看我觉得他们真的非常优秀，我需要做的第一是给他们舞台，第二是让他们看得更远。

我们中午一起看电影，我发现孩子们能投入进去，从《红河谷》到《建党伟业》《建军大业》《建国大业》《宋家皇朝》，我和同学们一起观看，探讨历史，分析人物性格……

我们午间十分钟一起阅读余秋雨的《中国文化课》，一起批注，一起思辨，甚至质疑，这让孩子们有了充分表达的机会。

为了从身边找例子，我们邀请了知名大学的学长回到班级给孩子们分享学习的故事，这更能让他们明白学习的重要意义！

这一学期，在学校电视台、艺术鉴赏、升旗仪式上你看到的10班孩子肯定最多，在各大社团、学生组织中10班的孩子肯定最多，我们代表学校参加锦江区运动会，代表锦江区参加成都市课堂乐器大赛，我们代表学校在研讨会上献课……只要需要，我们10班就会第一时间站出来。其实这也是舞台，孩子们见得多，经历得多，他们才会更加从容，更加大气，更加包容，更加卓越！

做心平气和的班主任

第五部分：评价

1. 学生的评教——再给一次机会，我还会选叶老

半期时，学校进行了一次评教，当时我认识孩子们的时间不到三个月，谈不上已经"喜欢"我、"信任"我，但是我相信他们并不讨厌我。

我看了他们给我的评价，真的很感动。10个项目我有7个得到了满分。这个分数在全校来看已经非常高了，这是我没有想到的，毕竟我们刚认识，没有得到满分的项目也都有98%左右的投票率。

我认真看了这三个项目：

> 我的班主任认真负责，每天早读、两操、午餐、班务十分钟、清洁管理等时间总是按时到位，进行有效的管理。
>
> 我的班主任常与学生交流谈心，对学生的家庭状况、学习、交往、生活等情况很了解，在我遇到困难时常能得到关心帮助。
>
> 我的班主任注重与家长沟通，经常通过电话、家校通、QQ、微信、面谈等方式与家长交流，及时了解学生在家学习生活情况，及时指导家庭教育，营造良好的家校共育氛围。

平心而论，这三项我做得不够好，平时因为太忙，在班级的时间太少了，对比一下我之前的几个班级，真的很亏欠他们。答应他们周末多组织点活动，都没有做到，很多时候"身不由己"。

虽然我很想在半期以后找每个同学都聊聊，但是我自己连坐下来的时间都没有。我好希望他们可以多到办公室来找我玩，甚至到我家来做客我都是很欢迎的。我不是那种会嫌弃你们"吵"的班主任，反而我很怕"太安静"（自习课除外），我家离学校不远，楼顶有一个小花园，大家可以来开开小组会，看看电影。

我看到评价最后一条时，热泪盈眶了：

> 我喜欢我的班主任，他们在我心中富有爱心、学识渊博、有个人魅力、带给我积极正向的影响力。假如能自主选择班主任的话，我还会选择现在的班主任老师。

这一条，孩子们居然给了我满分！说实话，我太感动了，他们是非常信任我的，尽管有些方面我还做得不够好，但是他们依然对我抱有期待。因此，我不止一次告诉自己，我还需要做得更好。当然这种"更好"不是迁就，不是不讲条件，而是让10班的班风更正、学风更浓，我对得起学生的这份信任，让明日世界再多一个心中装满光亮的人。

我想说："感恩相遇，更感谢孩子们的这份信任！我做得不好的，希望你们多包涵，多体谅，叶老面对的不是一个人，我面对的是所有平等之人，我需要权衡整体的'利弊得失'，我希望我们可以走得更近，让我更好地了解那个独一无二的你！"

2. 班级十件大事——记录我们共同的经历

每学期的期末，我都会组织我的学生对一学期进行总结，虽然总结的方式、内容可以是多样化的，但是"班级个人大事评比"一定是学生和我都最喜欢的方式之一。正如选票发下去，一个孩子情不自禁地写了一句话：看到这学期我们做了这么多有意义的事情，觉得好感动。而我看着孩子们写的"个人大事"，真的热泪盈眶，孩子的成长不是空话，不是分数，而是一次次的经历，所有的欢笑、挫折、进步、委屈、兴奋、不满、牢骚……都是成长，都是财富，越看越觉得这个活动有继续开展的必要。

一个孩子写的：虽然现在能想起来的很多，但是也许以后什么都忘了。我们需要记录，是为了记住那些瞬间的感动与难忘！

做  的班主任

下面是2022届10班初二上期最后评选出来的十件大事（排名按照投票多少顺序）：

第一，新年诗会，我们班"遇见"获得第一名
第二，叶老担任我们班班主任
第三，研讨会的博物馆公开课"筑梦而来"
第四，运动会10班团体总分第一名
第五，中秋节与炉霍、香港同学三地共赏一轮月
第六，我们有了班级吉祥物——云宝
第七，给网班下战书，确定更高的目标
第八，詹老、曹老来到了10班
第九，我们班开始写小组本记录每天的精彩
第十，许老师当我们的实习老师给每个同学写信

这里面太多的事情与我有关，今年最让我感动的班级大事：认识了10班这群可爱的"云宝"，这群和我一起并肩战斗的老师们！我也许是三生有幸。半年了，我似乎没有在班级发过火，冷静回忆一下，即使有过一次，其实都是做做样子，并没有真的生气。

这半年，孩子们给我的感觉——懂我。这个"懂我"有几层意思：

第一是"体谅"。10班的孩子们懂得体谅，懂得体谅所有的老师。都说10班的孩子们情商高，他们确实不会惹老师生气，懂得努力让老师在学校开心地工作，我不止一次听到其他老师说，10班是他最爱的班级，我也是这样想的。课堂的专注、自习的安静、课下的打成一片，一杯热茶，几个小跟班，真的很享受在10班的每一天。

第二是"默契"。虽然我们刚认识,但是我总觉得第一天来到班级,我们就没有距离感,感觉他们很懂我,就像老朋友一样,一个眼神,一个动作,大家都能心领神会。所以才会有朗诵比赛那么震撼的呐喊,才会有运动会上那么疯狂的奔跑,才会有越来越静心的自习,越来越高效的学习。

　　第三是"能力"。我非常佩服他们的学识与毅力,我们有共读《中国文化课》的深度讨论,研讨会上那些没有排练过的精彩互动,朗诵比赛排练时同学们专业的表现。我喜欢上10班的历史课,那些我要表达的思想,我要甩给他们的包袱,他们都能接得住,甚至可以回馈我更多的惊喜与课堂生成。更意外的是他们帮我拿到了我在育才的第一个运动会团体第一。

　　家长和孩子们都说叶老为10班做了太多事情,其实这些都是我愿意做的,是孩子们越来越优秀,越来越自律,让我觉得付出是有回报的,所以我才会心甘情愿,才会乐此不疲,才会一直这样开心地陪伴着、共舞着。

　　感谢懂我的孩子们、家长们、战友们,我们过往的、将来的所有努力,都能让10班成为我们一生中一段难忘的回忆!

的班主任

纽带
——如何打造班级文化

班级文化不等于班级美化

我曾听过一个班主任讲的班级文化建设，对我很有启发，不过我对其中的一句话还是存有疑虑。他说："我是我们学校每年班级文化建设评比最快最好的班主任！"我当时疑惑："班级文化建设"可以比"快"吗？是越快越好吗？什么事件可以成为班级文化建设完成的标志呢？再说"最好"的标准又是什么？每个班级的文化特色不一样，评判的标准很难统一，具体指标根本无法量化，我们如何去定义这个"最好"呢？值得深思。

我一般只讲自己不说别人，但听完这个老师的分享，我第一印象是这个老师很用心，但他对班级文化建设的定义过于狭隘。严格来说，他所讲的黑板布置、桌椅板凳摆放、墙上装饰、清洁卫生等，只是班级文化的一部分。

文化是一个很难准确下定义的概念，一种较为公认的定义是"人类所创造的物质财富和精神财富的综合"。我很喜欢余秋雨在《中国文化课》中对文化下的定义：文化，是一种成为习惯的精神价值和生活方式，它的最终成果，是集体人格。我们的班级生活都是文化，除了我们能感觉到的班规、干部设置等制度文化，还有班训、班徽等观念文化，以及教室布置、板报标语等环境文化。当然还包括我们的班级活动、教师行为等行为文化。最终表现出来就是一个班独特的集体人格，别人一看就知道："这是叶老师那个班的。"

班级文化代表着班级的形象，是一个班级的灵魂，体现了班级的生命。我们的文化不能仅仅是具象的"实物"，更重要的是一种班级的"精神"。这种文化对班级的发展具有自我调节、自我约束的功能。影响到的既包括学生与学生之间的关系、师生之间的关系，也包括教师之间、教师与家长之间的关系。而教师与教师之间是合力的关系、教师与家长之间是互补的关系。

因此，班级文化的打造不能流于形式，它是唤醒学生主人翁意识，激发学生参与班级管理热情的过程；是学生借用共同任务，将个人愿景和班级梦想融合的过程。

显性文化与隐性文化的双重责任

班级文化可分为"硬文化"和"软文化"，硬文化是一种"显性文化"，可以摸得着、看得见。今天，我们切不可小看班级文化的创造，苏霍姆林斯基曾说："要使教室的每一面墙壁都具有教育的作用。"我们常说"环境育人"，优美的班级环境，具有"桃李不言，下自成蹊"的特点，能使学生在不知不觉中自然而然地受到暗示、熏陶和感染，给他们增添了无穷的学习和生活乐趣，同时也带来希望和活力，把教室建设成一个"愉悦的场所"，给学生一种高尚的文化享受。

其实，软文化才是班级的核心文化，它是一种"隐性文化"，它包括制度文化、观念文化和行为文化。班级文化建设的最终落脚点是行为，因制度和观念等引发出来，从学生身上表现出来的言谈举止和精神面貌。因此，班级文化建设比不得"快"，也很难说"好"，但是确实对学生一生都有影响。这种文化是同坐一个教室的所有人的情感纽带，不散不消，时间愈久，情感愈深厚。

初一年级的运动会上18班的"班训"首次亮相就引起了轰动

做心平气和的班主任

由张香兰编著的《班主任工作艺术》一书中提到,"班训""班徽"是班级"软文化"建设的起始点,有助于学生对班级产生认同感和自豪感;更为重要的是他们的设计活动有助于挖掘学生的创造力、合作力,加强班级的凝聚力,增进学生间的了解和信任。那么我们就先从"班训""班徽"谈起走。

我的教育故事

故事一 "不蒸馒头争口气"也能成为"班训"

2013届18班的"班训"是"团结奋进齐努力,不蒸馒头争口气"。这个"班训"一开始很受争议,众人觉得不够高大上,太俗气,但慢慢地"馒头班"成了学校的"明星班",实在吸引人。

其实我和孩子们都知道为什么要"蒸馒头"!18班刚入校的摸底考试很不理想,出成绩时学生、家长、老师都有一些沮丧,给班级加油打气,树立目标就成了我建班之初最重要的工作。所以我们想要"团结",要"奋进",要"齐努力",还要"争口气"。别小看这个最通俗的班级符号,因为它深入人心,三年时间,18班就是在这样精神的感召下,一次次超越自我,创造着奇迹。

初二年级18班集体舞大赛,这句通俗易懂的"班训"已经成为18班最显著的班级文化符号

第四章 文化建设

学生说 "我们'馒头班',憋着一口气,让18班实现逆袭,像馒头一样散发迷人的香味。最关键的是'班训'简单、过目不忘,这样我们才能真的记得住。"

老师说 "'馒头班'的同学们状态越来越好,这个班的潜力大,像馒头一样越蒸越酥!"

家长说 "叶老师,你今晚看电视台放的那个新版《西游记》没有?那个牛魔王居然说'不蒸馒头争口气',这是我们班的'班训'呀!哈哈哈!"

校长说 "18班的同学们太有创意了,送我的小卡片上居然还画了馒头,我对你们班印象最深了,就是那个蒸馒头的18班嘛!"

学长学姐毕业时对18班说 "学弟学妹们,我们走了!团结奋进齐努力,不蒸馒头争口气!加油!"

一个简单的符号,家喻户晓,但是这种正能量的心理暗示让学生对班级、对老师、对同学产生认同,对我们要不断付出,努力争气的理念越来越认同。不敢说这是决定因素,但是这对18班良好的班风、学风的形成有着积极的促进作用。

一朵太阳花,孩子们说象征着阳光大气,两片树叶代表叶老师的带领,如果旋转一下,还能看到一个数字"18"

一只展翅高飞的雄鹰,与18班的精神追求很贴切

做心平气和的班主任

我参加成都七中林荫校区的学生节，现场绘制的18班班徽脸谱，被学生嘲笑了

故事二　自己动手画的班徽才最有意义

再来说说班徽。18班的班徽是人人参与，每个同学都上交了设计方案，经过同学、老师、家长的共同投票，优中选优，最后都还难以取舍，我们保留了两个班级班徽。

很多班级的班徽设计都很有特色，但是设计完、评比完工作就结束了，我们还要思考怎么用，让其影响最大化，班级文化真正入心。下面是个真实的故事：

有一天，成都七中（林荫校区）学生节邀请我作为嘉宾参加，各个班、各个社团的摊位都热闹非凡，有一个摊位很快吸引了我的注意——绘制脸谱。孩子们都知道我喜欢戏曲，拿着空白脸谱向我推销，我也很欣然地拿起了笔，心想画一个什么呢？灵机一动，我绘制了一个18班班徽脸谱，当时觉得好有创意，自我感觉非常满意，准备回到学校送给孩子们，他们一定很高兴。进校门的时候，遇到一个其他班的孩子，看到我手上的脸谱，脱口而出："叶老师，你这画的是你们班的班徽吧！"

我的第一反应是：哇！我惊讶，其他班的孩子都认识，看来我们班的班徽影响力很大。我偷偷来到教室门口，孩子们都非常认真专注地在自习。我激动地拿出藏在身后的脸谱，以为会引来孩子们的欢呼，结果全班同学都愣住了，空气凝固了几秒钟。突然，一个平时比较调皮的孩子说了一句："叶老师，你不要给我们说你这画的是班徽呀？"我诧异地问："不像吗？"他很不屑地看着我："作

18班的老师们穿着班服来上课，孩子们可开心了

18班的家长穿着班服参加班级活动

为一个班主任，你连班徽都不会画，好好去练习一下再来！"顿时，全班一片笑声。

我跟这个孩子的关系是很好的，孩子们的笑也不是嘲笑，应该就是单纯觉得我画得丑，没有恶意。说者无心，听者有意！确实，我一个班主任都不会画我们班的班徽，如何让孩子们更爱我们的班级，更认同我们的文化。从那天开始，我把班徽喷绘出来贴在墙上，印在我们班的小组本上，刻在我送给孩子们的生日礼物上，我还在班级举办了"画班徽、爱班级"的比赛。我们班的班服上也有班徽，老师们也会穿着有班徽标志的衣服来上课，同学们可激动了。甚至我们班的很多家长都把班徽做成亲子装。

2012年在美国旅游时，把18班的班徽画在墨西哥湾的海滩上；2012年在北京长城旅游时，把18班的班徽画在我的电脑上；2013年在韩国旅游时，把18班的班徽画在济州岛的海滩上。班主任心里时刻装着班级，我们的孩子们才会更加认同我们是一家人

这是 11 班的吉祥物"幺幺",一只梦想自己展翅高飞的"毛毛虫"。在运动会上我们的班级口号都与我们的班级文化相呼应

2012 年我在美国旅游期间,我把 18 班的太阳花画在了墨西哥海湾,当我拍照发到家长群里的时候,很多孩子发出了感叹:"叶老师终于会画我们班的班徽了!""哇,真好看,还画在美国的海滩上。"

故事三　创意班级文化"毛毛虫班"是这么来的

文化是一种精神认同,是一种集体人格。当我们看到这些特有的班级符号,你会怦然心动,你会热泪盈眶,那么我们才敢说,班级有了文化。

那年,我在美国的很多学校看到他们的"吉祥物",这种更加具象的符号让学生有更多的亲切感。回来我就想做尝试,于是 2016 届 11 班全班同学设计、投票产生了这个经典形象——毛毛虫。从此 11 班被称为"毛毛虫班","毛毛虫"是我们的班级文化标志,引领着 11 班"破茧成蝶"的目标追求,也凝聚着班级各方力量形成合力。

我们给他取名叫"幺幺","1"可以读作"幺","幺幺"刚好是"11",另外我经常叫孩子们"幺儿",在四川话里这是对孩子的昵称,也体现了师生之间的亲近以及我对孩子们的爱。

从这个吉祥物开始,我们班的班级命名、班徽等一系列的文化符号都是一个互相关联、有着共同文化特征的产物。除了班名叫"毛毛虫班",11 班的班训也和吉祥物相呼应,"每一只毛毛虫心里都藏有一双展翅高飞的翅膀"。这表达了所有同学对经过三年拼搏努力进取向上的勇气与决心。

这一班级文化标志,从初一到初三,应该说所有的学生、家长、老师对此都已经深入人心,我们的班旗、班服、每个同学的钥匙扣、我送给孩子们的生日礼物……甚至我们班的运动会入场式都是以毛毛虫的造型亮相,家长们自称"虫爸""虫妈",这就是班级的认同感。

2014年,11班的英语老师到英国交流学习一年,回来后专门邀请我去听他的课。我还记得,那天的课名叫"带着毛毛虫游英国"。科任老师用心,带上我们班的毛毛虫钥匙扣,在每个景点都把毛毛虫放在镜头前拍照打卡。那天的课堂上,孩子们一直很兴奋。我感谢科任老师如此认同我们的班级文化,而且用心和班主任一起去强化这种认同,让学生有归属感,这让班级里的每一个同学都觉得很幸福。

运动会入场式我们班以毛毛虫的造型亮相,赢得全场一片掌声,大家说一看就知道是"毛毛虫班"过来了

儿童节我送给每个孩子礼物——"毛毛虫"钥匙扣

教师节学生给我的画像,我坐在一只可爱的毛毛虫身上,我们一起展翅高飞

初一初二的时候,11班的教室里有很多毛毛虫的图案。初三开学的第一天,孩子们走进教室,惊讶地发现,墙上全是漫天飞舞的蝴蝶,孩子们明白,是到了"破茧成蝶"的时候了,或许这里的某一只就是自己,飞翔着……

故事四 "叶老的窝"是我们所有人的精神家园

2010年,我刚来到育才的时候就创立了一个班级博客——叶老的窝。我一直坚持为学生写博客并记录下他们精彩的每一天,今天很多人也是通过这个"叶老的窝"认识了我、认识了我的班级、认识了育才、认识了成都的教育,我感到非常荣幸。

18班的家长建立了一个班级群,取名叫"叶老幸福窝",后来11班来了,家长群取名叫"叶老又一窝",再后来1班来了,家长群取名叫"叶老第三窝"。

我突然有了一个新的想法,如果18班是"馒头班"、11班是"毛毛虫班"、1班是"萤火虫班"(2019届1班的吉祥物是萤火虫和龙猫,萤火虫象征着个子虽小但凝聚起来光芒万丈的孩子们;胖胖的龙猫是我,永远保持微笑;萤火虫站

第四章 文化建设

这是2019届1班的吉祥物

这是1班的奚千越设计的"叶老的窝"标志，此后我所有班级的孩子只要一看到这个标志就能想起我们温暖的家

在龙猫背上，象征老师辛苦的付出，托起学生的希望），那么我的三个班，以及以后的所有班级，都还有一个共同的文化符号——叶老的窝。也许某个时刻他们在地球的某个地点相遇，发现居然都是叶老窝里的学生，那是多么奇妙的事情。

来看看孩子们设计的这个班徽，"叶老的窝"是我们班的博客名，也象征我们的班级大家庭。中间有一个大大的"叶"字，象征着作为班主任的我。教育就是生长，愿大家在叶老的窝里生根发芽，茁壮成长，最后长成一棵参天大树。叶老的陪伴不会是三年，而会是一生的守望！我会利用寒假暑假组织窝里各届同学、家长的聚会，这样不同学段的同学、家长都可以互相交流，共同学习。大家不会觉得尴尬，因为我们都来自——叶老的窝。

一个班徽、一个吉祥物，撑起的是学生心灵的高度、精神的追求。班徽在哪里，吉祥物在哪里，信仰就在哪里，这个班的精神就在哪里！

当然班级文化建设不仅仅是停留在班徽、班训、吉祥物等观念文化层面，其实我们学校生活的一切都是文化。在班级建设中，环境文化、制度文化、行为文化也同样重要，涉及班规制定、小组编排、班委干部培养、师生关系、家校合作等方方面面，我会在本书的其他章节给大家讲述我的一点点肤浅看法。

做 心平气和 的班主任

孩子在杯子上画了一只可爱的毛毛虫

2016年暑假，11班毕业了！一个妈妈给我留言：叶老师，我和孩子在机场，出门的时候孩子在家里一直找毛毛虫的钥匙扣，想学英语老师一样带着它去旅游，结果不知道放到哪里去了，很难过！

我回复这个家长：没关系，我这里还有多的，如果需要旅游回来我再送她一个。

家长回答我：孩子好开心，谢谢叶老！

几分钟以后，我收到一张照片，孩子在机场咖啡厅画的……

班级文化不求快，得慢慢来！希望多年以后孩子们毕业了，能骄傲地说："我就是叶老窝里的！"我觉得也算是成功的吧！这也就是余秋雨说的"集体人格"。

幸福

——"活动"让班级成为学生收获幸福的地方

> 学习不单是追求分数，幸福更重要

2015年教师节前夕，有记者问顾明远老师，什么样的老师是好老师？我记得顾老这样回答：让学生感受到幸福的老师就是好老师。我也经常问我自己，我的学生在我的班级幸福吗？

刚工作的那几年，我觉得当老师就是要把学生的成绩搞好，这样学生、家长都会感激我，所以那时我每天想到的就是如何管纪律，如何配合科任老师提升学生成绩。最终的结果是什么呢？班级各种突发事件层出不穷、老师投诉日渐增多、学习成绩不升反降，毫不夸张地说，有段时间我都害怕进教室，每天心里最多的是怨气，感觉自己的付出没有回报。

多年后回忆那段时光，我才发现，我努力的方向错了，越努力效果越差，实在是南辕北辙。

既然让学生感受到幸福的老师是好老师，那么我们的班级、学校就应该是让学生收获幸福的地方。童年与青春是人一辈子最难忘的时光，且还是一段过了就永远回不去的时光。在这段美好的回忆中，不能只有"学习"，或者说不能只有狭隘的学习，也就是我们通常说的追求分数，还应该丰富生命。

1936年，爱因斯坦在纽约州立大学的一次演讲中说："如果人们忘掉了他们在学校里所学到的每一样东西，那么留下来的就是教育。"我很赞成这个观点，教育成果应该是内化于心的，它支配着我们的行为，转化为我们的行动方式。它不需要刻意地去回忆、去重构、去实施，学校的重要性在于，学校的目标始终应当是使青年人在离开它时具有一个和谐的人格，而不是使他成为一个标准人。

学习之外的生活是活动参与

我常常在想,我的学校生活给我留下了什么?我们不妨一起来回忆一下自己的中学时光,或许下面这些画面让我们记忆犹新:语文老师上课的口头禅,同学们下课竞相模仿;物理老师讲课时浓厚的地方口音,在课堂里让同学们笑岔气;运动会上体育老师接力居然没有跑过美术老师,不停感叹:老了老了!第一次与同学打架,第一次被请家长,现在都觉得自己好委屈;突然有一天对某位女生怦然心动,会关注她的一举一动;艺术节上跳民族舞,老师要求同学们拉手围成圈,和旁边的女生扭捏了半天,还被老师训了一顿……

这些画面是不是让我们的嘴角挂满微笑。当翻看过去的老照片,我们会惊呼:"哇,你看当时跳舞我站在这里!""哇,这是谁给我画的妆呀,好丑呀!"这

些是教育吗？当然是！不要抬杠，我不是说学科教学就不能留下什么，我们的学习方法、学习态度、学习能力、学习思维都是可以通过学科素养去培养的，我只想表达，除了这些，我们还可以给学生留点什么？毕竟学习是一辈子的事，青春就那么几年！

我特别感谢成都七中育才学校，依托于完善的"双色"德育课程，既打好公民素养的基础底色，又为学生增添卓尔不群的个性亮色，开展了丰富多彩的活动，成全学生生命精彩。特别是育才德育课程实施中的"三全育人"理念：全员育人、全程育人、全科育人，强调参与全员化、教育活动化、活动主题化、主题序列化、实施特色化，让我对德育活动有了很多新的认识。

我的教育故事

故事一 班级活动就得一个都不能少，少一个人就不完整

一切的改变，源于 2010 年我带的 18 班在育才参与的第一个活动——校园文化艺术节。

回想我读书的时代，那时也有校园文化艺术节，操作的主要流程是：

（1）一个班排练一个节目，班级精选特长学生，精心准备，反复排练；

（2）年级初选，一个年级剩下 3 到 4 个优秀的节目；

（3）在年级推荐的节目中，全校再选一次，最后确定 8 个左右优秀的节目；

（4）加上学校舞蹈队、健美操队、合唱队、管乐队……这样差不多一台节目完成；

（5）演出开始。

这样的流程其实并没有太大的问题，但是我们仔细想想，除了在舞台上表演的孩子，更多的孩子其实在这次的艺术节中充当了什么角色——观众。

2010 年，我到成都七中育才的第一年，第一次参与学校的艺术节。当我看到活动方案时，我吓了一跳：一个班一台节目。

这是什么方案？和我想象中的艺术节完全不一样。我忍不住去找校长。

做  的班主任

> "校长，什么叫一个班一台节目呢？"
>
> 校长 就是一个班准备一台节目，全校30多个班，演两个月。
>
> 演两个月呀，好久演呢？
>
> 校长 就中午嘛，你们班先吃饭，其他孩子就端着饭来看。
>
> 演多久呢？几个节目呢？
>
> 校长 至少半个小时，几个节目随便你。
>
> 服装、灯光、道具、排练……哪个来负责呢？（以前的学校艺术节班主任基本上没有事情的，我简直懵了）
>
> 校长 都由你来负责，相信你，肯定没有问题。
>
> ……那评奖不呢？
>
> 校长 有过程就应该有评价呀，肯定要评奖呀！
>
> 但是一个班一台节目，怎么评价呢？
>
> 校长 只要你们班都上去就是一等奖。
>
> ……

这段对话，我至今难忘。孩子们自己策划，自己排练，全部上场，有孩子说叶老我不会，我告诉他：没有关系，只要上去就是一等奖。

就这样，不会的就学，会的就教。我们班第一次艺术节就这样"莫名其妙"地开始了！

活动很热闹，说实话质量并不高，但是孩子们非常投入，从音效、布景、道具、主持、服装都是由孩子们自己完成的。现场的观众除了极个别的外班学生，主要是学校的评委团队、部分领导和我们班的家长。有人担心这样的质量会不会让家长对学校的德育教育产生怀疑，其实吧！作为父母，只要能看到自己的孩子在台上，他就是高兴的。

第一个节目是全体女生表演的舞蹈《爱我中华》，演出过程中状况百出，但

2013届18班初一校园文化艺术节开场节目《爱我中华》

是演出结束后,发生了一件让我终生难忘的事——

一个女生的妈妈冲到我的面前,非常激动地拉着我的手:"叶老,太感谢了,非常感谢您,我这个女儿长得不好看,身材也不好,小学就从来没有跳过舞,这可能就是她这辈子唯一的一次跳舞了。"

听完这个话,我突然觉得好激动,"唯一的一次"这是我从来没有想过的问题。是呀,孩子在我们这里读书,这三年有多少个"唯一的一次"在我的班级发生,真是幸运如我,或许他有了第一次,就会有第二次。班主任就应该多鼓励孩子:"你可以试试""我相信你能行的"。

七中育才的德育活动在策划阶段,我们思考最多的就是如何让人人参与。没有艺术特长的孩子艺术节他要干什么?不喜欢运动的孩子运动会他要干什么?不喜欢科创的孩子科技活动月他要干什么?不能把艺术节办成艺术特长生的节日,不能把运动会办成体育特长生的节日,学校的每一个活动都应该是所有孩子的狂欢。

2020年,我第一次策划全校的运动会。因为要求人人参加,这次我们搞全校"体育狂欢节",24个体育项目可以供学生选择。我得意扬扬地把这份策划交给校长审查的时候,校长问我:"德元,我们学校有几个行动不便的学生,你这24个项目他们可以参加几个呢?"我们一起数了数,至少七八个,校长满意地笑了,然后说了一句"以后还可以更多,一定要把每个孩子都考虑到"。我看着校长,不禁感叹:育才就是育才,我们眼中一个都不能少!

　　个人专著《爱要大声出来——叶德元班级系列活动精选》由四川大学出版社出版,该书获得2018年四川省、成都市教育教学成果奖双一等奖,获得2019年成都市人民政府三等奖,并被推荐参与"第五届全国党员教育培训教材"的评选。

故事二　没有"目的"的活动才受孩子们喜欢

　　聚焦个体生命的个性化成长,就是要给学生机会,给学生选择的权利。所以我才会从2010—2019年期间,陪伴三个班级,开展了400多个活动(部分是学校活动与班级活动的整合)。从班级展示、感恩教育、传统文化、社会实践、总结反思等各个层面设计了有主题、有层次、学生喜欢、能调动一切班级资源、增进学生友谊、增强班级凝聚力的各类特色活动。学生也在参与、体验、总结、反思中感受到老师的关爱、父母的信任、同学的支持、班级的温暖。

　　2018年我从这400多个班级活动中精选了21个,出版了第一本个人专著《爱要大声说出来——叶德元系列活动精选》,对这些活动进行了梳理。

时间	特色活动	主题
九月	特色活动一:开学季	欢迎加入"叶老的窝"
	特色活动二:教师节	又到一年感恩时
	特色活动三:中秋节	最美相遇　团圆中秋
十月	特色活动四:小组建设	寻找合伙人
十一月	特色活动五:感恩节	真没想到,我会收到他的卡片!
	特色活动六:世界问候日	喂,朋友,你还好吗?
十二月	特色活动七:"出彩育才人"	每一个生命都值得歌颂
一月	特色活动八:班级学期十件大事评比	回望过去,幸福前行
	特色活动九:年代秀	每段经历都值得铭记

时间	特色活动	主题
二月	特色活动十：春节	东西南北闹新春　欢乐祥和中国年
三月	特色活动十一：艺术节	只要每个人上去就是一等奖
	特色活动十二：妇女节	最美是您
四月	特色活动十三：四学会	学会做人、学会健体、学会合作、学会学习
	特色活动十四：文史探究	寻巴蜀灿烂文化，育学子故土深情
	特色活动十五：愚人节	笑对"玩笑"
五月	特色活动十六：道歉日	说句对不起，其实很容易
	特色活动十七：母亲节	因为你们，我更爱我的妈妈！
六月	特色活动十八：毕业季	守望花开
	特色活动十九：儿童节	珍藏回忆，拥抱青春
	特色活动二十：父亲节	小手拉大手
七&八月	特色活动二十一：假期生活	读万卷书　行万里路

该书一上市，就引起了强烈的反响，多个学校把该书作为班主任的培训教材，我也收到了老师们的读后感，得到了一致好评。

明珠是自贡市沿滩区刘山学校的一名九年级班主任教师，是我新书正式发布后的第一位读者，他说这本书能结合自身德育教学工作，书中真实案例操作性强，

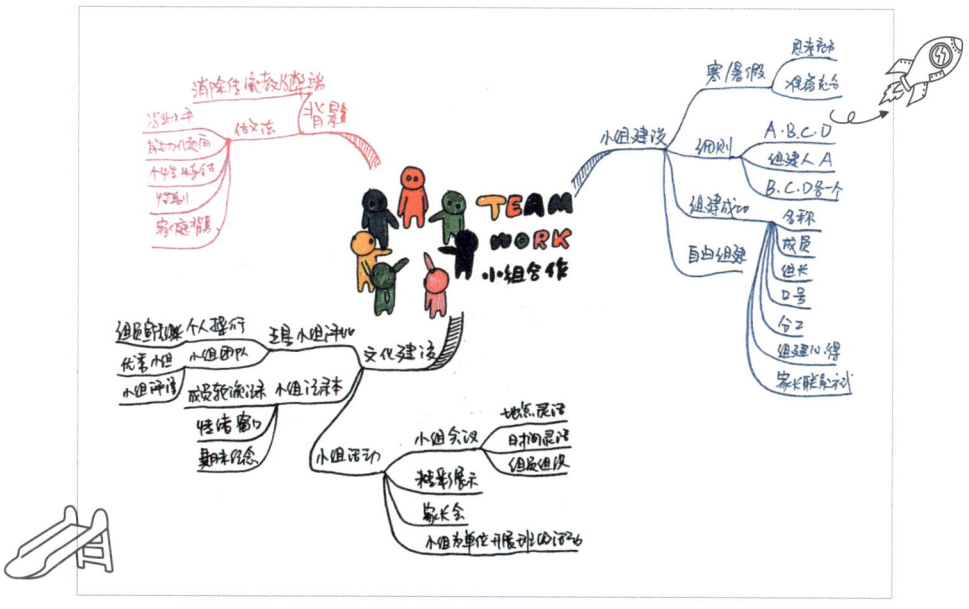

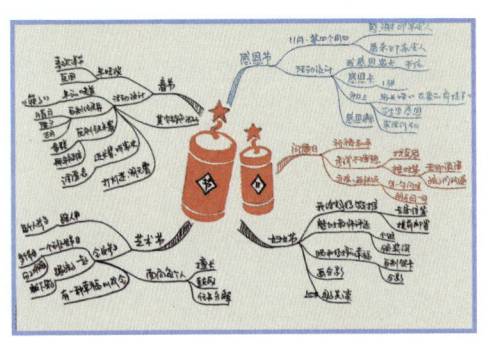
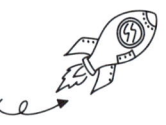
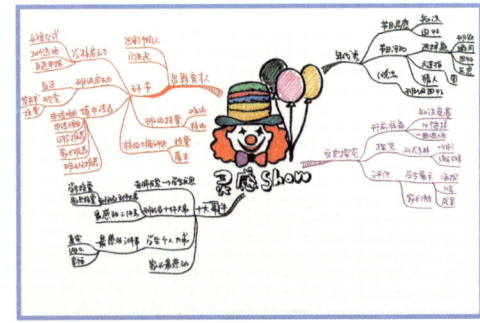
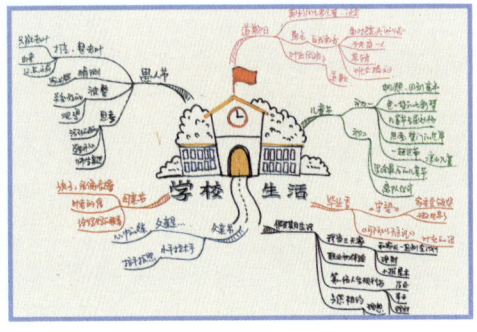
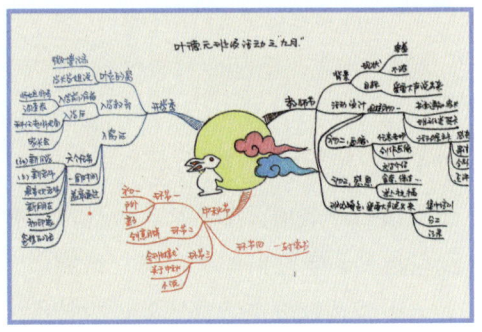

重庆市巴南区全善学校班主任林蕾老师阅读《爱要大声说出来》后整理的"叶德元老师班级活动思维导图"

借鉴使用价值高,此外,书的编排也是相当精彩、新颖,看起来比较舒适。最大的遗憾就是越看这本书越是觉得看不过瘾。

河南省郑州市上街区中心路小学教师周素君老师更是不吝溢美之词:"这是我读过的所有教育书籍中内容最朴实无华且最实用的一本,它让我从中懂得了育人先育心的道理。"

教育应该是不留痕迹的,活动可以让"套路"化为无形。我不认为一次活动就能改变一个人,所以我才会设计那么多的活动,让孩子们自己慢慢去感悟。

这些课程可以分几大类:

(1)配合学校大型活动:艺术节、运动会……

(2)感恩教育:母亲节、父亲节、教师节、关爱动物……

（3）增进感情：开学季、道歉日……

（4）节日庆典：春节、中秋节、愚人节……

（5）社会实践：四学会、文史探究、假期生活……

（6）评价反思：班级大事评选、"出彩育才人"……

（7）亲子互动：周末骑游、看电影、看川剧……

班级部分活动掠影，依次是：春节班级特色活动、儿童节班级特色活动、四学会主题研学活动、教师节班级特色活动、文史探究主题研学活动、班级集体生日

除了这些比较典型的活动以外,班主任如果有"课程意识",那么班级生活的方方面面都可以做成活动:学生的集体生日、老师的生日、看望生病的同学、关爱当妈妈的老师、四人小组的组建、中途学生转学、老师退休、送别实习老师……

可能有人会想,搞这么复杂干什么,目的是什么呢?

其实没有什么特别的目的,如果非要说目的,那么只有一个——育人。培养真实的人、发展的人、全面的人、幸福的人。只要学生在体验、在参与,教育就一定在发生。

有的老师说,他们也经常组织一些活动,学生还不喜欢参加。我既不喜欢预设效果,也不喜欢让学生在活动后去写长篇大论。我会在活动刚结束的那一刻,让学生马上写下来,不限字数,但要真实。你会惊讶地发现,同样一个活动,每个孩子的收获居然都不一样,只有让他们痛快地参与、真实地表达,他们才会愿意参与其中。

就像某次年级组织外出实践,有校长问我:"小叶,如果有孩子参与度不高,完成的报告质量不好怎么办呢?"我说:"那有什么嘛!半期考试刚结束,就当是放假一天,孩子耍一下也好呀。放松心情算收获不,和同学一起增进友谊算收获不,他不会写报告但拍点好看的照片算收获不,都可以,不要那么纠结嘛!"其实,最后我们会发现,孩子给我们的惊喜远远超过我们的预设。

当然,我说没有"目的"不代表不创设教育情景。例如,去动物保护基地之前,给学生做关爱大自然的讲座,从情感上让学生意识到与自然和谐相处的重要性;实践活动之前给孩子们讲讲做调查报告可以有哪些方法,总有一项适合孩子;参观博物馆之前,给孩子们播放一下文物鉴赏的视频,让他也能对国宝品鉴一番……如果我们的小组再做好必要的分工,给学生一些背景资料,那么我相信每一个孩子都会有很大收获,关键还是看我们的课程是否科学,分工是否合理,落实是否到位。

爱孩子,要用更多更新的方式去"爱",让他们真正体会到被爱的幸福。爱是一个长期的过程,不停地在创新中增强班级的凝聚力,爱班、爱同学、爱生活,贯穿在学生生活中的每一刻,这就是为什么我喜欢搞活动。

2015年,记者也问了我同样的问题:叶老师,你觉得什么样的老师是好老师?我回答了三句话:"看得清时代,在传承中勇于承担责任;看得到未来,在守望与信任中静静等待;找得到幸福,用自信与微笑带给孩子希望。"

专业
——如何抓住教育的契机

班主任工作要思路清晰

首先，做什么事情，要有规划意识。比如开学之初，提前一周思考开学第一天哪些东西必须到位：学生小组组建名单、给科任老师的小组课堂登记表、小组记录本、学习规划本、班长记录本……我会一样样地理清楚，一定做到开学第一天有条不紊，井然有序。比如要召开运动会，我会与班委干部对整个活动进行规划：报名动员、报名流程、团体项目的训练、个人项目的训练、宣传报道组、入场式排练时间……做好整理规划，每一步、每个人都心中有数。

其次，怎么做事情，要有课程意识。比如班会课，除了学校统一安排的内容、班级突发的状况之外，对于我们三年的班会课、每个学段的班会课、每个学期的班会课要由课程统领。有阶段、有主题、有侧重地推行，避免随意性。这方面很多德育专家、一线教师都有专著，可以给我们的实践提供很多的帮助。

下面是2016届11班初一、初二年级的班级活动课程大纲，围绕每个学期的发展目标，结合学校德育课程，适时开发班级活动，让班级生活活动化、班级活动课程化、实施过程全员化、评价标准多元化。

时间	活动开展
初一上 适应 交友	认识同伴：我的"入窝证" 热爱班级：班徽、吉祥物设计大赛 寻找伙伴：组建四人小组 科技达人：班级科技创意比赛 热爱公物：周末亲子教室清洁维修 爱心涌动：走进社区义集义卖 亲情无价：春节大拜年、原创拜年短信大赛

时间	活动开展
初一下 目标 展示	树立目标："爱梦想、做自己"大型班会（亲子参与） 学会感恩：妇女节评选魅力女老师、给妈妈写信，母亲节画像 体验不易：黑暗中体验盲人生活 才艺展示：班级好声音评比、班级合唱 环保达人：积极参与地球关灯一小时、保护郫县湿地 学会分享：儿童节为凉山献爱心 自我反思：开展道歉日活动 个性比拼：评选卓越学子 学会赞美：夸夸我们的组长和组员 职业体现：暑期社会实践
初二上 挑战 榜样	班级温暖：《年代秀》回忆班级幸福瞬间 情满中秋：班级月饼创意大赛 班级誓言：三年的梦——原创诗歌比赛 缅怀先烈：走进建川博物馆 勇于挑战：军训、运动会 爱的鼓励：世界问候日 身边榜样：我们班级自己的科学家讲座 传承学习：和13级同学篮球友谊赛 总结反思：个人和班级十件大事评比活动 继承传统：叶老师教过中国年
初二下 感恩 传承	家校合作：母亲节给妈妈的一封信 团结力量：全班所有同学参与音乐剧排练 幸福周末：陪盲人同学一起看川剧 亲子互动：母亲节给妈妈画像、父亲节大手拉小手 铭记历史：纪念七七事变大型班会 热爱家乡：探访成都名胜古迹，完成实践报告

我是怎么发现并抓住教育契机的

班主任的专业性除了体现在班级建设中的"思路清晰"，还要善于抓住教育的契机，发挥教育功能的最大化。

教育就是生活，关键看我们能否有敏锐的眼光、教育的智慧、育人的情怀。"应付了事完成任务"显然不是我们提倡的态度。善于抓住教育的契机，便能关注学生终身发展、全面发展，潜移默化地进行德育渗透，这是教育的"艺术"。

下面我以2019届1班初二年级学校戏剧节的排练为例，谈如何抓住契机，发挥教育的最大价值。

1. 我们的态度就是学生的态度

个别班主任总觉得学校活动多余，影响了学习成绩的提升，以敷衍的态度应付了事，还给自己一个冠冕堂皇的理由：学习成绩第一，其他都不重要。我想说，这样的想法大错特错。

从孩子的角度出发，你觉得他们是更喜欢参与活动还是更喜欢坐在教室里学习呢？我想如果是一个全面发展的孩子，一定是喜欢参与活动的。那么我们剥夺了孩子喜欢的东西，你觉得孩子会喜欢我们吗？安排工作时班主任以什么态度面对，孩子都看在眼里，班主任的不当言行甚至会给孩子做最不好的示范，留下不好的影响。如果我们对学校工作都无所谓，那么孩子们还会重视我们对他们的学习要求吗？自己种的因，最后也只有自己去品尝苦果。

2. 充当活动导演，生活日常留下印象最深

教育是要寻找契机的。今天的学生最讨厌说教，尤其是"八股文"式的套路，既恶心了自己，也感动不了学生。学校的活动给我们提供了很好的与学生相处的机会，活动过程不要怕麻烦，不要怕出问题，李希贵校长说："没有问题就没有教育。"我们同学生在一起的日子，很多潜移默化的影响就会悄然发生。

学校之前举行的运动会、科技节、合唱比赛等，都不是我擅长的，要么是学生自主设计排练，要么是请更专业的老师指导。但这次学校的首届"戏剧节"是我的长项，这让我可以走近学生，增进彼此友谊，我自然是不能错过的。我给孩子们毛遂自荐："我来当一次总导演可以吗？"孩子们可高兴了，我明白，这一个月的辛苦必然少不了，但故事肯定也少不了。

3. 在孩子面前展示多面的自己

老师除了要有扎实的学识外，还需要给学生公平公正的爱，如果还有令人惊艳的才艺，那么就更不要吝啬，大可让学生看到更加真实、更加全面的自己。有的老师喜欢唱歌，有的老师喜欢跳舞，有的老师擅长演讲，有的老师可以随手在黑板上画出中国版图，有的老师徒手一笔就是个"圆"，一招鲜，吃遍天，很有可能就成为学生崇拜我们的理由。

我们要做有意义的事，更要做有意思的事。班主任积极地参与到班级活动中，

应该让学生看到更加多彩、更加立体的老师,优秀的老师本身就会起到无形的教育作用。

4. 和学生一起讨论排练方案,学着做活动策划

活动的结果很重要,但是过程更是教育的关键环节。很多活动可以让学生全程参与其中,一起做活动策划,特别是戏剧从编排到演出的整体规划,培养学生面对问题、解决问题、细致思考、大胆创新等一系列的能力。下面是我和同学们经过班会课共同商量的班级排练流程:

阶段	中心任务	具体要求
第一阶段	确定剧目	由于叶老师在戏剧方面经验比较丰富,建议由叶老师给大家推荐剧目,并且组织一个四人的剧本修改团队,从班级实际出发(主要考虑参与人数)修改完善剧本!
第二阶段	主题阐述	专门用一节课和同学们一起看视频,了解故事背景,了解人物性格。作为导演的叶老师要对剧情和人物进行阐述,让每个同学更加深入地了解剧情。
第三阶段	确定分工	同学们自愿报名参与演员、副导演、音效、道具、服装等各个部门,专门安排时间进行选拔,从整体效果出发,公开公平公正选拔演员,要求1班人人都参与。
第四阶段	完善剧本	根据角色选拔情况再次修改剧本,因为要求全班参与,人数众多,可能会对台词拆分,甚至增加了原剧本中没有的人物,只为让更多的同学可以上台。
第五阶段	分解朗读	分角色朗读剧本,找角色感觉,并全体合读,勾勒整个故事情节。
第六阶段	重点排练	对重点角色和场景进行单独培训,要求表演细节一定到位。
第七阶段	理清走位	把整个故事的走位全部拉出来,人人心中有数。
第八阶段	重点细抠	要求每一次排练都有进步,每个人定点定位,强调表情动作。导演组可分工,分场次单独排练。
第九阶段	合练整场	通过整场合排,让同学们把握好整个戏的节奏,同时合乐、合道具,做到每个细节都精益求精。
第十阶段	定位彩排	比赛现场走位定点,为最后的比赛做准备。

以上表格是我们当时班会课最后确定的排练流程,第一体现了专业,要做就

做最好的；第二体现了用心，尽可能考虑到每个细节；第三体现了规划，做事情有条不紊，整体规划，人人心中有数。

5. 有了规划，更要有合理的时间安排

很多时候学生做事情是有计划的，但是最后落实不下去，就是因为没有合理安排时间，先松后紧、先紧后松都不行。所以我问学生，你们算一下，"十个阶段"，这么多事情，我们到底在哪些时间可以排练？时间上如何整合？还要再做一个规划！同学们做了下面的思考：

（1）根据学校的安排，我们只能利用自习课、音乐课、美术课进行排练（因为是艺术节活动，艺术相关的课程可以用于排练），其他时间不能占用。

（2）音乐课在周一，美术课在周二，这样分开来太零散，能否和老师商量，给教导处申报，把两节课合在一起，这样时间充裕，方便我们集中联排。不然时间太短，一节课排练一两次就下课了，效果肯定不好。

（3）我们用自习课进行分场次、重点场次排练，这样当天没有排练任务的同学还可以在教室上自习，不用所有人都在现场，效率反而更低。再算一下有几次自习课，把排练内容分解下去，保证任务能圆满完成。

（4）我果断决定，那就周一周二两次，周三周四周五就不排练了，不是时间越多越好，关键是我们规划好、利用好。

（5）如果节目成型了，那么建议比赛前一个周末进行最后一次排练，一是静场录像，给班级留下宝贵资料（现场比赛一定很多杂音，录制效果不好），拍

我亲自担任《四川好人》总导演，这是多么好的与孩子们相处的机会，过程中有太多的教育契机，我喜欢这样每天幸福的相伴，开开心心过日子

摄宣传海报（因为服装道具在那个时候才能全部到位），同时邀请家长都来参加，（比赛现场不可能所有家长都来，我们给家长预演一次）让家长给我们打气，争取最后的胜利。

这样的安排一下子让我们的排练"不慌"了。一个多月的排练，我们利用好了每次该用的时间，从来没有占用过其他任何的课堂，从来没有占用过学生放学时间，很多班级放学都还在排练的时候，我们班的同学早早就回家了。由于大家齐心协力，最后几天我们还保证了每天的自习课，因为我们的有序和高效，大家已经"胸有成竹"。

下面是我们最终的时间安排：

时间	内容
2018.3.11	剧本改编组进行剧本修改
2018.3.12	下午进行角色初选
2018.3.13	全体分角色朗读
2018.3.14	"沈黛、隋达、欲望"三个角色单独排练
2018.3.15	"食客"单独排练
2018.3.19	分场景走位
2018.3.20	分场景走位
2018.3.27	全场景合排
2018.4.2	第一次合音乐、道具
2018.4.3	最后一次学校联排
2018.4.4	学校制作的各班展演海报在艺术走廊展出
2018.4.5	现场观摩成都市川剧院川剧《好女人坏女人》
2018.4.7	第一款海报公布，第一次带妆彩排
2018.4.8	第二款海报公布，第一次到学术厅走台
2018.4.9	育才首届戏剧节展演正式比赛

6. 公平选拔，人人参与

因为我是总导演，在对剧本的选择上，学生说相信我的眼光，我做了以下的思考：

考虑到只有 12 分钟，绝对不能演多幕剧，否则人物肯定立不住，虽然可以选择矛盾冲突激烈的,但是如果前后没有交代清楚,那么就会很突兀,所以剧本一定要改编,不能照搬。

尽可能选择角色多的剧本。我的班级活动一个重要理念就是,人人参与,一个都不能少。导演、编剧、演员、道具、背景、剧务……分工可以细致一些,让每个同学都能找到自己擅长的位置。要在活动中看到每个孩子的身影,这样的活动才是真正的"班级活动",这样的班级生活才是集体的回忆。

突出特色,选择川剧剧本,虽然同学们不会唱,但是我们用四川话表演,借用戏曲的表现形式,一定给人耳目一新的感觉。

我们通过新闻得知成都市川剧研究院正在排练新版的川剧《好女人坏女人》,如果我们就从这出剧中选择场景,那么一方面我们有机会在演出前现场观摩艺术家的演出,提升我们的品质。另一方面我们还可以给成都市川剧院发去挑战书,同台竞演,激发学生的斗志,以更加饱满的热情投入到排练。

经过我和剧本改编组同学(这是最先确定的成员)反复观看视频、寻找原始剧本材料,最终我们选择了巴蜀鬼才魏明伦川剧《好女人坏女人》中的第三场作为核心表演片段。

该剧是"巴蜀鬼才"魏明伦的名作,取材于德国作家布莱希特的《四川好人》,他将德国人臆想的四川故事变成了由四川人再创的德国寓言。剧情讲述了沈黛在做好人不成后,以天使和魔鬼两副面孔交替出现的故事,旨在表明"没有永远的好人,也没有一成不变的坏人"这个主题,同时批判了欲壑难填及人与人之间的尔虞我诈。

由于该片段缺乏完整性,对于没有看过全剧的同学很难理解完整剧情,改编组的同学将这个场景进行再创编,吸收了川剧剧作家徐棻老师的川剧《欲海狂潮》(该剧改编自美国"戏剧之父"尤金•奥尼尔的话剧《榆树下的恋情》)中的表现手法,增加了"欲望"这一角色,加剧了矛盾冲突,突出了"人"在面对诱惑时内心的纠结,沈黛面对欲望的咄咄相逼,疾呼"我要做好人",拔刀自尽,给人留言深深地反思。

剧本完成的那天,作为总导演的我给全班做了剧本阐述,包括主要剧情、矛盾冲突、我选择的原因、表现形式等。我还是很紧张的:"00后"的孩子能不能接受这样一个川剧剧本,会不会觉得有点"土"。当我做完陈述以后,全班响起了热烈的掌声,甚至有同学激动地说:"这故事,我们肯定得第一了。"看来这几年我带孩子们去剧场看川剧,没有白看呀!孩子们的艺术欣赏水品还是到位的。

角色报名现场异常火爆,我们的角色选拔分为两场:

第一场:选择几个主演角色。每个竞选同学都要表演一分钟的剧中人物,由导演组、编剧组共同商议,优中选优。

第二场:选择其他配演角色。这一场我更在乎,因为要让每个同学都上场,就得下工夫。比如扮演食客的人数,我们确定的是8个,最后有20多个人报名,我问编剧组,可以安排20个角色吗?台词不够就增加。编辑组说那就太啰嗦了,节奏不紧凑。我说好办,一句台词分成两句,一人说一半,舞台大,人多有气势,人人都有台词,这个可以吗?几个编辑点头:没问题,这样效果更好!增加的"欲望"这个角色有四个同学报名,选了半天,都挺好,我又问改编组:"四个'欲望'可以吗?"几个同学看着我,有点迟疑,我鼓励到:"有啥不可以,反正都是虚拟的,人的欲望多了去了,四个我还嫌少呢!"几个编辑笑了笑:"可以,一句话分四个人说,围着女主角说,那种被欲望绑架的紧迫感更强。"我笑了笑:"对嘛,有水平。"

就这样,所有的同学都有了自己的位置。不上场的同学也都分别担任了字幕、道具、剧务等职务,反正一个都没有闲着。

7. 不紧张是因为胸有成竹

在整体的规划安排和对时间节点的严格把控过程中,我要求每一遍都必须有提高,不做无用功,排练很到位。

很多班主任在抱怨自己班级排练一团乱的时候,我也在反思,这里还有一个最重要的环节——班主任陪伴。

有的班级说相信学生的力量,这当然是可以的,但是相信学生的力量不等于不需要班主任。一句"相信学生",班主任就当"甩手掌柜",其实学生非常明白就是班主任不够重视。特别是当几个积极为班级争光的文艺爱好者在紧张排练的时候,班主任带着其他同学在教室做试卷,学生会怎么想?

那几天我觉得1班的孩子们之所以效率高、热情高,一个很大的原因是他们发现我比他们更有激情。排练中遇到难题，我很焦虑，马上一群人围过来给我各种建议，我经常会被他们的创意搞得手舞足蹈。个别学生没有表演经验，我给他们亲自示范每一个动作、每一个角色，那几天孩子们说得最多的一句话就是，"叶老，你太牛了，简直就是我的偶像。"

有老师说："我不会这些特长。"没关系，学生需要的是我们的陪伴、关注、理解、支持。和学生在活动中越走越近，越来越亲密，这排练就不仅仅是艺术节的任务了，而是班级建设中难能可贵的机会，抓住了，用好了，获得的不仅仅是比赛的荣誉，还是一个更加团结、和谐、优秀的班集体。

比赛的头一天是个周末，我们班组织了最后一次排练，这是唯一的一次占用休息时间，但是全体孩子都参加了，因为他们知道这次的排练比正式比赛更加重要，这是我们给全班家长的一次汇报演出。

那天下午我们其实就演了两次，演出完家长们已经热泪盈眶了，有家长说："孩子撕心裂肺喊的那唯一的一句台词，已经是我这十多年来见过孩子最大胆、最投入的一次表演了。"

我告诉孩子们：

> 如果话筒突然没有声音了怎么办？继续演，扯高了嗓门演，当全场都在注意你的时候，你相信，你的声音一定是最洪亮的！
>
> 如果道具突然出了故障怎么办？继续演，梨园行有句老话，戏比天大，观众看的是你，不是道具。慌什么慌，不紧张，没有道具无实物都能演，中国戏曲就是这么牛！
>
> 如果你的对手突然忘词了怎么办？继续演，少那么一两句怕什么，你读文章，少读一句影响你对全文的理解吗？说不定你一接词，你对手就想起来了！

孩子们、家长们听完都笑了！

正式比赛前，2018年4月5日，同学们家长们一起在现场观摩成都市川剧研究院的新编川剧《好女人坏女人》，这样我们对自己的表演更有信心了

　　自信源于我们的专业，其实我相信这些问题都不会有，因为我们已经准备得相当充分。这个戏矛盾冲突很激烈，就是不要话筒，最后一排也能听到他们的呐喊。道具组的同学奋战了几周了，反复实验，我对他们有信心，绝对不会有问题。音效组的很多音乐还是孩子们自己去采集的，排练的时候，衔接可以说天衣无缝，好多个晚上，几个孩子在我办公室调试音乐到晚上八九点，怎么可能出错。至于忘词就更不可能了，这个戏这么好玩，四川话、家乡话都有，全班同学不仅能背自己的台词，而且能全本集体背诵了。那天我们去现场观摩成都市川剧研究院的演出时，台上演到第三场，我们班的孩子们就在下面集体背诵，看得我和家长目瞪口呆。

　　到最后一刻，弦都得绷紧了，终于到了比赛当天。下午三点比赛，一点开始，各个班都已经热火朝天，化妆的，盘头的，好热闹呀！我们班的孩子们坐在教室里，看我一点动静都没有，终于副导演慌了，来办公室找我："叶老，我们现在干什么呀？"我笑了笑，走进教室。

　　孩子们衣服都已经换好了，除了两个主演的衣服稍微捯饬了一下，其余的同学就分两类：一类纯黑色的短袖T恤配黑色校裤，外套淘宝廉价黑色披风；一类纯白色的短袖T恤配白色校裤，外套淘宝廉价白色披风。孩子们坐得很端正，感觉在等我放大招。一个孩子们问："叶老，马上要比赛了，我们不化妆吗？还有我们刚才去看了其他班的布景好漂亮呀，特制的，我们就抬了实验室两个板凳（道具组明明还是装饰了一下的），还有他们的服装，太华丽了，我们这个样子，真的可以吗？"

我觉得孩子们的样子真的好玩，我不慌不忙地说："孩子们，到这个时候，你们对我们的演出有信心吗？"

不用怀疑，这声音很洪亮，很整齐——"有"！

我说："那不就行了，我们演的旧社会的老四川，整那么漂亮干吗，那会儿穷，我不给你们画丑、画老就对得起你们了。"全班都笑了。

我接着说："戏剧节重点看的是表演，是你们舞台上的爆发力。布景越花哨越容易分散观众的注意力，观众都看舞台布景去了，就忽略了你们的表演。我带你们去看川剧，舞台上就一桌二椅，你的注意力都在演员身上，当然对你们要求也更高。"

我看孩子们点了点头。"还有服装问题，为什么我们班这么简单，不要忘了，这是一个荒诞剧，既然是荒诞剧怎么穿都对。女主角善恶的两面就用最简单的黑白两色，这是中国水墨画的意境，那岂是西洋画派看得懂的。"

孩子们狂笑着给我鼓起了掌，真好！这个时候全班气势非常好，状态也很棒，轻松，自信，我对今天的表演很有信心。

"好了，同学们，我不说了，你们来说说吧，马上要上台了，你现在最担心什么，大家一起想想办法，尽量做到完美。"

下面是一段当时有意思的对话：

学生1 叶老师，我这个PPT的背景本来就很素雅，但是听你刚才那么一说，我觉得"欲望"出场的时候，干脆什么背景都不要，那是全剧的高潮，直接全黑，让所有人都关注舞台，你说好吧！

我没有回答，全班一起说——好！这个孩子就抱着电脑去修改背景了。

学生2 叶老师，我觉得吧，这个表演最关键是要观众听见我们在说什么，如果听不清楚，表演再好也不行，我建议加上字幕吧，我看其他班都没有，我们班加。

学生3 对，这个太重要了，也可以防止万一话筒有问题后面同学听不清楚。不过要注意，我们的屏幕在身后，演员表演的时候，屏幕下方的字幕会全部挡完，字幕要加在上面才看得见。

真是一个好主意，我马上同意了他们的做法，我说："时间来得及，你们赶快去办公室找刚才拿电脑的同学，做好字幕。但是一定注意，不能有错别字，多检查几次。"

学生4 我觉得我们要注意的还是节奏问题，有的地方太赶了，有的地方太慢了。比如沈黛被推倒以后，站起来再慢一点，那是全局的一个转折，可以缓一下。

学生5 对，我也觉得，"欲望"和"老王"的衔接每次都慢了半拍，那个地方再紧凑点。

学生6 沈黛换装的时候，拿旗帜的同学一定要挡住她，我们几次看都有点穿帮，这里一定要配合好。

学生7 大家下场的时候千万不要说话，因为我们的无线麦克风是随时开着的，大家一定要安静，不然影响台上的演出。

学生8 "欲望"上场的时候，音乐每次都有点小声，还缺点气势，可以调到最大，但是欲望一说话背景音乐就要降下来，这里一定要配合好呀。

……

那天，别的班热火朝天在化妆，在整理服装的时候，可能谁都不知道我们班在教室里开着一节好有意思的班会课。

出发前我给孩子们说：有个消息要告诉你们，新版川剧《好女人坏女人》副导演成都市川剧研究院龙毅队长是今天的嘉宾，要来看我们的演出，还有，《欲

第四章 文化建设

经过一个月的紧张排练,萤火虫版《四川好人》正式上演,此刻我们胸有成竹,此刻我们尽情享受

海狂潮》中"欲望"的扮演者叶长敏老师今天也要来。

孩子们一听就炸锅了,"天呀,那我们还敢演吗"。

我听到几个孩子在我背后说:"怕什么,说不定演得比他们好。"

我笑着走出了教室:"幺儿们,带上我们所有的行头,出发了!"

或许走进礼堂的那一刻,我们班最不被看好,用"朴实"来形容都有点奢华了,但是我们内心却是最淡定、最自信的,我们等待着爆发的那一刻。

演出开始了,我屏住呼吸看完了孩子们的演出,我和他们一样,享受着这短短的12分钟。不知道为什么,那次我真觉得我们班会拿第一,结果出来,全场最高分,我们获得毫无争议的第一名。我可能无法表达那种孩子们表现出来的震撼,我选了几条留言。

这是一位外班的家长在看了我们班的演出后发给我的感言:

出来就泪奔了!不是被剧情感动,而是为这12分钟的全方位教育成果的体现!短短的12分钟,根本无法完成戏剧冲突和人性的转变,但从编剧的提萃,台词的撰写,服装道具的洗练,动作的编排都高度服务于思想内涵,动作、台词,充分体现了川剧的特色,生动诙谐,勃勃生机。戏剧语言的运用也非常时髦,我只有献上膝盖!第一次这么完整地看叶老的一个教育成果,语无伦次,跪伏之余,越想越哭,这么好的老师,羡慕,真为你们高兴,太幸运!

新版川剧《好女人坏女人》的副导演——成都市川剧研究院龙毅队长给我发的短信：

 ❤ ❤ ❤ ❤ ❤ ❤ ❤ ❤ ❤ ❤ ❤ ❤

今天观看了你们班的《四川好人》一剧，经过每位同学的努力、创新，对人物语言、身段表演的揣摩，同学们都进入了剧情里面的人物，棒！棒！棒！特别是把"欲望"一角拟人化处理，把人物内心外向化来表演，为幸福1班点赞！

再来看看部分孩子的获奖感想：

：演完《四川好人》，大家都胸有成竹，觉得会得第一。演戏之前，大家都很怕自己的麦没有声音，却又不敢大声喧哗，就只有保持沉默，加油时都是互相比手势，突然感觉一班越来越团结了，演戏时有一些同学的麦克风没有声音（其中就有我），但谨记叶老说的吼出来，我觉得今天的演出没有辜负我们这几周来的练习，为1班鼓掌！

：首先非常开心获得了戏剧节全年级第一名的佳绩！这也证明了我们班三周来的努力没有白费。通过这次戏剧节，我学习到了如何让自己在舞台上更放得开、更轻松地表现，也让我学习到了专注的重要性。特别要感谢叶老，给了大家这样好的一个剧本，叶老在给我们排戏的过程中，花费了不少的精力与心血。也感谢台前幕后的同学以及爸爸妈妈们的支持与配合。

李萌佳：今天真的很感动，不仅是因为成绩，排练更是让我感动，我们班效率很高，没有浪费时间，拿到这样的成绩对我们来说好开心，没有辜负我们的付出。就像叶老师告诉我们的，今天在台上所有人都全神贯注，排除杂念，认认真真地演好了这场戏，我们因此取得这样优异的成绩；我们在今后的学习也要这样，一起加油！

第四章 文化建设

比赛结果出来了,全场最高分!我们没有请外援,没有推迟过一次放学,没有占用过任何课堂时间,这就是高效,这就是专业,这就是投入!同学们难以掩饰内心激动的心情,我真的为这群孩子们感到骄傲。

董韵涵: 在上台演出之前,我认为自己是一个不起眼的配角,一直都不太认真。到后来慢慢地进入状态,认真对待每一句台词,现在我认为配角虽然是配角,但配角演好了,也能成为自己心中的主角,也能一样出彩。

郭文冉: 我是一个编剧,第一次尝试去做幕后人员,感慨很深吧!幕后人员真是默默无闻的。改编过程中,我和赵雨柯、马盈帆在电话上一遍一遍地找漏洞和不合理的地方,加以改正,自己一个字一个字地念台词看看通不通顺。当看着大家用自己所改编的剧本表演时,十分自豪和感动。

林昆鹏：这次我做的PPT是最长的，170多页。虽然说累是必然，但是当它被映在大屏幕上时，一种骄傲与自豪油然而生。我们班是唯一一个有字幕的PPT，也是最好的，而且我敢肯定这也是修改次数最多的（至少大大小小改了十多次），这是一种追求极致的精神。这是最好的一次表演，我们用尽了全力。当然还有叶老的支持，选剧、排练、做PPT都少不了叶老的指导和用心。感谢所有为此付出的人们，特别要感谢自己。就是这个庞大的团队，合作，分工明确，费时最少的，钱花最少的，效果却是最棒的。

辛思颖：哇啊啊，依旧沉静在得了第一名的兴奋里，太开心了！刚开始看到别人班的服装和妆容，然后又听到别人班请的专业老师，妈呀，以为我们这个只有T恤，妆都不化，由叶老亲自辅导，不聘任何老师的表演，只有当绿叶衬红花的份。但身为演员之一的我，就算不抱任何希望，依旧是尽职尽责，拿出自己最好的状态去演，没想到，大家不仅把感性的叶老打动了，还打动了所有的评委，我们反倒成了红花了咯！所以说呢，用心才是最重要的！而且这也算是圆梦了吧，谁没个演员梦呢！

看了同学们和家长的留言，这次的活动也算是圆满。但我总觉得还缺点什么，为了抓住教育的契机，我需要再添一把火，对这次活动中的"教育成分"进行提炼。休整了一夜，第二天一大早我写下了这篇文章，希望可以和孩子们、家长们一起分享：

我想同学们肯定都还沉浸在夺冠的喜悦中，叶老也是一样，和你们一样兴奋。家长在群里发了一个手机录的现场版本，不夸张地说，我反复看了5遍，真的觉得好棒。晚上睡得很香，一觉到6点半，来学校的路上，我又听了乐乐哥哥（成都著名电台主持人，当天评委之一）给我发的语音，对我们班表演的肯定，我在想，这个第一对于我们意味着什么？

1. 选对正确的方向

首先是剧本的选择，这个剧本是我推荐的，我先给同学们看了视频，或许当时有孩子会觉得我们的这个剧本太土了，比起有些班高大上的名著，觉得有点不"安逸"。其实我明白，我们班没有表演特别突出的同学，拼演技是不能取胜的，我们要拼整体的表现力、舞台的张力，这个剧本每个人都很出彩，人人都是主角，我们根据孩子们的角色报名，还增加了新的角色，人人有话说，人人有事做。从选择这个剧本的第一天，说句实话，我就有夺冠的信心。

这说明什么：我们首先要选择一条正确的路，一条适合我们的路，如果路都不对，越努力越错。

2. 团结与配合

在舞台上，没有小角色，大家都是主演。每一个人在舞台上都是焦点。我们排练过程中，其实更多的不是在提升演技，短短几周没有什么提升空间，重点是我们在寻找默契，从彼此的一个眼神，一个微动作，就知道接下来我们应该怎么配合。不管是演员、道具、音乐、导演、剧务、音效、编辑……任何一个人都不能少，少了便不能成就这个完美伟大的作品。

这说明什么：我们的成长需要彼此的协作，父母、老师、同学我们都是一条船上的，不要排斥别人的帮助，更不要去伤害身边的任何人，缺了一点点，我们的成长可能都会有所遗憾。当然人生不可能尽善尽美，但是尽可能少点遗憾还是可以的。

3. 专注与投入

应该说昨天的演出是这么久以来我们班最好的一次。我看有同学写到，我们带上话筒以后，生怕没有声音，但是又不敢发出声音，怕影响台上表演的同学，这就是投入。而之前的排练我们不断被周围的人干扰，有人路过，就有同学马上走神。外面有一点点响动，就有同学忘了自己的台词。但是昨天的比赛，大家知道我们是全场关注的焦点，这一刻我们只专注于自己的表演。叶老说，舞台上发生任何问题大家都不要管，只需要投入自己的表演就可以，当那一刻我们只专注于这一件事情的时候，就一定是最佳的时候了！

这说明什么：不专注，不投入是不可能成功的。我们学习中让我们分神的东西太多，上课有、下课有、做作业有、考试有……有的同学随时都有。在他的世界里，有各种杂音，反而就没有自己。导致我们的学习不是半途而废，就是效率极低。

4. 把握节奏

"1班这个节目的节奏感太好了！"这是昨天好几个评委对我们班的评价。叶老在编排的时候为什么没有选择多幕剧，一共只有十分钟的时间，如果还排练多幕的话，很容易把观众的思路打乱。我们班的这个戏，不分场次，虽然中间有好几次的情景转换，但是都通过非常巧妙的舞台表现让整个剧情没有中断，一气呵成。记得不，叶老一直在说，管家一下场食客马上就要上场，如果上场跑不赢声音要先出来，不能冷场。叶老一直在说，沈黛变脸的时候食客要马上跟上，不能断片，但是也不能慌张，要给观众从容不迫的感觉。这就是节奏，有了节奏，表演才有灵魂。

这说明什么：节奏感非常重要，表演是这样，生活是这样，学习更是这样。进入初一，叶老就说，我们的学习需要节奏，不要乱了节奏。感觉自己成绩不理想的同学，要学会适当调快节奏，走在前面，但是也不能操之过急。比如现在我们已经初二下学期了，如果我们在这次比赛后，就能把学习的节奏慢慢调快，不管是上课、作业、体育、休息、拓展都进入准初三的节奏，那么还有一个月，我们真的到了初三，就不需要加快，稳起即可，这样就不会手忙脚乱，就会游刃有余。

5. 抓住关键

我看有同学写的，很多同学上台前觉得我们肯定不行，因为其他班服装华丽，道具精致，还请了专业的排练老师，专业的化妆老师，但是我们全部是自己弄的，最让大家失望的是，衣服就是一个披风，还穿校裤，太寒酸了。其他班都在化妆的时候，叶老宣布我们不化妆，而是带领同学们坐在教室里思考每一个演出的细节，大家互相提醒，做到表演的精益求精。现在我告诉同学们为什么，舞台表演不需要华丽，叶老看了30多年的川剧，戏剧舞台上甚至只有一桌二椅，一样非常精彩。戏剧有虚拟性，我们自己就是舞台上最好的风景，其他东西越少越好，多了会喧宾夺主，让观众不知道应该重点看什么。所以我们的背景始终只有一张图片，不会给观众的审美带来"油腻感"，"欲望"出场的时候，任俊潮和林昆鹏说能不能全部黑屏，这样人物更突出，我说可以！我们是唯一在背景上加了字幕的，事实证明这一点非常好，让所有人都看懂了剧情，我们要考虑到一切因素，万一话筒没有声音怎么办，万一我们紧张表达不清楚怎么办。有了字幕，观众可以知道我们在演什么，能看懂是前提。

这说明什么：做事情一定要抓住最关键最主要的东西，学习也是如此，不是越花哨越好。每个人都应该有一套自己的学习方法，别人的不一定适合你，但是一定要明白最主要、最关键的是什么。看到人家又这样又那样，什么都想学，我们的同学如此，个别家长也是如此，心慌呀，往往不知道我们自己最应该干什么。

6. 整体规划

从接到戏剧节的任务开始，我第一点想到的就是排练时间。我们做了科学的规划，所以我们没有占用过一次放学时间，没有占用过其他任何一节课的时间，我们完美地完成了任务。同学们也许还记得，清明节放假前一天，其他班都在热火朝天地排练的时候，我们班还上了两节自习课，因为那一刻我其实已经胸有成竹了。再比如好久改剧本、好久念台词，好久合排，好久合音乐，好久联排，道具怎么准备，我们都有时间推进表和整体规划。所以我说：最好的不紧张就是充分准备好，胸有成竹。

这说明什么：时间对每个人都是公平的，都只有那么多，就看我们怎么去整体规划。这一点叶老早就说过，我们每天那么多事情，怎么去完成，是需要有高度的规划能力的。我们的孩子们对时间浪费太多，太随意了，真正有规划，能高效利用的太少，很多宝贵的时间都从我们的"随意"中溜走了。

7. 找到提升点

还记得不，我们虽然排练时间不多，但是我绝对不会喊大家"来一次""再来一次"，每一次开始之前我会告诉大家，"这一次我们在这个方面提升一下"。每一次都比上一次有提升，所以我们的排练才是高效的，否则练一百遍都是一回事，对吗？我们要善于观察，善于总结，知道自己哪里需要提升，这样我们的练习才会有进步。

这说明什么：很多同学对自己没有清楚的认识，或者有认识但是没有行动。其实改变不需要撕心裂肺的"忍痛"，就告诉自己，作业质量、考试心态、学习习惯……今天在哪里提升一点，下次又在哪里提升一点……这样我们的努力才有效果。

艺术节落下了帷幕，我们的下一个目标非常清晰了——半期考试。那么我们就从找准目标、团结配合、专注投入、把握节奏、抓住关键、整体规划、寻找提升点七个方面，扎扎实实，做到胸有成竹。加油！幸福1班。

用了一节课给孩子们分享这篇文章，几次被孩子们打断，他们想谈谈自己的看法！这一个月，对于我和我的班级，不仅仅是完成一场演出，我们收获到的东西太多太多。

精彩！我抓住了这一次教育的机会！

第四章 文化建设

多元
——学生喜欢什么样的总结评价

作为老师，最不陌生的应该就是写计划、写总结、写反思。其实有时候我们会机械地把这些工作当作任务，然后去应付了事。但是往往当我们静下心写一次总结，梳理一次成果的时候，你会发现其实很有意义。

我写总结的经验

我们的班级，学生需要总结反思吗？当然，也是必需的。一个月、一周甚至每天我们应该有个总结或反思。正所谓"每日三省吾身"，肯定是很有必要的。及时的总结、客观的评价对于班级发展、个人成长都有非常重要的影响。但是问题是——我们都不喜欢写总结，觉得很麻烦，而且很容易流于形式，全是假话、空话、套话，没有太大的实际意义。如何让我们的学生愿意自我总结？如何让我们的阶段性评价更科学、更全面？我谈谈我在自己班级的一些做法。先来说说总结。

1. 每一天的总结

每天中午（七中育才每天中午有十分钟班主任总结的时间，时间可以机动灵活，放学前十分钟也可以）由值日班长对班级情况进行总结，值日班长有《值日班长记录本》，通过一天的观察、记录，表扬做得好的同学或班级呈现出的新风貌，对出现的个别问题，说现象，不针对具体某人，提醒同学们及时改正。也可以就近期的工作安排进行规划、布置、分工。

除了班级层面的每日小结，我班的每个同学都有一个《学习规划本》，学生可以通过规划本简单地对自己一天进行小结，这个环节不要限制字数，不要增加学生的负担，哪怕是一句最想说的话，也可以。《学习规划本》除了规划学习任

务，学生每天小结以外，还有家校互动的功能，家长们也可以每天给孩子一些鼓励的语言，帮助孩子树立信心，克服困难，肯定进步，及时弥补不足。老师和家长发现学生有困惑的时候，及时沟通，帮助孩子克服困难，感受到来自父母和老师的关心。

2. 每一周的总结

我们班每个小组有《小组规划本》，周一周五由组长记录，另外三天由其他小组成员轮流完成。主要是记录班级和小组当天最开心快乐的事情，同学之间互相发现优点、互相鼓励、共同进步。其中，周五就由小组长对本组一周的表现进行总结，小组内部分享，找到小组存在的问题，一起想办法克服，让自己的小组变得更加优秀。

3. 每个月的总结

班主任要利用好班会课，不同学段、不同学期的班会课一定要有主题，班主任要有课程意识，整体设计班会课方案。每月至少应该留出一节班会课给学生们总结反思。总结的形式可以多样，教师总结、班委总结、小组内部自我总结、学生个人总结等。但是一定注意这样的总结会旨在营造积极和谐的班级氛围，即便班级近期可能发生了不愉快的事情，班主任也要注意调控班会课的氛围，让学生对班级、对同伴、对自己充满信心，满怀期待迎接下个月崭新的学校生活。

4. 每学期（学年）的总结

期末我通常会采用"评选班级大事记"的方式，和学生一起总结过往，迎接新的学生生活。我会让全体学生完成班级大事记的调查表、在调查表中有两项内容：一是写出你觉得本学期重要的"班级五件大事"，并注明理由；二是梳理自己本学期最感动的"三件大事"。

班级大事件发挥的情感纽带作用

"班级五件大事"，一般而言比较集中在班级一学期所开展的活动，比如艺术节、运动会、外出旅游等。这是班级生活的集中表现。让学生在回味中认同班级，认同身边的老师和同学。"自己的三件大事"则是从细节出发，让学生寻找自己的闪光点，或者一学期的感动点。很多时候我们的班级活动在"完成任务"

的前提下，忽视了对人的影响。这个活动的开展能让我们更好地去认识我们的孩子，学生也能更好地认识自己。

那年，2019届1班刚刚结束了初一上学期的学习，我在期末就组织了这个活动，全班53个同学都参加了投票，虽然30个候选项目都是来自学生，但是整个投票过程持续了近20分钟，可见大家都在认真思考，每一个勾都是一段回忆，我相信犹豫、纠结的过程中，孩子们一定幸福满满。

在孩子们的投票中，我们班获得的荣誉、开展的丰富多彩的活动排名前列并不意外，然而有三项跻身前十名，我感到意外。

第一项是我们班中途换了老师，虽然过去三个月了，我们对以前的老师依然不舍，时常想起，这就是感恩，时常的感恩，而不仅仅是"感恩节"那一天。

第二项是我每个月给孩子们写一封书面的信进行交流。这种交流方式虽然老土，但是并不过时，文字透露出的情感有时候是语言不能替代的。一学期，习惯了我写，孩子们回，我再回……交流让我们彼此的心更近，班级越来越融洽。

第三项是我们班英语老师远赴英国游学时，带着班级吉祥物拍了几百张照片，回来后利用这些给孩子们上的一节特殊的英语课。这一条能入选，可见孩子们对细节的关注，对班级的认同，对老师的感谢。正是因为我们经常回忆、时常感恩，才能带出一个个有"温度"的班级。

除了同学票选班级的十件大事以外，我还要求孩子们写写本学期最让自己感动的三件大事。说实话，我看得热泪盈眶。或许在孩子心目中最重要的不是什么轰轰烈烈的比赛，仅仅是一句问候、一次挑战，或许留下的是欢乐，也或许是充满遗憾！例如，我入选国旗班升旗手了；叶老在百忙之中抽空来看腿部受伤的我；换了新小组焕然一新；收集的叶老语录没有想到居然写上了新年台历；第一次在学术厅上公开课，内向的我居然举手回答了问题，而且还回答正确了……

其实那些第一次、那些意外，都会让我们终生难忘。我相信那不经意的细节见证的就是我们的成长，而收获的是独一无二的幸福，这是不能替代的。时不时回过头想想自己为什么出发，停下来谢谢身边的人，你会走得更好，走得更远。

此外家长也写写本学期"最感动自己的大事"。或许我不要求，家长也不会去思考。爱班级不仅仅是我的事和孩子们的事，其实家长如果也能成为班级文化、班级生态的组成部分，那么这个班集体会更加的"幸福"。

下面是学生的父母写的：

运动会头晚我让孩子把脚弄伤了，导致接力赛失败了。叶老，帮我给孩子道个歉，妈妈很爱他，谢谢叶老。

孩子被选上作为班代表在校升旗仪式上发言，这是她长这么大以来第一次。我好激动，虽然她看不出来。感谢叶老给她这个机会，感谢周老师的鼓励和推荐。

1班代表学校参加全市课堂乐器比赛，孩子为了班级的荣誉，每天回来尽快做完作业就抓紧时间练习竖笛，非常认真。她从来没学过这个乐器，她这种认真对待学习的态度，我作为家长是非常高兴的，有时候一件小小的事情能影响到孩子的方方面面。

叶老每个月给家长和孩子们写一封信，每封信都充满了真情实感，字里行间都能深切体会到一个班主任对孩子们无私的关爱和责任。孩子的外婆，一个七十多岁的老人，都看得热泪盈眶。遇上这样的班主任，真是莫大的缘分。孩子太有福气了！

这样的总结或许不太像我们常规的总结，但是它一定"入心"，它的不拘泥于形式反而使得学生、家长会更加投入去思考，去反思。每年我也会写下我自己的"大事记"，我一点也不觉得枯燥，反而觉得好多事情都很重要，都需要一生去铭记。

对学生的五类评价模式

我们对学生的评价是无时无刻不在发生的：课堂上与学生的互动；批改作业给学生留下的批注；评阅小组本给学生的鼓励与提醒；我们面对面走过的相视而笑……这些其实都是一种评价。只是有的是属于客观规范有建议的，有的则是属于安慰温暖与接纳的。对学生的评价主要有五类：

1. 老师的期末评语

期末写评语是我们班主任非常重要的一项工作，也是学生和家长最在乎的，相信每一个班主任都会非常认真地对待。这份评语虽然字数不多，但是确实是对学生一学期学习生活的高度概括，内容要贴切，不能千篇一律。学生一看就知道这是写给我的，还要在有限的字数里总结学生的优点和提出需要改进的建议，确实非常考验班主任的功底。

2. 学生的互评

在我的班级里，期末要开展评选优秀小组、优秀小组长的活动，在活动过程中也可以进行评价和反思。

比如组长会给每个成员写一份评语，站在同学的角度，他们朝夕相处，还能看到很多我们老师看不到的闪光之处，所以这份评语的价值非常高。下学期一开学小组就会重新组合，所以给每个小组成员也有一段留言和点评，既能达到"生生互评"的目的，也能给小组留下最美好的回忆，这份评语还有寄语的意味，渗透着浓浓的同学情谊。

在评选优秀小组长的环节，小组成员要共同商量写出小组长本学期在管理中的3～5个闪光点，每个组的代表要上台为自己的组长拉票助选。一方面表达了对小组长一学期付出的感谢；另一方面，一些好的小组管理经验也能为下学期的小组长提供很多的参考，一举两得。

我们在进行优秀科代表、优秀班长等班级内部评选时，也可以使用这种经验。

3. 省、市、区、校三好学生、优秀学生干部等的评选

班主任一定要高度重视这类评比，且秉着"公平、公开、公正"的原则。

第一步：研究评选标准。一定严格按照评选要求，确定候选人。特别是这类上一级的评选，不要自己私自增减评选标准，只要学生符合条件，每个孩子都应该有机会参与评选。

第二步：确定评选流程。如果文件上有具体流程，一定严格执行；如果没有，应该由学校出具具体的操作指南，保证年级内部操作流程统一。

第三步：严格公平选举。在班级活动中，投票是我们常用的方式，其实这也是班级民主的重要表现，班主任应该重视这样的活动形式。要避免直接的举手投票，虽然省事，但是容易让学生觉得没有面子。我还会用心去制作"正规"的选票，让活动更具有仪式感，让学生觉得这是一件神圣的事情。人人投票，公开唱票，当场公布。为了避免争议，评选标准、流程在班级群公示，最后的评选现场我甚至会利用家长群全程现场直播。公平的教育环境是我们每个孩子和家长都期待的，也是我们班主任要坚守的底线。

4. 学生自评

其实孩子们写的"我自己的本学期五件大事"已经是对一学期工作的回忆、总结。那么在平时的学习中，可以在《学习规划本》中设计一些项目，让学生对当天出勤、课堂、作业、活动、清洁等环节自评。但这类评价不宜太烦琐，让学生觉得增加负担。我们可以用给自己打分的方式，或者画笑脸的方式。目的不是要比一个高下，而是让学生去想一想今天我到底做得怎么样，就足够了！

5. 个性化的评价

除了表彰优秀，其实每一个生命都值得歌颂。七中育才每年组织"出彩育才人"的评选，这个活动体现两个词语：

"育才人"——这是一个面向所有孩子的活动，每个孩子都可以积极申报参与。体现了我们活动育人、全面育人、全程育人的特点。

"出彩"——每个人都要去发现自己、同伴身上的出彩点。我们虽然平凡，但是不普通，我们每个人都有"过人之处"。这也是教会学生自我认知、自我发现的过程。

下面是学校规定的"候选"项目，根据七中育才学子必备的十大好习惯，学校给出了20个候选项。学生还可以自己申报"自选"项目，至于项目名称，自己取就可以了！

育才学子十大必备好习惯	序号	项目
热爱运动常锻炼	1	参加体育锻炼最积极的人
幸福人生书相伴	2	最爱读书的人
干净整洁善整理	3	仪表形象最规范的人
	4	最热爱劳动的人
	5	书桌抽屉最干净整洁的人
乐于沟通善表达	6	表达能力最强的人
	7	上课发言最积极的人
	8	最有艺术修养的人
主动问好常微笑	9	见面问好最主动的人
	10	课间休息最文明的人

育才学子十大必备好习惯	序号	项目
心怀他人能担责	11	最称职的科代表
	12	最称职的小组长
	13	最乐于助人的人
	14	最有责任心的人
承诺是金应兑现	15	最守时的人
自己的事自己做	16	自学能力最强的人
	17	学习进步最大的人
做事明确有计划	18	组织管理能力最强的人
	19	学习方法好、效率最高的人
一件事情做到底	20	意志力最强的人

我一直认为教育的最高境界就是给学生"可选择性",为什么我们的每一个活动,都有那么多花样,因为我们相信这么多的候选项目中总有一项是学生喜欢的。当然"出彩育才人"的候选项还可以自定义,这个很有吸引力的。

利用班会课,我们班进行了"出彩育才人"的班级"海选",每个同学利用30秒的时间自我阐述,并且要说出自己的评选理由。规定项要进行竞选,如果

班级海选,人人上台

"出彩育才人"颁奖现场,人人都是主角,处处都在闪光

有多人申报采取全班投票制。自选申报项也必须要过半票才能通过。现场很热烈，有同学一介绍申报的项目，大家就频频点头，有同学的发言也引起了大家的质疑，每个人都有闪光处，互相学习，再接再厉！

除了学校的规定项目，下面是孩子们自选项目。看起来非常搞笑，但是真的可以看到每个孩子都有值得我们歌颂的地方。这样的教育有温度，才是真正的教育。

比如有同学竞选：最具挑战精神的人、最有孝心的人、书写最好的人、最有公德心的人、最会体谅他人的人、最爱笑的人、自习最安静的人、最热爱羽毛球的人、爱好最广泛的人、笑点最低的人、最愿意为班级付出的人、最善于写作的人、最幽默搞笑的人……

学校会利用升旗仪式，为"出彩育才人"举行隆重的颁奖仪式。我想通过这个活动每个同学对"出彩"二字都应该有了更深的理解！生命精彩、人人出彩、万物生辉，为我们自己喝彩！

我们班级对老师的评价

学校每年都会组织学生对教师进行评价，为下一阶段教学改进提供参考。作为班级层面，我们对老师的评价就可以更加多元与人性。比如"夸夸我的好老师""我给老师画张像"、妇女节举行"班级魅力女教师"的评选活动等，这些

"班级魅力女教师"颁奖现场，用我们独特的方式表达对老师最真挚的爱

对老师的评价实则是非常有趣的，这让老师一下子从"讲台"上回到了集体，回到了我们当中。更为重要的是，我们还可以借此机会发现我们眼中的老师原来是这样或那样的，它会颠覆老师在我们心中固有的形象，打破老师在我们心目中的刻板形象，对于我们亲近老师，提供了一个好机会。

在这里，以我们对班级里面的女老师评价为例，来看看孩子们心中最有魅力的女老师是什么样的。相信我们班的女老师们看到这份特别的"评价"，一定会笑得像一朵花儿一样。不仅给她们一个难忘的节日，而且更重要的是用班级文化感染老师，增强了班级的凝聚力和幸福感。

荣誉称号	获奖老师	获奖理由
最具活力女老师	校医	看见你整天在学校奔波，认真检查我们的清洁工作，简直活力无限哟！
最具风采女老师	数学	冯老在课堂上不断展示自己的英姿，让我们享受艺术的魅力，在授课方面独具风采，我们非常喜欢！
最具亲和力女老师	语文	你那和蔼的目光，让我们为之动容，你那温柔的语调，让我们听得津津有味！
最具奉献精神女老师	英语	鹿老师用自己注满心血的独特方式，帮助我们在英语方面提高成绩，还很辛苦给我们见缝插针解答疑难，我们爱死您了！
最美丽女老师	心理	不光是外表美，心灵更美！
最可爱女老师	美术	小眼睛，小脸蛋，可爱的嘴巴可爱的眼，那就是我们美术老师王源源。
最具明星气质女老师	音乐	陈老上课活泼，和我们很合得来！大家都很喜欢你！你超级有明星份儿哟！
最具创意女老师	信息	课堂上，事半功倍，用最具创意的授课方式，教会我们更多的知识，让我们在信息的世界里遨游！

上面是一些班级活动中具体操作的案例，我想说，不要一听到"总结""评价"就觉得枯燥无用，内心生抵触。只要我们多一些创意，多想想孩子们更喜欢什么形式，我们一定能让学生在乎"总结"，在乎"评价"，让班级发展的每个阶段都有所思、有所悟、有所得！

个案分析
GEAN FENXI

研究方法不如研究人

2020年6月9日,在香港交流学习的我收到了一位家长的短信(出于保护孩子和家长的隐私,具体的事件我隐去):

叶老,想起了去年……的一个事情,直到现在我都非常感谢您当时的处理方式。这一年我不断观察孩子并和他聊天,我才清楚……那事情的来龙去脉。他没有想到我当时会给您打电话做那样的决定。很感谢您当时阻止了那么激动的我,不然可能因为我错误的决定导致孩子不堪承受而自杀。那是我最刻骨铭心的一次经历,感恩有您这样优秀的老师!孩子现在能和我心平气和地谈她的故事,我才知道急性子的我存在太多的问题!祝您在香港一切安好!

这条短信让我想起了过去和这个孩子、这个妈妈、这个家庭太多的故事,我回她:很感动在这样一个夜晚收到您的短信,很思念你和孩子。等我从香港回来了,带孩子来我家坐坐。叶老的窝随时欢迎你们!

回完短信我再次感叹:研究方法不如研究人。

曾经有两个孩子谈恋爱,我坚决反对,但是也曾经有两个孩子谈恋爱,我默默支持。反对是因为女孩子的父亲意见非常大,已经有过激的表现,所以我要保护这个男孩子,告诉他如何迅速走出这段感情,对自己、对这个女生负责。默默支持是因为我了解那两个孩子的家庭背景、生活经历,彼此的安慰可以帮助他们共同走出那段最艰难的时光。但同时我也会反复和他们父母沟通,给孩子做工作,监督他们不单独在一起。我告诉那个男生,你不能让任何人伤害她,特别你不能做任何伤害她的事情,尤其是身体上的。男生非常绅士,我明白他不会。

第五章 个案分析

经常有全国各地的老师发短信给我：

叶老师，我们班有个同学早恋了，怎么办？
叶老师，我们班有个同学老是不交作业，怎么办？
叶老师，我们班有个同学总喜欢欺负别人，怎么办？

凡是这种问"有个同学"该怎么办的，我都回答"不知道"。我都不认识这个孩子，我怎么敢给建议，就算我给了建议，你敢用？或许我们应该先了解一下：为什么他会早恋？为什么他不交作业？为什么他总喜欢欺负别人？

当班主任久了，我变得特别小心，生怕自己说错话、做错事。我时常劝诫自己谨言慎行、心怀敬畏、心平气和。对自己而言，这既是修炼，也是修行！

曾经有一位家长给我说："叶老师，你要把每个孩子都当作一个课题来研究。"我当时还有点抱怨："我有那么多时间和精力吗？"现在想想，我必须要有那样的精力与时间！每个孩子不一样、每个家庭不一样，我们处理问题的方式就得不一样。

研究方法不如研究人！所以在处理学生个案的时候，我也不敢给大家一些什么具体的操作方法。我们面对一个个鲜活的生命，岂是一个个"办法"可以应对的！

下面我写了几个发生在我班上真实的故事，讲讲当时我处理的方式。不一定是最好的，但我希望我们还可以一起讨论、反思，一起来思考更好的办法……

心存敬畏
——我的书被人偷了

"叶老,我的书被人偷了!"

这类事件估计很多班主任都遇到过,看似平常,但往往处理起来最棘手,因为爆发突然,影响恶劣,弄不好就会导致班级出现裂痕。这事我遇到过两次,用了不同的方式处理,不敢说哪种好,分享出来对比一下。

> **时间**:2018年6月29日
> **班级**:2019届1班
> **背景**:初二下期最紧张的期末复习阶段。事情发生在一个周五放学前,第二周回来就是期末考试。

马上就要"七一"了,下午最后一节课学校召开党员表彰大会,我请语文老师来给孩子们订正改错,顺便帮我照看一下孩子们的自习课。其实经过近两年的磨合,1班的自习课我已经非常放心了。老师们普遍表扬孩子们能静心,自习课很投入,所以我也很放心地离开了教室。

会议刚结束,我就赶紧冲回教室,惦记着期末考前最后一个周末,再给孩子们叮嘱几句。一到教室,我就感觉氛围不太对,语文老师过来小声地给我说出了点事情。我还没有反应过来,J同学哭着站了起来,带着哭腔,表达不太清楚。但是从中我大概听明白了意思——孩子辛辛苦苦整理的复习资料全部都不见了。

我让孩子再回忆一下细节,她肯定地说就放在教室里。上课都还在用,最后一个课间十分钟去老师办公室问了一个题目,回来就发现不见了。她非常伤心,毕竟马上就要期末考试了!

J同学是班级里成绩优异的学生,她对学习的重视程度我是明白的,或许这些笔记对她来说已经烂熟于心,但是这件事情本身对她的影响肯定是很大的。

J同学还在哭,班里的同学都看着我,我明白大家都在等——班主任会怎么处理。

我没有马上下结论,遇到事情我喜欢先冷静一下,因为我明白,这个时候,必须对教室里的每个人心存敬畏,我因为情绪原因说错任何一句话伤害的都是我的学生。我在想有没有过类似的经历,我之前怎么处理的,有没有什么经验或者教训?

另一件让我刻骨铭心的事

三年前,在11班,一个男生告诉我,自己的书被人扔进了垃圾桶,也是泪流满面地向我求助。当时是初三,我很生气,觉得怎么这个关键时刻还在搞这样的恶作剧。那天我把全班同学留下来,可能也是气头上,语气有点重:"我就不信没有人看到,我就不信今天这个事情就这么完了。"

然后我和全班同学一起静坐了30分钟,不知道是因为这个班真的被我带的异常团结,还是因为平时很和善很民主的我一反常态,大家对我这个举动表现了不满,全班陷入僵局。

我多么希望有同学起来承认错误,一分一秒地等待,然而并没有!

有一刻我真的很懊恼,甚至希望有同学站起来指认"凶手",哪怕给点线索也好,一分一秒的等待,还是没有!

就这么僵持着,其实作为班主任,脸上是很不好看的!

就在这时,我们班的一个班长,一个女生,站起来了,我觉得可能会有转机,至少给自己一个台阶下,没有想到的是,她哭起来了,哭的同时,把我臭骂了一顿。

"叶老师,你这是在干什么?你需要得到什么答案,为什么就这么不相信我们。你一直教育我们要彼此信任,你现在信任过我们吗?你需要我们互相责备、互相指责、互相埋怨,这是你一直教育我们的吗?这还是我们喜欢的那个11班吗?"

做心平气和的班主任

虽然我不知道这个"不信任"从何谈起，我不针对任何人，我只是觉得那个哭泣的小男生也是我的学生，我应该保护他。但是那半个小时我感觉到了全班对我这种做法极度的反感。

那半个多小时我至今难忘。

今天这一幕又在我眼前再次浮现：泪流满面的同学；我不能接受的恶作剧；或者我还怀疑是不是因为有同学的嫉妒，就是一种报复……那一刻有很多想法。但是三年过去了，我觉得我真的变了，至少从心态上，不急了。我不会急于要去寻找一个答案，我想得更多的是如何尽可能把事情的影响降到最低，或许事件还会有转机。

事件中的整体视角

我平静了大概3分钟，面对全班同学，是的，一定是"全班"同学。这里有正在哭泣的J同学；有可能是恶作剧但目前不知道什么心态的某同学；还有更多看我如何处理这件事情的"吃瓜"同学。我必须敬畏每一个人，我并不知道事情的真相，我不能乱说话，至少不能忙于下结论。

接下来，我说了这样几句话：

> "最后的冲刺阶段，这样重要的资料谁掉了都着急。大家要理解J同学现在的难过，这不是矫情，是真的担心，毕竟马上要考试了。"

之所以这样说是我从个别同学的眼神中看出了对J同学的不满，一方面觉得因为她导致了不能放学，一方面觉得她有点小题大做。我不评论这些孩子的心态，一个班级什么样的人都有，这与各种因素有关。班级就是一个小社会，当过老师的才知道，这个小社会非常真实，而真实的存在正是我们教育的契机。我说完这句话，看了看J同学的表情，表明了对她的理解，说明我是愿意帮助她的，同时我看到几个同学转过头，向她投去了同情的目光。

第五章 个案分析

> "下周我们要搬进初三的教室了,今天大家都在收拾东西,课间难免有点乱。请同学们再次检查一下自己的书包,看看有没有拿错的,我们都帮J同学找一下,特别是坐在附近的同学。"

说完,很多同学马上开始翻自己的书包,这样做一方面表达了对大家的信任,如果拿错了还给同学就可以了,同时也在表达我的态度。我们不能没有态度,但是又不能太过"野蛮",自查的方式或许是最好的。

同学们在自己翻书包的时候,我心里已经在思考怎么给J同学做思想工作了。我估计,十有八九是找不到,更何况在这样的氛围中。事实确实如我所想,并没有找到学习资料。看时间不早了,我说好吧,J同学到我办公室来一下,来之前再看看垃圾桶,有没有同学整理资料的时候当成不要的东西扔了。

然后我就宣布了放学。

孩子去翻垃圾桶的时候,我回到了办公室,我一直在想:怎么办。

几分钟以后,J同学进来了,我看到她眼睛都哭肿了。这份资料花了她很多很多的时间,她非常用心的,所以我生怕自己说错一句话。

> "孩子,这个东西我会继续让同学和家长晚上帮忙找,有消息我会马上告诉你。"孩子回答我:"叶老,我觉得不可能是不小心拿错的,不过也没有关系,如果这份资料真的对他有用,能帮他提高点分数,我觉得也很好。"说实话,孩子说这句话的时候,我内心是比较难过的,很多时候善良最容易被伤害。孩子的心态是对的,但是我不愿意看到这样的眼泪。
>
> "孩子,我问你,如果资料就此找不到了,这个周末你可以复习吗?"这是我最关心的,把对孩子的复习影响降到最低。孩子非常肯定地给我说:"没有问题。我再整理一次就是了,虽然花时间,但是就算再巩固一次吧。"语文老师已经很快帮忙找了一套资料,英语资料我现场给她打印了,只是上面所有的笔记和批注都没有了!

做  的班主任

不能说太多,这个时候平和点最好!

临走前,我问J同学:"今天叶老师没有检查每一个孩子的书包,你会不会觉得叶老对待这个事情不重视,没有做好,没有给你主持公道。"

孩子想了一下说:"小学我们班有同学掉了一支笔,然后班主任就翻了所有同学的书包。"

我说:"哦,你觉得这样是不是更好?"

孩子想都没有想说:"肯定不是,我们当时都觉得班主任好过分。"

我笑了笑!看来我没有做错!

保护"顺书贼"的学习欲

晚上我在家长群里发了一条消息:今天孩子们都在整理柜子,下课教室有点乱,请家长晚上再次让孩子看看自己的书包有没有拿错了同学的资料,期末复习资料很重要,谢谢大家。

很快好多家长在群里积极回复,说帮忙找了,确实没有!更有家长说如果J同学需要笔记可以晚上把自己孩子的送过去,这样可以节约很多时间。我相信J同学的家长在群里看到这些留言,应该会平静一些。

晚上九点多,我的电话突然响了,电话那头传来一个孩子很紧张的声音:"叶老,您现在有空吗?我想现在来找找您。"因为当时女儿就睡在我旁边,我小声说:"可以电话说吗?"孩子说:"叶老,我想当面给您讲,一定要当面。"我隐约有点感觉发生了什么事情。孩子很紧张地说:"叶老,如果不行,那么我明天一早来找您,一定要当面。"

我说:"那你现在来吧,否则你一晚都可能睡不好。"

孩子说:"谢谢您,叶老,打扰了。"

半个小时后,这个孩子和妈妈一起出现在我家门口。我一打开门,就看到了他手上的一叠厚厚试卷,我觉得我的预感是对的。

我没有说话,平淡地说:"你说吧,什么事情?"

孩子告诉我,最后一个课间的时候看到了课桌上J同学的资料,觉得笔记整理得非常棒,就拿来看。确实有点私心,但是并没有说要偷。没有想到一上课,

J同学看到资料不见了,马上就急哭了。这个时候语文老师也帮忙在找,同学们也在议论是不是被人偷了,所以一下子就慌了,怕被大家误会,不敢拿出来。

这一点应该是真的,这个场景可以想象。

回到家,这个孩子一直很紧张,也不吃饭。家长非常敏锐,发现了异常,询问了情况,孩子说明以后,父母在家里严肃地批评了孩子。两位家长很懂教育,知道什么是底线,什么是原则,对错一定要给孩子讲清楚,然后强烈要求一定要找叶老师承认错误。

孩子和父母都非常的真诚。我说:"你真的觉得这个资料好,J同学都说了,如果可以帮到同学提高点分数,她还是很高兴。要不你去复印一份,再还回去。"

这个时候,孩子的妈妈斩钉截铁地说:"不行,叶老师,只要没有得到J同学的同意,一个字都不能复印,看都不能看,这是最起码的!"

我在内心给这个妈妈点赞!很棒!

家长说他们可以马上送资料到J同学妈妈家里。在交流的过程中,这个孩子反复问我:"叶老师,可以帮我保密吗?我不想被大家误会。"

我拿出一个口袋,把资料小心翼翼放进去,写了一张纸条,落下了我的名字、J同学的名字。我让这个孩子和妈妈一起把资料放在学校门口,明天我会让J同学的妈妈去取。我给这个孩子说:"放心,你今晚做得很好,我会保密的。"

孩子和妈妈一起走了,我关上门,松了一口气。无论这个孩子最初的心态是什么,到此刻孩子认识到了错误。这样的经历对这个孩子是最好的教育,对于J同学也可以最低程度减少对她复习的影响。

第二天一大早,我就收到了J同学妈妈给我的留言:

> "感谢叶老师平时对娃娃们的教导,娃娃留住了最后的善良,也感谢对方家长在娃娃心里种下了正直的种子!"

我给 J 同学妈妈这样回的：

> "一时糊涂犯错误不要紧，只要心里还有善良，父母真的懂得教育，就好了。也请 J 同学妈妈理解我这样处理的方式，我们一起给这个孩子最大的宽容和保护，我们敬畏了孩子，他们才会相信我们。相信以后这个孩子不会再犯这样的错误了。"

早上 J 同学也给我留言："真的感谢叶老，感谢这个同学，感谢这个妈妈。"

到今天，我没有给任何人透露这个孩子的名字，我相信，这样的结果或许是最好的！有的时候，最后的结局和事态的走向比事实的真相更加重要。

第五章 个案分析

尊重包容
——给学生一个"装"得下去的地方

2016年的8月30日,我迎来了在七中育才学校的第三个班级——2019届1班。

开学第一天,对于班主任来说就是"打仗",杂事很多,关键很多学生也不熟悉,一张张陌生的面孔,太多的未知,但是往往故事也就从这一天就开始了。

开学前,我让每个家长给我写一封信,介绍一下自己的孩子。放学前我专门把这几十封信打包装进书包,准备晚上回家好好看看。这里的每个孩子我都将陪伴他们三年,时间不长也不短,多一些了解,或许我们彼此就可以少走很多弯路。

"他今天表现不错"　　"装的,他都是装的"

放了学,目送最后一个做清洁的孩子离开学校,终于在忙碌了近12个小时后,拖着疲惫的身子往家里走。

刚到东门大桥地铁站,突然,人群中窜出来一个"中年妇女",一把拉着我的手。我吓了一跳,还没有反应过来,大姐就已经泪流满面了。突然发生的一幕吸引了很多人围过来看着我,我也被惊呆了,连忙问:

　　这位大姐,你是?

大姐　你是叶老师吗?

　　是的,我是。你是?

大姐　哎呀,叶老师,你可能不认识我,但是我认识你,早上孩子报到的时候我看到你了。(哦,原来是新班级的学生家长,终于放心了,我还以为抢人呢,哈哈)。你一定要救救我的孩子呀!

> 🧑 （我心想，什么就救救您的孩子呀，您家孩子是谁呀？）家长您好，不要哭哈，有什么事情慢慢说。因为今天开学第一天，我还不是全部能对上号，敢问您孩子是？
>
> **大姐** 我孩子是C，小学这几年可把我折磨惨了，请你一定要救救他。
>
> 🧑 （她一说这个名字，我有点印象。一般这种所谓比较调皮的孩子，开学第一天也表现得非常活跃。我用的"活跃"一词不是贬义，他们往往很积极帮老师倒垃圾呀，端茶杯呀，去图书馆抱书呀……所以她一说名字，我还真的有点印象，但是我觉得这个孩子第一天给我的印象很好呀！）这个孩子我有点印象，我觉得他今天表现不错呀！
>
> **大姐** （你可能猜不到，这个家长说了句什么？）装的，叶老师，他都是装的。

什么情况？装都不准孩子装了。今天是孩子进入初中的第一天，孩子为了给老师留个好印象怎么不可以呢？为什么不能装呢？不知道为什么家长如此急于要"揭穿"学生的老底。再说，如果孩子真能在我这里"装"三年，那不是就等于改了吗？

写这篇文章的时间是2020年6月5日，说句实话，如果这个孩子在我面前一直在"装"的话，那他真的是"装"到了初三毕业。

为什么不允许孩子去"装"？

如果一个孩子到了新的班级、新的学校，他愿意去隐藏他过去的不足，尝试着去改变，那么我们不要急于去戳穿他。如果孩子能感受到你愿意去等待他的改变，那么他就会一直"装"下去。怕的是我们不相信他会改，怕的是我们等不及他的改，那样只会逼着孩子回到他原来的样子。

那不是他不愿意"装"，而是我们不给他"装"的机会！

不是说这三年，这个孩子就突然变了一个人，其实问题还是很多的。比如经常上课不专注，作业拖拉敷衍甚至有不做的情况……但是这些事情通常和我这个班主任不发生直接冲突。我经常看到语文老师、英语老师、数学老师在找他的"麻烦",但是如果他已经被老师在批评教育,我往往是采取回避的态度。当学生的最怕就是老师"借题发挥""火上浇油",最讨厌就是明明语文老师在批评自己,数学老师走办公室过,突然冲进来,"我也说两句,最近数学也很恼火……"

往往一个学科存在问题,很多学科都会受到影响,这样的孩子每天被各科老师们"轮番轰炸",我们设身处地地想一下,他怎么改,哪里来的勇气改。

历史老师做班主任才有更多时间

很庆幸我是孩子的历史老师和班主任,或许我这里没有太多的家庭作业每天要清理,没有太多考试成绩每天要烦心,更多的是和孩子们每一天踏踏实实地过日子,加上我比较"识趣",如果其他老师已经在教育了,除非找到我求助,通常我是不会太干涉的。当然,感谢我的科任老师,不会随意把事情甩给我,都是尽可能自己解决,其实我发现这样学生对科任老师会有更多的好感。

这个孩子在我面前装了整整三年,运动会、艺术节、科技活动月我都能看到他的身影,他是班级的一分子,而且是绝对不可或缺的一分子。这一点在我和同学们看来毋庸置疑,所以我愿意让他"装",愿意等待他继续"装"。

他"装"我也"装",越是一起"装",反而他更信任我,我也更了解他。

我也在努力寻找他一些问题背后的原因,这里与他的父亲还是有一定的关系的。虽然我和C爸爸的关系一直都不错,但是父亲的强势让孩子产生了抵触,特别是很容易把工作的情绪带回家里,随着青春期叛逆心态的加剧,家里的亲子氛围也变得紧张。

终于爆发了

初二暑假的一个晚上,我正在和家人吃晚饭,突然电话响了,接起来,电话那边传来了C同学妈妈歇斯底里的声音。

> **C妈妈** 叶老师，出大事情了，不得了！
>
> 👤 您不要激动，慢慢说。（说实话，这不是第一次接到她这样的电话，我都习惯了，往往很多时候我要安慰的不是学生，而是家长。不过不知道为什么，今天她的声音特别激动）
>
> **C妈妈** 今天孩子又和他爸爸吵起来了，而且孩子冲进厨房，菜刀都拿出来了。（听到这里我还是吓出来一声冷汗）然后就指着他爸爸，他爸也吓到了。
>
> 👤 然后呢？
>
> **C妈妈** 他说他爸爸这里不好，那里不好，然后就扔了菜刀出门了，说离家出走，再也不回来了。
>
> 👤 （我松了一口气，幸好没有发生什么不可挽回的事情。但是离家出走也不是小事情，家长肯定很紧张。C妈妈在电话那头一直在哭诉，感觉得到她很无助。）你不要太激动，让我想一下怎么办，事情发生很突然。孩子把菜刀扔了，说明还是比较冷静的，相信他不会做傻事。
>
> **C妈妈** 叶老师，求求你，救救他呀！想想办法。
>
> 👤 （一时半会我还真的想不出来有什么办法）好的，你让我想一下该怎么做。
>
> **C妈妈** 叶老师一定想办法呀！
>
> 👤 好好好，你让我想一下。

我上来坐坐可以不？

通常这种情况第一反应就是在家长群或者学生群问问情况，但是这样也很容易把事情闹得很大，反而对学生不好。就算今天找回来了，第二天班级的舆论也吓死人。

万万没有想到，在我挂掉电话的那一刻，几乎是同时，我的电话又响了。

有来电显示，这个号码我存过，显示的名字是C同学。我赶紧接起电话，生怕他会跑了一样。

C同学 叶老师，你在家吗？

（我眼泪都快出来了，但是装着很淡定）我在家呀，怎么暑假还想起来给我电话呀？

C同学 叶老师，你在干嘛呢？（听得出来，还在试探和忧郁）

我在家里吃饭呀，马上就要吃完了，有什么事情吗？

C同学 我也在家里刚吃了饭，今天吃得好多，出来散个步，一不留神就走到你家楼下了（还在装）。我上来坐坐可以不？

（这一句"我上来坐坐可以不"，我眼泪真的下来了）当然可以，欢迎欢迎。

C同学 不会影响师娘和妹妹吧？（孩子真的还是多善良的）

不会不会，天还这么早，快上来（我生怕他一转眼就跑了）

挂掉电话，孩子上楼的这几分钟，我赶紧给他妈妈发了一个短信：孩子在我家，放心。我的家距离学校很近，很多孩子和家长都找得到。我专门装修了一间榻榻米风格的房间，就是方便孩子们如果有需要可以来过夜，给他们一个可以感觉到温暖的地方。

孩子上来以后，热情地跟我家人打招呼，还逗了逗我女儿，他一直在伪装，而且伪装得很好。吃了饭，我们一起坐在书房聊天。

具体聊了些什么我已经不记得了，只是记得孩子不想走，我们一直聊到很晚，大约快12点钟了。我明白他在想什么，我就陪他一直聊天。

中途我引导过孩子几次，我说："马上初三了，在家里和爸爸妈妈的关系要处理得更加融洽。初三很辛苦，良好的家庭氛围会让你学习起来更轻松。"

孩子马上回答："我知道的叶老师，自从你上次和我谈了爸爸工作很辛苦，现在我和他的关系已经改善了很多。"装，装得太像了！

送他回家

确实有点晚了，我问他今晚要不要住在这里。他马上说："不了，叶老师，这么晚了，我还是回去吧。妹妹还小，我在这里太打扰你们了。"

我生怕他又跑了，赶紧说："那好，我送你回去。"他刚开始拒绝，说太晚了，但是他知道，我不送更不放心，就答应我送他回家。

出门前，我去上厕所，给他家人发了一条短信：赶紧下来，两口子一起，保持微笑。

一路上我们走得很慢，已经很晚了！这个时候他才憋出来那句话："叶老，你可以再和我爸爸谈谈不，他最近脾气又有点大了。"

我知道孩子内心有多么纠结，我说："好。"

来到小区，C爸爸和C妈妈一起在楼下等我们，看得出来他们很紧张，更看得出来紧张后的"松了一口气"。我们三个人眼神有交流，但是都没有多说什么。C爸爸说："太麻烦叶老师了，这么晚去老师那里聊天，谢谢叶老师。"

我道："不客气，C爸爸，我们在小区坐坐，再和你交流一下孩子的情况可以不？马上初三了，我给点建议。"

孩子和妈妈上了楼。我看着他们进了单元门，孩子中途回过头冲我笑了笑。

那晚我和C爸爸在他们小区的长椅上坐了很久，情绪稳定了，什么都可以说。第一次看到他哭了，其实大家都不容易，人到中年，事业、家庭都面临很多挑战，男人其实压力更大。不能怪谁没有做对，没有做好。但是毕竟一家人，还是得和和气气，有了问题我们就一起想办法。

充分理解的基础上给出我的建议，大家心平气和。我说："我相信孩子是爱你的，刀都拿出来了，但他并没有冲动。而你之所以难过，是因为那是自己的儿子。"

那晚，他回去和孩子谈了什么，我不知道，我好累，回去就睡着了。

第二天一大早，我给C妈妈发短信，问父子怎么样了？

C妈妈告诉我，昨晚两个人聊了很久，很多事情都说开了，一向强势的爸爸也承诺自己的一些毛病会改，一家人全力以赴冲刺最后的中考。

……

这个故事太真实，真实到我不敢想象，如果不是这样的发展，会怎么样？

我很庆幸，我不是一个喜欢专门去挑孩子问题的老师；我很庆幸我是一个别人看来有时候就是有点"娇惯"孩子的老师；我很庆幸，我的示弱让孩子不怕我，在最无助的时候，能想到我，足够、足以。

真不敢想象，如果平时我就把孩子的问题揭穿得"体无完肤"，如果孩子在我这里都"装"不下去，那天晚上，就真的成了——离家出走！

理解不是没有原则，更不是纵容。但既然是过日子，我们就得像孩子们的父母一样能"看得惯"孩子，甚至可以比他们做得更好。

初三毕业，孩子全家来找我，说谢谢叶老师三年的陪伴，这三年对于他们家太重要，太宝贵了。其实我更要感谢这个孩子、这个妈妈、这个爸爸，这三年我也在成长和学习，你们真的也教给了我很多！

突然想起第一次在地铁口的见面，那个中年妇女让我救救他的孩子，不知道我做到了没有？

"歪打正着"

——不是因为那个电话我才给你机会

班上有这样一个女生Y，极度自卑与自负，她觉得自己很厉害，能力很强，但是又很容易受到外界干扰而自我否定。所以直接导致她情绪不稳定，经常发脾气，严重影响学习。

我一直不懂为什么会这样，按理说孩子也很懂事，父母也很关注教育，怎么就这样容易走极端呢？

直到有一天——

> 时间：2018年4月9日
> 班级：2019届1班
> 背景：学校校园文化艺术节，我们班获得了全年级第一名。就在那天晚上……

学校宣布马上要举办校园文化艺术节了，这一次的要求是"戏剧表演"，而且是育才历史上首次"戏剧节"。所有的同学都很兴奋，相较于"合唱比赛""舞蹈比赛""歌唱大赛"而言，戏剧表演更是综合性的，能够更好地调动全班同学的积极性，尽可能让每个同学在其中找到自己的位置，我想这也是学校举办这个活动的初心。

对于我个人而言也非常激动，从小我就是一个川剧迷，工作以后也有幸多次走上舞台，算是半个玩友（川剧爱好者，类似京剧"票友"），所以表演也是我非常喜欢的。加上进入初二以后，孩子们的浮躁往往会导致师生关系个别出现紧张，有这样一个集体活动，如果我可以参与进去，那就会更自然地融入孩子们的生活中，拉近彼此的距离。

我绝对不能错过这个好机会

我在班级里毛遂自荐，我来担任总导演，和大家一起努力！很快得到了同学们的响应，同学们认可我了。当然，为了能调动更多同学，我还选拔了副导演，作为我的助手，一些个别场次的排练可以交由副导演完成。

恰巧当时成都市川剧研究院在排练《好女人坏女人》，这个戏是四川著名剧作家魏明伦先生根据德国布莱希特的经典话剧《四川好人》改编的。该剧不仅情节冲突大，而且参演人数众多，可以让更多的同学上台展示，特别适合班级集体表演。我突然萌生了一个大胆的想法，如果我们和专业院团一起"打擂"会是什么效果呢？因为我经常带孩子们去剧团看戏，他们对成都市川剧研究院也很熟悉，可以和那么多的艺术家演一个戏，大家都很兴奋，他们很快同意了我的想法。

我连夜节选了我们要表演的片段，第二天中午放给同学们看，没想到大家看后非常激动，当场就开始商量自己适合哪个角色，哪个角色应该谁来演。我让他们好好思考："我们需要剧本改编组、演员组、道具组、背景组、音效组、剧务组、摄影组等多个不同的职位，同时这个视频我稍后发到班级群里，大家再反复多斟酌一下，看看自己到底适合哪个角色，本周之内我们确定各个部门的分工。"

那一天，我们在无比兴奋的氛围中结束了一天的学习。

叶老师，我想演女主角

当天晚上，我接到一个电话，是Y同学给我的电话，隔着电话都能感觉到对方带给我的紧迫感与压抑感。

Y：叶老，你吃过饭了吗？

吃过了，有什么事情吗？

Y：有个事情我要给你说一下，希望你可以答应我。

🧑‍🏫 我不能直接答应你，你先说说什么事情，我才能决定。

Ⓨ 我想演女主角"沈黛"这个角色。

🧑‍🏫 （我一下子就愣了，其实我还没有考虑到角色的分工，毕竟剧本的修改都还在进行中。但是孩子居然这么大胆的提出来，我想想也可以呀，愿意演是好事情呀。但是回头一想，我这样就私下决定了是不是不太好，毕竟还没有征求其他同学的意见。）很好呀，你愿意参演，感谢你的积极参与，但是这个角色还是要问问更多同学吧！

Ⓨ （孩子在电话那头一下子就哭了起来，我吓了一跳）叶老师，你必须要答应我，你知道吗？你知道这个角色对我来说多么重要吗？

🧑‍🏫 （我一下子愣住了，有那么重要吗？）为什么就那么重要呢？

Ⓨ （孩子哭得更加伤心了）我为这个角色已经准备很久了，我就是想演，我一定要演这个女主角。

🧑‍🏫 （我再次惊呆了，什么就准备很久了，我不是中午才宣布的剧目，能准备多久呀，我一下明白了，孩子的"强势"再一次显示出来。冷静下来一想，女主角的性格和这个孩子还真的不是很像，或许她并不是最佳人员，但是不能伤害到孩子）这样好吗？既然是班级的活动我还是搞一个海选吧！大家公平竞争，叶老师做评判，你看可以吗？

Ⓨ 叶老师，你可能不知道这个角色对我有多重要……（说了好久，我真的都不知道怎么回答了）叶老师，我希望你给我这个机会，真的对我很重要。

🧑‍🏫 好的，海选的时候你好好表现，你先看看剧本，希望你能成功。

Ⓨ 谢谢叶老师！我会努力的！

挂掉电话的那一刻，我还是有点不明白，这个孩子怎么这么强势呢？或许真的对孩子来说这个剧、这个角色有什么特殊的意义，但她说了半天也没有说清楚，我实在捉摸不透。

过了两天，剧本的改编完成了，也正式进入演员的海选阶段。第一天我们要选的就是女主角和男主角，先把这两个关键人物定下来。很高兴，男生女生都很积极，我想："看来我这个总导演还是很有魅力的！"

选女主角的时候，我特意留意了Y同学的表演，我尽量说服我自己去欣赏她的表演，但是最后我并没有选她，因为确实不太合适，毕竟这是一个班级的活动，我要对整个演出质量负责。

一个两句台词的角色

当天晚上，正如我所预料的，她的电话又来了！

> **Y** （这次一拿起来，就开始哭了）叶老师，我真的好伤心，你还是没有选我。
>
> 今天你是看到的，我们都是很公平的选拔，是不是觉得某同学比你更合适这个角色呢？
>
> **Y** 我承认，那位同学可能确实气质各个方面比我合适。
>
> （她能这样说，我还是松了一口气，真怕她说这个角色对我很重要）对吧，你能这样认为真好。
>
> **Y** 但是这个角色对我真的很重要（听到这句，我差点气晕过去），叶老师，你还能再考虑一下吗？
>
> 目前已经确定了角色，而且是全班同学都知道了的，所以不能改了，这样对那位同学也不公平。对了，明天我们其他角色的海选就要开始了，你看看还有什么角色适合你的。
>
> **Y** （很难过的语气）那明天再说吧！

第二天的海选我以为孩子不会来，结果她来了。让我很意外的是，除了在电话里我能感觉到她的沮丧与歇斯底里，两次海选她都非常开心，和同学有说有笑，我明白，或许这个孩子在隐藏什么，隐藏得越深，可能越麻烦。

做心平气和的班主任

当天的海选需要大量的角色，最后我给她安排了一个小角色。我还记得她说了一句："就两句话呀。"我说："不喜欢吗？"她冷冷地回答我："试试吧！"我笑了笑，告诉她："不要小看这两句话哟，好好练，很重要的。"

接下来就是每天紧张的排练，很多班级都请了专业的老师指导，我们班就我和同学们一起战斗。所有角色我都会亲自示范，一会男、一会女、一会老、一会少，那几天我听到最多的评价是："叶老师演得真好，你一个人演完算了！"（哈哈哈哈我知道这句话是真的在夸奖我的演技。）

孩子们非常配合，节目也渐渐成型。距离正式比赛的时间越来越近，最后一次彩排的时候，我告诉我自己：肯定第一名了！

如果导演都没有这个自信，我干吗要来自己承担责任。

果然，2018年4月9日在学术厅，我们班的《四川好人》从一开始就受到了全场的关注，用孩子们的话来说，他们在台上都能感觉到台下的观众被他们的表演所深深吸引。我们班所有孩子都在这场表演中出了力，直接上台的人数是全年级最多的，而且都有台词，都有表演，人人都是主角。我特意观察了那个女生的表演，很不错，虽然短短的几句话，很到位。

最后当然是引爆全场，最高分！这个结果虽然让所有人惊喜不已，但是我们也都觉得理所当然，要做就做最好的，而且我们是整个班级的亮相，展示的一群人集体的力量。

那个女生也跟着大家一起欢呼、雀跃，我心里的石头终于放下了。

忙了一下午，晚上六点半我拖着疲惫的身躯回家，走到我家楼下的时候，突然电话响了，一看又是这个女生的电话：

> Y 叶老师，你到家了吗？
> 我在楼下了，马上上去！
> Y 你等我，我马上过来。（电话挂了）

我当时内心是很痛苦的，（我的天，好累呀！好想回去休息了，又怎么了嘛？）不是抱怨，是真的累了，我乖乖地坐在小区的长椅上，等她来！

第五章 个案分析

我给予她成人世界的尊重让她看到了自己

20分钟以后,她出现了,我们并排坐在长椅上,接下来我们的对话,我终生难忘:

Y 叶老师,我们班得了第一名,你很开心哇!(说这第一句话的时候,她是微笑的,看得出来很开心,应该不是来"找茬"的)

当然开心了,你们都表现得很棒!

Y 但是我还是要问您一句话,为什么没有选我当女主角呢?

(怎么又回到这个话题了,一个多月了,我语气有点着急了)你还没有想通吗?

Y 你不要生气嘛,我再问你第二个问题,那你为什么又给了我一个角色?

因为你适合呀,你也来参加了第二轮的海选,这个角色挺适合你的,今天表演也很好!

Y 叶老师,我给你说实话,其实我一直都不满意你的选择,我还是觉得我应该演女主角的。排练的时候我一点都不积极(说实话我真的没有觉得她不积极)。今天上台前我都还是不开心的,还是觉得我可以演女主角的。

我无力又无语地看看她。

Y 不过我演出的时候,我感觉大家都在看我,虽然台词不多,大家也还听得很认真,说明这个角色还是很重要。

(我稍微缓了一口气。)

Y 叶老师,我想问你,是不是因为我给你打的这两个电话,你才给我一个角色的,如果我不打电话哀求你,可能一个角色都没有。

(实在是受不了了,我当时好累,再好的脾气也受不了这样无端

做心平气和的班主任

的猜疑，我语气不好地说了一句）并没有，你怎么抬起头的那一刻，流泪满面！老是乱想呢？（就在这一刻，这个女孩子突然站起来，给我鞠了一躬。我一下子愣住了，语气也缓和了很多。）

乖乖，到底怎么回事嘛？你给叶老师说清楚点。（接下来这段话，让我匪夷所思）

叶老师，你知道吗，我小学的时候只要我给班主任说我要当班长，我就可以当班长，只要给我班主任说我要主持升旗仪式，我就可以主持。

（我心想，你还真的很强势呢？）为什么呢？

因为我爸是校长呀。（孩子说这句话的时候，故意做出很天真的样子，但是说完以后，就沉默了。）

我半天没有说话，不知道为什么，心里突然一下挺难过的，一顿，发出"原来这样"的感叹。

叶老师，我今天来找你就是想谢谢您并没有因为我打电话给您无理取闹，您就答应我的要求。您还告诉我，我今天的角色是我自己争取到的，不是因为其他原因。

（我很小声地说了一句）你今天演得很好！

那天看着孩子离开的背影，我突然很难过，也很欣慰。是呀，一直说这个孩子强势，同时又不能正确面对自己努力的成功，原来，这一切的背后都有原因呀。想要得到，得到了又自我否定，这几年这个孩子多辛苦呀！

后来和这个孩子的爸爸在一起交流中我说了这个事情，他很诧异地告诉我："天呀！叶老师，我真的不知道，我从来没有让班主任特别照顾她。"我说你没有做错什么，只是现在你得赶紧做点什么了。

每个孩子表现出来的行为，其实都有背后深层次的原因，或因为家庭、或因为之前的经历。不能真的走进孩子的内心，我们可能方向都是错的，又如何去更好地帮助他们呢？但是要让孩子能够袒露心扉，又是何等的困难。需要他们真诚的同时，我们首先得真实一点。

第五章 个案分析

撞上青春
——我被学生骂哭了

我是一个很容易被勾起眼泪的人,自然,我也不觉得哭是一件丢人的事。在学生面前我们不用装可怜,更没有必要憋着,做真实的自己反而更放松。我们说要走进学生内心,最重要的是要让学生觉得你是一个"人",一个鲜活的"人",一个和他们一样有喜怒哀乐的"人"。老师也会疲惫,老师也会烦恼。开心的时候可以不顾形象地开怀大笑;面对工作的烦恼也会烦躁不安;上台表演节目会紧张搞怪;情到深处会黯然落泪……因为我们都一样了,才可能亲近,才说得上:我愿意信任你!

接下来我要讲的这个故事,就因为"真实",让我久久难以忘怀。

2017 年年底的一天 "你该去提醒 Z 同学"

一个平常的早上,繁忙而有序。唯一有点不一样的是,早上上完三节课,三个老师下课后都到我的办公室来找我,告诉我有一个女生今天有点浮躁,上课老爱讲话,希望我去提醒一下。

他们说的是同一个女生,Z 同学。

Z 同学的情况大概可以这样归纳:

她热情开朗,性格比较外向,特别希望得到别人的认可,但是也会有同学觉得她"过分热情"了。

她爱好广泛,有很多理想,保持一颗上进心,但是落实到行动上还有点欠缺,对自己这个毛病认识很清楚,不过改起来很困难。

她情绪敏感,很在意别人对自己的看法,特别是老师,所以如果得到了赞扬会很开心,但是如果被老师批评了就会把"不爽"直接写在脸上。

做 心平气和 的班主任

因为我是历史老师，所以平时没有留太多的"作业"，不会用"成绩"来衡量她。对于她的艺术天分，乐于助人我还是很欣赏的，所以在我这里她是一个"很不错"的孩子。多一些关爱和理解是可以影响她性格方面的某些缺陷的，我一直这样认为。所以我们之间也从来没有发生过任何冲突，而且在很多场合我还听到过她说：我很喜欢叶老。基于这样的印象，我觉得我去提醒一下她，应该没有太大的问题。

我成了一个"冷漠"的人

当时刚好是课间十分钟，她和几个同学正坐在座位上聊天，我来到她的身旁，告诉他："今天上课怎么搞的呢？已经有三个老师来告状了，说你上课比较浮躁，你不是很希望成绩进步吗？没有好的课堂保证，成绩怎么可能提升呢？"

我可以保证，说这几句的时候虽然不是什么悄悄话，但是没有吼、没有闹，而且心平气和。当时她身边坐了几个同学，但是我想这样善意地提醒应该不"出格"吧！

但是万万没有想到——

我说完这几句，Z同学突然一下站起来，两目圆瞪，眉头紧皱，嘴巴紧闭，我看到她居然把拳头都捏起了！这是要干什么，要打我吗？

我并没有被她的举动吓到，因为认识这个学生一年多了，不至于不了解她的性格，她不会动手，但是能看得出来她非常的生气。就在这个时候，上课铃响了，为了不影响语文课，我说："到我办公室吧。"她也很爽快地跟着我离开了教室。

办公室只有我们两个人，其他老师上课去了。

我非常平静地说："这么激动，什么意思？"其实潜台词就是："你上课讲话，我提醒你一下，感觉你还有理了？"

万万没有想到，我这句话，就像点燃一个火药桶，她突然爆发了。

接下来的时间她用各种语言批评我，我都懵了，我到底说了什么，她反应这么大。过了这么久，具体的语言不记得了，但是归纳起来就这几条：

你是一个冷漠的人——不知道"冷漠"一词怎么来的，每次她为班级服务我都非常热情赞扬她，这么久了，成绩一直上不去，我从来没有批评过她，最多就是全班性的给一些学习方法，不针对任何人，更没有针对过她。今天我还专门去提醒他上课要注意，其实我想的很简单，老师提醒了，后面几节课注意一下，就好了。如果过几天忘了，又浮躁了，我又提醒，你又坚持几天，不就好了吗？这样不是关心吗？怎么还得到了一个"冷漠"的评价。

你没有给我面子——她的理由：我上课说话是我不对，但是你当着那么多人说我，你不给我面子，就是你的错。这就更委屈了，处理问题的方式很多，我可以心平气和地和你单独交流，这不还有两节课吗？也是为了不耽误你呀，再说了，下课十分钟，我让你单独到办公室来，不是更奇怪，同学们还以为你犯了多大的错误。其实我这样"轻描淡写"的处理，就是因为我也没有觉得这是件什么大不了的事情，你这么激动干吗呢？

期间，一些更具体的语言我不记得了，只记得她非常激动，如果真的是"难过"还好，我这个人心软，关键是她有一种"桀骜不驯"的激动，一种"视死如归"的激动，这就麻烦了。

在她不断地抱怨与挑衅中，我的情绪也到了崩溃的临界点，因为我很委屈。我不知道为什么老师善意的举动在孩子心目中变得这么"不堪"，那一直捏着的拳头，感觉随时要给我砸下来一样。

不管不顾才是冷漠

一直说老师要理解学生，可是我们的学生能不能也多理解一下老师。都说孩子不成熟，难道就一直不成熟，一直不长大。稍微冷静一点也能明白老师的出发点是什么。

为什么，我为什么要被你误会！

为什么，我为什么要莫名其妙地被你在办公室骂一顿！

为什么，我为什么就不能反击，我又没有做错什么，难道老师就该示弱！

最后，我还是示弱了，这种委屈让我越来越难过，眼泪已经快出来了！最让我崩溃的是她那句话："你还是'最美教师'，'最美教师'居然还骂人！"

听到"最美教师"四个字的时候，我终于忍不住，哭了！2015年，我非常感谢中央电视台和光明日报给我了这个奖，让我一夜之间莫名的"出名"了。我

做心中有光的班主任

的名字出现在了新闻联播里，出现在了各大报纸公众号里，甚至出现在了某省教师公招的题目中……但是我没有变，领奖完我马上就回到了讲台上，我依然是一名普通教师、一名普通班主任，依然每天做着最平凡的事情。

到今天我也很感谢这个荣誉让我有了很多的动力，但是这个荣誉也带给我巨大的压力，我怕自己做不好，所以需要考虑的东西越来越多，被牵绊的事情也越来越多。在别人看来全国十佳"最美教师"是多么的荣耀，其实我最怕别人提起这四个字。

而今天，这个孩子的这句话真的刺激到我了，因为我是"最美教师"，难道我就应该"一味迁就你的错误"；因为我是"最美教师"，难道我就应该"没有原则的爱"；因为我是"最美教师"难道我就连最起码的教育学生的权利都没有了……

我忍不住大吼了起来："不要给我扣帽子，'最美教师'怎么了？对得起这个荣誉所以我才来找你，我才不放弃你！你给我搞清楚，什么叫'冷漠'，这两个字多么的伤人，我'冷漠'吗？我对你真的'冷漠'吗？你扪心自问。记住——我不管你了，那才是真的'冷漠'。"

说完，我转过去背对着她，眼泪忍不住就流下来了！

估计这一幕她也吓到了，也许她就是想来和我评理的，但是没有想到我会哭。只是她分不清我的哭是因为伤心，还是真的被他气到了。

这应该是我在这个班第一次当着学生流泪，以前带的班我哭得多，我本来以为现在我也成熟了不少，不会哭了，没想到那天还是没有忍住。

几分钟后，我听到了她的哭泣声，不大，很小声。我转过头，给她递了一张纸巾，此时我发现，她握紧的拳头已经松开了。

就这样，我们在办公室里，站了很久，眼看要下课了，一会办公室又会人山人海，这个场面太尴尬了，我小声地说："我看你也没有那么激动了，你先回去上课吧！"

没有想到，她居然不领情："不，叶老师，这个事情我觉得还有必要再说清楚。"

那时，我的内心真实想法是："我的天呀，说什么嘛！哪里说得清楚嘛！"我都在直接怀疑她就是不想上语文课了。再说，就算要交流，也都应该是在大家心平气和的状态下，现在两个人都在气头上，交流根本没有任何效果。

马上就要打下课铃了，我说："你先回去，等我想好了再说！"

我目送她缓缓回到了教室。

组织部来校考核，选她会被告状吗

很多时候刻意的交流不见得有效果，如果我们此刻坐下来谈心，也是肤浅的。要不是因为孩子的反常让我"屈服"，要不是因为我的眼泪，让孩子被迫"道歉"，但都不是最理想的。我相信，既然和孩子每天在一起生活，就一定有机会，让彼此更加了解对方，特别是一个更加真实的对方。只有真的了解了，才会"体谅"与"包容"。

万万没有想到，就在当天中午……

学校办公室突然通知我，因为一个重大的评选活动，市委组织部要到学校对我进行考核，其中一个最重要的环节是找五个班上的学生座谈，了解一下"叶老师是一个什么样的人"。

我来到教室里，同学们正在午自习，我问有愿意去参加座谈的吗，问问叶老师是个什么样的人。很多同学马上就举手了，很开心，孩子们还是很爱我的，都愿意帮叶老师去完成这个座谈。不过，我第一眼就看到了Z同学，她举着手，还很高，关键面无表情。

这是什么意思？

我心里咯噔了一下！早上还在办公室和我"对骂"，这会这么积极，难道……

如果是校长的座谈，我不担心，毕竟每天的工作校长都是看在眼里的。但是组织部的工作人员又不了解我，他们只能凭孩子们的描述去判断我，虽然这个评选结果我觉得无所谓，但是万一告我一状，会不会给个处分呀！我心里老纠结了！大概五秒钟，我作出了最终决定。我第一个就喊了Z同学，我心里很明白，我必须要喊她，不然她心里的"结"很难解开。然后又喊了另外四个举手的同学，内心想："反正还有四个同学可能会表扬我的，4:1的话组织部也不会让我很难堪！"

按照规定，五个学生一个个轮流进入会议室，我在门口不能进去。那四个孩子出来的时候都笑嘻嘻地跟我打招呼，我也微笑表示感谢。但是当Z同学走出会议室的时候，我也微笑着相迎，她却看都没有看我一眼，转身就离开了！

还真的超级有个性，不知道在里面说了我什么"坏话"。不管了，说也说了，无所谓！

接下来的几天，风平浪静，她似乎上课也专注了一些，估计是不想再跟我正面交锋，也好，不管什么方式，目的还是达到了！

第二周，我在办公室批改孩子们的小组记录本。其实我已经忘了上周发生的这个事情，但是我打开Z同学小组的记录本，发现那天刚好该她写，里面有一句话让我瞬间笑喷了："叶老师，你放心，那天在会议室我说的都是你的好话！"

再往后看，我觉得又有点感动："真的没有想到你会喊我去参加座谈，我举手是因为我想看看你是不是再也不想管我了。就像你说的，放弃我才是最大的冷漠。希望叶老师像以前一样'管'我，我知道你是一个好老师，我也会尽量改正自己的问题，对得起你的这份'信任'。祝叶老师评选成功。"

……

半个月后，评选结果出来了，我落选了！

不过我得到了更多。因为这份坦荡让孩子们觉得我是值得信任的，经常有老师问，为什么我的学生都愿意告诉我小秘密，那是因为我和他们有着太多的故事！不要怕麻烦，故事越多，这份信任会变得更深！

循循善诱

——"他的存在对我们就是一种侮辱"

我们在开展班级建设时说得最多的是"师生关系""家校关系",但是往往在处理具体班级事务时最让我们头痛的是"生生关系",因为这直接影响到我们班级发展的和谐生态。如果"生生关系"过于紧张,甚至分化成小团体而出现"敌对",这会给我们班集体建设带来很大的阻力。

对于"生生关系"我的 5 条经验

或许营造良好的班级"生生关系"可以有以下一些办法:

1. 舆论宣传,抓住教育契机。如抓住班会课、学科教学中的各种机会,利用恰当的案例,对学生进行正面引导,教会学生一些处理人际关系的方法。

2. 学习生活尽可能创设良性的合作机制。如班级小组建设、学习兴趣小组、班干部培养等,让学生在团队中正确认识自己的价值,并主动融入其中,体会到和谐关系的重要性。

3. 积极开展丰富多彩的班级活动,增强班级的凝聚力。学生体会到集体的力量,收获集体成功的喜悦。如果整体班级呈现出积极、和谐的良性生态,那么对学生交往能力的培养也是有积极促进作用的。

4. 智慧处理班级突发事件。不管是班主任还是科任老师,言行一致,处理班级问题时(包括平时的教育教学过程中)不发表歧视、侮辱他人的言论,不以"挑事"的心态处理问题,坚持就事论事,不"抬高一人而贬低一人",不故意制造话题。

5. 以身作则,榜样示范。所有班科教师都要注意自己的言行,班主任如何面对自己的科任老师,如何处理我们的同事关系,如何和家长打交道,我们的尊重、理解、自信、互相的学习、协作、和睦，对学生处理自己的同学关系都是潜移默化的影响。

以上这些方法不能割裂，更重要的是教育一定是一个长期的过程，立竿见影是我们期待的，但是往往是不可能的。同时任何教育策略都是要结合自己的"学情"，千万不能照搬。

和优秀一起我们还能被关注吗

下面我讲一个真实的案例。

那年刚初一开学不久，我和同学们都还在磨合期，彼此都在观察，其实也是在互相试探。一天上完体育课，课间我正在备课，两个女生怒气冲冲来到我的办公室。

怎么了，满头大汗，今天体育课运动量很大吗？

T同学 叶老，你知不知道我们班有一个X同学？

这话问得好奇怪，我们班的同学我怎么会不知道呢？

G同学 你知不知道她成绩很好？

我知道一些，因为刚开学不久，也是听科任老师们说，她挺不错的。

T同学 她的成绩很好，而且，我跟你说，她的英语口语才好哟！

这个我听英语老师给我说了，说口语非常纯正。

G同学 关键，关键，今天上体育课，我们发现……

你发现什么？

T同学 她居然乒乓球也打得很好！

（一脸茫然）……你们的意思是？

G同学 叶老师，我觉得吧，这么优秀的同学就不应该在我们班上。

（继续一脸茫然）……这个？为什么？

> **T 同学** 叶老师，我们班又不是什么实验班，她这么优秀就该去实验班呀，不然把我们都比下去了。
>
> （已经茫然到麻木了，现在的孩子真的什么都敢说呀）……
>
> **G 同学** 叶老师，像我这种学渣和她在一个班，我觉得她的存在对我们就是侮辱。
>
> **T 同学** 没有其她意思，叶老师，就是老师们肯定都更喜欢她了，那我们还能被老师关注吗？
>
> **G 同学** 好了，上课了，不打扰叶老了，我们就发一下牢骚！走了，拜拜！

看着她们离开办公室的背影，我满眼佩服，希望大家也不要笑她们，现在敢如此真性情的在老师面前表达自己真实想法的学生并不多，我真的挺感动她们的真诚。此外仔细回忆我们的对话，孩子也很实在，至少她们是肯定 X 同学的，但在肯定之余，我觉得更多的是"自卑"情感的流露，她们担心有了这样一个同学，自己会被老师看不起。她们并没有对 X 同学进行人身攻击，这点还是很好的。这两个学生虽然我认识不久，但是我很清楚她们在班级的"号召力"，这个事情我有预感，后续会比较棘手。

每个人总会因为各种原因被嫉妒

果不其然，在接下来的一些班级活动中，真的出现了小团体对 X 同学的排挤现象。这两个同学不一定是直接参与者，但是她们的观点确实影响到了一些人。初一时期师生之间彼此的试探期很容易导致信任危机，所以我只能多观察，尽可能不出手，但是也要做好协调，避免矛盾激化。

先来看看 X 同学这边。那天放学，我遇到了她，我感觉她心情不是很好，其中的原因我可能猜中了几分。放学有段时间了，很多同学都已经回家，我趁机叫住了 X 同学，在走廊上我和她展开了对话：

🧑 怎么感觉没精打采呀！

X同学 谢谢叶老关心，也没有什么？

🧑 初中学习压力大吗？我发现你是一个相当勤奋的同学，对自己的要求也比其他同学高很多，这样压力肯定会大一些。

X同学 还好吧！

🧑 放松一些，你爸爸昨天还给我打电话，让我多留意你。

X同学 啊？我爸要你留意我什么？

🧑 不要紧张，不是看你有没有偷懒，是让我留意你课间有没有出去玩，不要一天就在教室里不运动，读成一个书呆子。

（X同学微微地笑了一下）

🧑 其实我还担心一些事情……

X同学 （突然抬头看着我）叶老师，你都知道呀？

🧑 也不算都知道吧，听到一些，好像个别同学对你有意见。

X同学 是的，我也不知道为什么，听到一些话，我也不想去理会，但是肯定还是有一些影响。

🧑 你觉得为什么呢？你做了什么会被别人背后议论呢？

X同学 我也想过，发现也没有什么呀？有同学说，因为我成绩好，说我矫情，说老师们都照顾我，我觉得成绩好是我努力的，难道我不追求学习成绩吗？至于别人对我好不好，我又不能左右。（有点委屈）

🧑 我好理解，我也和你一样抱怨过？

X同学 啊？叶老，我觉得你每天笑嘻嘻的，一点烦恼都没有，你还抱怨什么呀？

🧑 因为有人背后说我坏话呀，而且我还不认识，还写在网上，更关键的是，点赞的人还不少！

> **X同学** （眼睛睁得好大）真的呀！叶老，你这么好，还有人在背后骂你？
>
> 也不算骂吧，大家观点不一样，所以也就是发发牢骚。
>
> **X同学** 那你不生气？
>
> 也会有点觉得不开心，他们凭什么这么说我呢？
>
> **X同学** 叶老，我可以看看批评你的文章吗？
>
> 来，我马上上网给你搜。
>
> **X同学** 哇，这个人还奇怪哟，骂你就算了，还直接说"就是因为羡慕嫉妒恨"。
>
> 不算骂，其实人家说的也不是完全没有道理。
>
> **X同学** 那就是故意找茬吧。
>
> 没那么严重，我还保存了这篇文章，时不时看看，身边表扬的话听多了，这些语言更能让自己清醒。
>
> **X同学** 叶老，我不笨，我懂了，你今天找我也是开导我，（终于笑了）我没有那么脆弱，谢谢您！
>
> 那我们一起出校门吧！
>
> **X同学** 我真的没有想到，我们这么喜欢的叶老也有人背后说闲话。
>
> 不是闲话，人家也是提醒我，而且这类文章还不止一篇呢……

事发偶然，对话没有经过严谨的思考，但是我一直保持的微笑、淡定、自信，我相信这才是对 X 同学最好的教育和鼓励。

但是问题到这里并没有解决。班上的同学太有个性，"敌人的敌人就是我的朋友""朋友的敌人就是我的敌人"，这些不太正确的意识多多少少存在。只是因为班级活动多、师生关系融洽，加上刚开学大家都还没有彻底爆发等等原因，我只能说"暗潮汹涌"。

对此，我也不急，我开始慢慢等机会！况且当时我也没有想好突破口，贸然

做的班主任

表态会让学生觉得老师就是偏心，特别是偏心学习好的学生，这是学生最讨厌的，我千万不能做。

撇开成见，信任创造的价值更赚

那是一次班会课，外校的老师来我们班借班上课，主题是"和谐"。我没有做任何的预设，坐在教室后面听课。刚开始课堂的主流声音就是"和谐就是大家要团结一致，心往一起想，劲往一起使"，我当时觉得这个话题还真不错，刚好适用我的班级。不过又总觉得学生谈及的层面有点浅，观点都正确，但是并没有真正触及他们的内心。

直到有一个女生站了起来："老师，我觉得和谐不应该是大家都一样，就好像一个乐队，不是所有的人都拿着笛子在吹，这样的音乐就是和谐。我觉得应该是每个人手上都拿着不一样的乐器，演奏出来的音乐依然动听，这才是和谐。"

这个观点一出来，马上引起了全班的共鸣，不过我能感觉到学生的思维更多停留在"我们为什么一定要和老师的观点一致，我们也可以有自己的个性"。所以我必须要加一把火，很感谢这个老师帮我们班找到了教育的突破口。

在接下来的日子里，我通过各种形式的教育，尤其是利用我的历史课堂，引用相关的历史故事强化"合作"意识。慢慢地班级达成一种共识：人生难得一知己，不是每个人都是我的朋友，毕竟大家的性格、兴趣、观念大不相同，但是不是朋友，也不一定是敌人，我们可以合作，与不同类型的人能合作谋事是一种本事。

初二的一天，我看到了改变！年级要举行英语配音比赛，英语老师选择了T同学作为总导演，因为她的组织协调能力真的是很不错，在班级也有号召力，我也在第一时间表达了对她的信任。我对她说："叶老对英语完全不在行，这次就由你全权负责。"她问我："叶老师，你真的都不管，全部给我负责？"她的性格我很了解，有能力，很好强，但是同时特别渴望得到别人的认可。我非常肯定地说："当然，如果你需要我帮你参谋的时候可以来找我，我也是你的智囊团。"看得出来她很高兴，那段时间她在选择剧本，组建队伍，特别是选演员真的是挺辛苦的，也不容易。过了几天，她来到我的办公室，下面是我们的对话：

第五章 个案分析

T同学 叶老，这回成功了你可得好好表扬我，累死我了，组建一个队伍太难了。

不用成功了表扬，现在就表扬，导演辛苦了，你出马，肯定成功。

T同学 别，叶老师，你这么说我压力太大了。我今天来找你是给你看看我组建的队伍，特别是演员名单，英语老师已经看过了，你不是专业演员嘛，再给点意见。

今天这嘴巴真甜，我什么时候又成了专业的了！

（我低头一下愣住了，女主角的名单上写着X同学的名字）

你和X同学和好了？

T同学 叶老师，你不能造谣呀，我们本来就没有吵架，哪里来的和好一说。

（笑了笑）你不是怒气冲冲地给我说看不惯人家吗？现在看得惯？

T同学 老实说，现在也看不惯。

（一面茫然）那你还选她。

T同学 看不惯是看不惯，但是不妨碍我们合作呀，没准合作几次就看得惯了。她平时很清高，跟我们一起接点地气也是好的。

你不会是找机会故意为难人家吧（说这句话的时候我没有任何恶意，脸上笑嘻嘻的，尽量不让学生反感）。

T同学 怎么会，叶老师，我是导演，我压力最大好吧，我要对这个节目负责。X同学是我们班口语最好的，她的女主角是肯定没有问题的，我们班一定能拿第一。

好的，只是……

T同学 叶老，不要只是了，与不同的人合作是一种本事，这是你教我们的，做事有分寸，顾大局，也是你教我们的，这会全部用上了。

做
的班主任

> （内心老感动了，语气都轻缓了好多）我的意思是你是导演，这么重要的比赛，你怎么不给自己安排一个角色。
>
> **T同学** 那就不用了，我来组织，叶老，你就放心吧，一定拿第一。谢谢你的支持，后面有需要你帮忙的，一定来麻烦你。

我又一次望着她离开办公室的背影……

之后的几天我没有直接参与他们的排练，但是我会暗中观察，他们之间有过矛盾，有过摩擦，但是我更多看到他们在想办法，解决问题。幸运的是我们班在那次活动中获得一等奖。那一天我非常非常高兴，因为有些收获比这个一等奖更重要。那之后，我发现他们有时也会聊聊天，偶尔还能听到他们课间的笑声。

毕业以后，T同学专门来找过我一次：

她说："谢谢您，叶老，您改变了我很多。"

我讲："你现在发现其实你也超级棒，以后别人也老羡慕你了，但是记住……"

她马上接话："与不同的人合作，是一种本事。"

我笑了笑："当然，人生难得一知己，也希望你不仅有伙伴，更有懂你的知己。"

孩子点了点头！

倾听调解
——她用了最恶毒的话骂老师

沟通才能更好地解决问题，所以我一直以来都非常希望可以为班级搭建畅通无阻的交流平台。2007年我开始创办班级博客，到七中育才以后，"叶老的窝"更成为我班级建设的重要抓手以及班级一张响亮名片。但是这个博客最大的作用还是及时与家长沟通，让家长对班级多一些了解，主动融入、积极参与，营建最佳的班级氛围。

由于学生课业的压力，他们每周能使用手机、电脑的时间往往有限，班级博客的沟通功能就比较弱。所以在班级内部，我推行了"小组记录本"。

"小组记录本"的好处：

配合班级的四人小组建设成为班级文化建设的一部分，有很多班主任为了更好地了解学生的思想动态，喜欢让学生写日记或周记。这很容易导致无病呻吟或敷衍应付，加上很多班主任批改不认真，一个"阅"字了事，让日记与周记最后都变成鸡肋。而我设计的"小组记录本"设有"今天心情""小组表现""点赞吐槽""我最想对组员说"等栏目，不需要学生写多么优美的文字，只需要真实记录感受，甚至可以画画、允许吐槽，学生在写的时候更多不会觉得是负担，而是一种放松，甚至是一种发泄。

小组本一周五天，组长写周一和周五，其余三天另外三个组员轮流写。这样孩子们的积极性一下子就调动起来，因为每次轮到自己写的时候，还能看到其他组员的留言，这多有意思。而班主任的批改负担也从几十本变成了十几本，节约了时间，可以利用这个本子与学生真诚交流。

往往学生到了中学，在老师面前，特别是班主任面前都有"隐藏性"，要袒露心扉是很难的。所以老师通过周记、日记很难看到学生的真实想法。但是小组

做  的班主任

本是大家一起完成的,这里互相的赞美、提醒、埋怨都是真实的流露,有心的班主任可以从中寻找到许多教育的契机,真正了解学生的动态,让我们的工作有的放矢、提前预防、事半功倍。

她发现女儿在小组本上写老师的坏话

2016年,一天晚上,大约十点过,我在家正准备洗漱休息,突然H同学妈妈的电话来了。我从来不会规定或者要求"家长几点钟以后不允许给我打电话",一方面我相信我们班家长的素养,不会随便骚扰,信任是相互的。另一方面,我更相信如果这么晚家长迫不及待和我联系,一定是遇到了难办的事情。而这个时候他能找到老师求助,或者只能找到老师求助,而老师又给了建议与帮助,对这个家长来说是多么大的欣慰。

关系是经营出来的,不是喊口号。关系是彼此的支持与信赖,而不仅仅是一方面单独的要求与服从。

H妈妈 叶老师,不好意思,这么晚给你打电话。

没关系,H妈妈你说,有什么事情吗?

H妈妈 确实我遇到了很麻烦的事情,不然我也不会这么晚打扰你。

没关系,真没关系,你说,我看能帮忙不!

H妈妈 我今天偷看了我女儿的"小组记录本"。

(我心里一愣,偷看,为什么要偷看呢?这又不是什么秘密,而且明天一大早孩子就要上交给我呀,犯得着偷看吗?)哦,怎么了,有什么问题吗?

H妈妈 哎呀,叶老师,你不要多心,我确实有点紧张才给你打电话,因为我看到……

没关系,你说。

H妈妈 我看到我女儿写了好大一段话骂X老师,而且用词可以用"恶

毒"来形容。她平时说话都是很有礼貌的，我不知道为什么写出来会是这样，最主要的是……

（我知道他在担心什么）

H妈妈 万一这个让X老师看到怎么办？你说这初一才刚开学，要是X老师对我女儿就有偏见，这可怎么办呀。主要是我偷看的她的本子，我现在不好直接找她谈话，或者批评一顿，不然孩子会觉得是我这个当妈的做错了，不尊重她，我都不知道怎么办了？

（我沉思了片刻，其实我没有觉得这个事情多严重，我能理解家长的担心，孩子写了什么不重要，妈妈担心的是这个老师以后给孩子"穿小鞋"，但是我担心的不一样，因为这个孩子应该是"真的有怨气"）这件事情我来处理吧，放心，我可以处理好的。

H妈妈 叶老师，谢谢你。请原谅我的唐突，因为我只能找你帮忙了。还有一定要保密，第一是给我女儿保密，不要让X老师知道这个事情；第二也为我保密，不要让我女儿知道我给你打了电话，更不要让她知道我看了她的小组本。

嗯，你放心，我会处理好的。

如果是平时遇到一些棘手的问题，我也是会紧张的，不过不知道为什么，那天这个事情我一点都不纠结，反而很平静。

对于说"真话"的态度我先鼓励

第二天批改小组本的时候，我果然看到了这段话，真恶毒！恕我不能原文复制出来，我能想象X老师如果真的看到这段话该多生气，这个孩子也是一点都不考虑后果的。我把这一页小心翼翼地撕了下来，折好保存起来……

中午小组本下发到各组手中，这一刻孩子们是最激动的，因为可以看到前面同学又写了什么，毕竟那里都是班级的故事、小组的故事、自己的故事。

我观察了一下这个同学，可以说——她非常紧张。

做 心平气和 的班主任

接下来我开了一个小型的班会,不长,十多分钟。我说:

> 各位同学,我们班成立也快一个月了,我们的小组成立也快一个月了,我看大家都很喜欢小组本这个形式,我希望未来的日子,大家都能好好利用。叶老师是教历史的,其实我们写下的每个字,都是历史,当以后我们翻看这些回忆的时候,你一定会觉得无比的幸福。
>
> 特别是今天,我要表扬我们班一个同学。为什么要表扬呢,因为她敢在小组本里写实话,写真心话,写最想说的话。她今天写的那段话最真实,请原谅我特意撕下来保存了,因为我想留个纪念,只有坦诚地交流,才是叶老师设计这活动的目的。没有什么问题是不能解决的,关键是我们愿意去交流不,怎么去交流。至于交流的效果如何,我相信,这个小组本会成为你们和我之间最畅通无阻的交流渠道。叶老师希望看到你们的快乐,你们的烦恼,每天不限字数,不限形式,欢迎吐槽。

说完这段话,我在讲台上哈哈大笑。

我又看了一眼这个女生,她的表情那是相当的复杂呀!

充当调解员,为学生和老师当好"服务员"

一个下午风平浪静,我悄悄去找了 X 老师⋯⋯

下午放学,同学们做完大扫除,基本上都离开了,我也正准备回家,突然,这个女生走了进来。我明白,她是在等大家都走了,有一个单独和我交流的机会,毕竟她还是担心这个事情的,可能最担心的是我中午态度的真假。

> H 叶老师,你中午"表扬"那个同学是我吗?
>
> (我笑了笑)你觉得呢?
>
> H 肯定是,我写的东西都被撕了。

第五章 个案分析

- （我拿出纸条）还在我兜里。
- H 你肯定还是生气的，不然干嘛要撕下来。
- （我觉得又好玩又好气，这一来还怪起我来了）中午表扬你，是因为你的坦诚，你愿意表达你的真实想法，你明明知道这个本子我要看，你还敢写，而且还敢这样写。
- H 我本来就不想避讳呀，你说什么都可以写的呀。
- 对呀，所以我是真心表扬你这一点呀。
- H 哦！
- 哦什么？那你为什么不下课来找我，而是专门选择了大家都放学了，一个人来"领赏"呢？
- H 这个吗？毕竟写的都是脏话呀，不太好嘛，怕你骂我！
- 你也知道这些都是脏话呀，怕我"骂"你，那我就好好"骂骂"你。中午的表扬仅针对"真诚"，但是现在没有人，我就要好好"骂"你一顿。（我摊开纸条）你看看你写的啥，这些话多难听呀，这是一个学生应该说的话吗？

（这一点她没有办法反驳，别说学生，多数人都会难以启齿。）

- 这个纸条如果让X老师看到了，会怎么样？
- H 看到就看到嘛，我又不怕她看到，本来就是嘛，就是不喜欢她，就是对她不满意。
- 所以就可以用恶毒的话诅咒老师？这不是解决问题的方式，这种发泄只会让事情变得更糟。
- H （她一下子就急了）那你说怎么办嘛？我就是不喜欢她呀？
- 不喜欢什么？
- H 什么都不喜欢，上课的方式，下课的态度，很多很多……
- 这样骂舒服了，问题就解决了？

（H不说话）

- 我下午已经找过X老师了，你的抱怨我也都转达了。

H 啊？她已经知道了？

- 你不是就想她知道吗？她不知道怎么改正问题呢？（她不说话）看来还是怕呀，（她正要反驳）不是怕她知道你对她有意见，而且怕她知道你用这样的话提意见。（她不说话，也流露出一丝不好意思）所以呢？我撕了下来，就是怕小组其他同学看到，事情就会发酵，可能还会误会你的本意，懂吗？

H （很小声）嗯，谢谢叶老师。

- 我找X老师，表达同学们可能存在的意见，也不是批评老师，我们每个人都要反思，有些你说的情况或许老师自己都没有意识到。不过你放心，我没有告诉她，这个"提建议"的同学是谁，我想以后也不会有人知道的。（边说我边撕掉了那张纸）

H （很小声）嗯，叶老师，那你说X老师她会改吗？

- 我不知道，要改，从你自己改起。

H （终于笑了一下）好的，叶老师我懂了，谢谢您，我昨晚还以为今天一定完蛋了！

- 那你还这样写。

H 你说的要"坦诚"嘛。

- 再说一次，"坦诚"不是谩骂，有理有据，沟通交流，记住了吗？如果再说这种话，写这种文字，看我怎么收拾你！

H 嗯，谢谢叶老师，我回去了。

过了半个月，我问这个孩子，你觉得X老师现在怎么样，她的回答是："挺好的，之前我没有深入了解老师，毕竟刚认识嘛，现在觉得她挺好。"

我笑了笑，还真的是小孩子！

一旦学生愿意和你敞开心扉，我们的教育才是有效的。但是毕竟要想突破那道鸿沟，确实很难，这就需要我们的"信任"，切记"信任"就是单纯的"信任"，这两个字前面不能加任何的限定词。

附录

FULU

2014年获得"全国模范教师"后在四川省庆祝第30个教师节暨表彰优秀教师大会上的发言

尊敬的各位领导、老师们、同志们：

大家好！

我是来自成都市七中育才学校的叶德元，我汇报的题目是《用创意唱一曲教育高腔》。

著名教育家苏霍姆林斯基说："教育——这首先是关心备至地、深思熟虑地、小心翼翼地去触及年轻的心灵。"从教十年，特别是我担任育才中学初中2013级18班班主任的三年，我这个资深川剧票友，用饱含爱的创意与学生共同唱响了一曲情动人心的高腔，让我品尝到了触及心灵的教育甘甜。

18班毕业典礼上，我哭了。进校时，这个班成绩年级倒数，我没哭；常规表现时常被投诉，我没哭；成绩突飞猛进，表现天翻地覆，获锦江区优秀班集体，我还是没哭，但离别，让我情不自禁泪流满面。

"一唱众和"是川剧高腔的最主要特点，我坚信教育也是如此。让学生主动提升自我、谋求将学校与家庭教育完美结合，我在新浪网注册了18班专用博客"叶老的窝"，坚持每天记录，用文字、照片反映班级的点点滴滴，家长、同学则坚持每天浏览，分享成长故事、思考日常表现。

军训是第一件大事，也是从小倍受呵护的孩子进入初中接受的第一场大考。为了让家长们第一时间了解孩子的情况，我每天背着相机、电脑在操场穿梭，在一天不停来来回回的腰酸腿痛中，在每天晚上整理上千张照片的时常彻夜无眠里，我保证了每个孩子每天都能在博客上露脸。作为我为纪念三年学习生活而偷偷拍摄的电影的重要内容，电影首映那天，同学们忆起这段时光与细节，哭成一团。

一天，一个成绩和表现都并不算好的男生找到我说，叶老，我想当干部！我当场就给了他一个"官"——清洁委员。当天晚上，他留在最后，认真地巡查教室的清洁情况。他的一举一动逃不过我相机的捕捉，孩子还没回家，照片就上了班级博客，同时家长们都收到了我的短信："今天是某某同学第一次担任清洁委员，请大家到班级博客上看他那认真负责的身影，叶老对默默为18班付出的每位同学说声：'你们辛苦了'！"这晚对于一个后进生来说是甜蜜的，对于他的家庭来说是温暖的，他妈妈给我打了一个多小时的电话，说不完的感激感动！

三年时间，1234篇博文、500个G的照片、超过80万次点击率，以博客为载体、用汗水与努力，我与同学、家长不时进行着主角配角、主唱帮腔的轮换，实现了共同成长！收获了美好记忆！

"叶老师，你班学生真懂事！"前年教师节后的一天，一位清洁工人在校园遇到我，满脸激动。在学校工作好些年，她收到了我班同学送的第一份教师节礼物：手工贺卡、手工花，还有浓浓的祝福！2009年我获得了全国主题班会赛课一等奖，但在我看来，立德树人，真正能对学生产生持续性教益的是贯穿于每一天、每一分钟的活动，而不仅是40分钟的班会课。三年里，我为18班设计了200多个主题鲜明、持续开展的活动，在学校支持下、在全班老师协作下，孩子们做主角、当主唱，在展示自己、认同别人的同时，学会了爱、团结、感恩、担当。

"叶老，难忘愚人节！"孩子们是明白人。去年愚人节，我和孩子们一起过，一瓶被摇过的可乐，一个加了芥末的奥利奥……孩子们花样百出的"整蛊"、出人意料的"恶作剧",我都一一"笑纳",他们明白,我是在引导他们做一个"会开玩笑"和"开得起玩笑"的人,因为生活常常会给人或惊喜或痛楚的玩笑。

为了孩子们,我搭上了几乎所有的周末,一起在社区、动物保护基地、大自然中体验,一起在听讲座、看电影、听音乐时思考,一起在骑游、烧烤等亲子活动中欢笑,一起在野营、旅行中学习——他们的纯真与活力感染我,我用成人的理性与睿智引领他们。2010年暑假我与学生一起去上海看世博会。7天时间,行程安排、就餐住宿、导游联系,我都放任孩子们去安排,结果他们分工合作,一切妥妥当当!

有人把我和易中天、纪连海比较,我深感惭愧,但有一点我很自信,学生们从我的课堂上收获的不仅有知识还有快乐,在我的课堂,时常穿插川剧、评书、太平歌词、苏州评弹……孩子们都说"叶老,你的课把我肚子都笑痛了!"2012年南昌全国历史赛课活动我获得了第一名,讲课中我模仿一位伟人的讲话震惊全场,热烈掌声,让我心中充盈着四川人的骄傲和自豪!

18班毕业以后,一个孩子在"叶老的窝"上留言:我突然觉得老师真可怜,每过一个三年,你爱着的一群孩子就会来一次集体消失。那一夜,我哭了!整整一个晚上!因为祖国几千年绵延不断的厚重文明,我爱上了历史;受初中历史老师因材施教、敬业奉献的影响,我选择做教师;赶上尊师重教的大好时代,我才能在教书育人上有点收获。我希望在下一个以及未来的很多个三年,在七中育才这块"卓尔不群,大器天下"的沃土上,寓教于乐、育人育己,继续用创意唱响教育高腔!

谢谢大家!

2015年获得全国十佳最美教师感想

捧着奖杯，我们一字排开，挥手告别，其实"最美"的故事才刚刚开始！

今天，2015年9月10日，我人生中第12个教师节，就从央视一号演播大厅出发，接下来的路需要走得更加踏实，更加坚定，但是也会更加辛苦……

苦，其实我一点都不怕，不然我不会选择当老师！

但是我是因为什么被评为"最美"教师的呢，我一直在问我自己这个问题。

和几个老师认识了好几天了，但是真正听他们的故事还是在录制现场，我的泪水就一直没有干过。十个人，背后就是十群可爱的孩子们。我明白，和他们比起来，我是幸运的，我的孩子们是幸运的，我是因为"幸福"而走上了这个舞台，但是这份幸福的背后，是所有人都无法理解的痛苦与纠结。

但是我不后悔，也从未动摇，我希望把最美的微笑留在舞台上，给更多教育人力量，告诉他们我们是一群爱生敬业、无私奉献、默默耕耘，但又无比幸福的人。

老师的荣耀靠的不是煽情与同情，而正是我们的这份责任与热情，让一代代的孩子们汲取力量，看到未来的希望，成为真正有理想、有情感、有情怀的"人"。

的班主任

真心感谢中央电视台，这个我一直向往而遥不可及的舞台！

在七天前开始记录短片的拍摄时，我就告诉孩子们，这七天就是一堂课，从导演、摄影老师那里我们可以学到两个关键词"敬业"与"专业"。二者缺一不可，拍摄虽然很辛苦，但是孩子们积极参与、全身心的投入，我们都被摄影老师的精神打动，这是央视给我和孩子们上的第一课！

录制的四天时间里，我又学到了两个词"精细"与"创意"。每一个细节的打磨，一遍遍地走台，音乐、灯光、点位……高标准的要求，只为呈现最完美的"我们"，我一直在学习，我也是一个对所有未知领域充满无限好奇的人，这份好奇正是推动我不断前进的动力。

而在颁奖环节更是惊喜不断，创意不断，唯美精致的视频短片、推荐嘉宾送给我的珍贵礼物、我初中历史老师的意外出现，让原本并不想煽情的我，没有控制住眼泪。这泪既有师生情的感动，还有对整个节目组如此用心的感谢。

"敬业"与"专业"，"精细"与"创意"，带给别人的是一次次感动与震撼，而带给自己的就是一次次超越与蜕变。

其实今天我也想说说我的教师节愿望，也是我最想要的礼物：

那就是我希望我的学生有一天可以站上这个舞台，一个老师的优秀最好的体现是学生的进步，教育说到底就是影响人的事业，我的孩子们，你们准备好了吗？准备好迎接挑战，去征服属于你们的舞台吗？

——摘自央视网

2015年成都市教师节座谈会上的发言

尊敬的各位领导,老师们:

大家好!

我是来自成都七中育才的叶德元老师,非常感谢给我这样的一个机会和大家交流。

首先谈谈"老师"这个职业,他真的有别于其他行业。他非常特殊,因为教师面对的是人。人是有生命的,人是有个性的,他们的热情与率真让我们时刻都面临着挑战与压力,但是我想说:21世纪,我,一个80后,每天面对的不是冰冷的电脑,而是一群鲜活的生命,这是一件多么幸福的事情呀!

不过,我们都在感叹老师越来越不好当,因为我们面对的是一群"00后"的孩子,我们应该怎么办?还用老的办法去"压",去"管",显然是不行的。

曾经有一个校长告诉我,我们学校的学生不守规矩,常规很差,这个暑假我花了很多时间自己编写了一套校本教材,就是教孩子们如何守规矩。说实话,这样的校长真的太用心了。但是我又在想,难道这个学校以前就一点规矩都没有吗?显然不是,问题的关键不是"有没有规矩",而是如何让孩子们"接受你的规矩"。

归根到底,还是那句话——亲其师,信其道。

用心去走进学生,成为学生的朋友,亦师亦友,才能达到教育的最佳效果。就在这个暑假发生了几件事情,我很感动:

(1)我们班一位非常有个性的孩子,邀请我陪他过生日,我问:还有谁呢?他说,没有了,就你!我又问:那我送什么礼物给你呢?他说:不用,你陪我就是最好的礼物了!我还是为他精心挑选了生日礼物,他非常开心,下午陪他逛街聊人生,我收到他妈妈的短信:"非常感谢叶老陪与幺儿过了个开心难忘的生日,还送他那么贵重的礼物,他说他会用实际行动来答谢叶老的关爱。"我这样回答的:"不客气,孩子生日愿意和我这样一个三十多岁的班主任一起,分享他的快乐,已经是我最大的荣幸了,我应该谢谢孩子。"

(2)我们班一群女生暑假建立了一个单独的QQ群,把我拖了进去,刚一进去里面就一片掌声,"欢迎叶老",我很诧异这是一个什么群呀,一个女生说:"叶老,我们都知道你是《盗墓笔记》迷,你知道不,根据小说记载,8月17日小哥(盗墓笔记主人公)回归,我们要相约一起去长白山,你来当我们的队长可以不,我们一起去。"我当时觉得这群女生也太入迷了嘛。但是转念一想,他们愿意邀请班主任一同前往,愿意把这么期待的旅行和班主任一起分享,这是我的荣幸呀!虽然最后并没有出发,但是让我感觉到了一种不被"00后"抛弃的幸福。

(3)我们班一个在初二表现得相当叛逆的孩子,在暑假的某一天突然给我打电话,电话那边一阵抽泣,"叶老,我奶奶快不行了,我好害怕,叶老,我该怎么办?"那一刻我愣住了,我真的不知道怎么安慰,我耐心听着孩子的倾诉,孩子接着说:"叶老,我现在一个人在外面,我不敢当着爸爸哭,我很舍不得奶奶,我好难过,不知道怎么办?我就想到了你……"这个平时和我斗智斗勇的孩子,我接电话的时候都还能想起他平时一副桀骜不驯的样子,这一刻我的心都被他哭软了,我也是一个很感性的人,不夸张地说,如果他在我身边,我一定会让他靠在我的肩膀上,好好哭一场,因为他只是一个孩子。挂断电话后,我给他发了短信:幺儿,坚强点,这个时候你还要安慰爸爸,你已经是一个男子汉了!孩子在最软弱的时候,想到了班主任,这是一种怎么样的幸福呀!

其实这几个故事的背后是我用了两年和孩子们建立起来的信任与默契,在我看来教育活动中最关键的两个词语是"公正"与"尊重"。

公正说起来容易,做起来很难,今天的学生并不希望我们去特别照顾他们,需要特殊照顾的是困难群体,而他们只是希望得到更加公正的对待。要注意的是,教育公正不仅仅限于在"分数"面前"一律平等"的"表面公正",而是更注重以追求最大限度地全面提高学生素质和创新能力为根本目标的"实质公正"。教师应该坚持做到在试卷、规则和分数面前人人平等,不抱成见,不徇私情,规范准确。

教育的落脚点必须是人。我们要做到眼中有人,尊重人、尊重人的个性,还要尊重教育的规律。这也是全面推行素质教育的要求。我们经常说"爱学生",爱就是尊重,这意味着信任、理解、宽容和接纳,充分地重视和欣赏每一个学生,耐心地倾听他们的意见,接纳他们的感受,包容他们的缺点,分享他们的喜悦……教师只有把爱的种子播撒在学生的心田,以学生的要求作为爱的起点,才能在学生的内心世界培养出爱的感情,并使之升华。

光有爱也不行,我们还要学会有"智慧"地"爱"。一个好的班级评判标准,不仅仅在成绩的高低、名利的多少上,更应该是看在这个快乐成长的园地里,老师、学生是不是都感到幸福、快乐。作为班主任,担任着如何营造宽松和谐的班级氛围的任务。一个魅力班级的文化建设是重中之重。引导班级中的每个成员都来为这个大家庭出谋献策,培养班级主人翁意识。所以我才会在过去五年为孩子们设计了300多个主题活动,写了1800多篇班级博客,集集体的力量,科学管理班级,共同开创宽松和谐的魅力班级。

教师无法选择学生,但是我们可以选择教育方式。"00后"并不可怕,不要过分去渲染,走进"00后",走进他们的心里,把平凡的事务转化为精彩,把烦恼的事情转化为快乐。我们一起共勉:成人比成功更重要,成长比成绩更重要,付出比结果更重要。

2019年作为内地赴香港交流教师在教师节写给自己的一封信

被人"惦记着"就是最大的幸福!

朋友发给我一张照片,是今年成都市第 35 个教师节的庆祝典礼。听说现场播放的成都教师宣传片中有我的镜头,这一刻我才反应过来,要过教师节了。

每年的教师节,都是老师们很幸福的时刻,因为这一天总会发生很多令我感动的故事,与学生、与同事、与家人,一句"叶老"节日快乐,其实已经心满意足。

还记得我的第 1 个教师节(2004 年),和一群刚大学毕业的同学在重庆吃着火锅,举杯祝福,我们对新职业充满着期待,期待着所有的惊喜。

第 6 个教师节(2009 年),我第一次评上区上的优秀教师,第一次走上台接受一张属于"教师"这个职业的奖状,现在看照片,都觉得自己青涩可爱。

第 11 个教师节（2014 年），当我走进会议室的时候，被媒体的长枪短炮包围，他们告诉我那个印有国徽的奖状是多么的来之不易——全国模范教师。我现在还记得那是我第一次在全省教师节庆祝活动上发言，当时是多么的紧张与激动。

第 12 个教师节（2015 年）我多了一个称谓"全国最美教师"，我到了中央电视台，现场观摩了大阅兵，今天想来，这一切都像是一场梦。

……

其实每一个教师节对我来说，都是一个重要的时间节点，愿意去总结、去改变，你才会不一样，不然自己都觉得自己的样子挺讨厌。当然，改变是需要勇气，甚至需要牺牲点什么的！

今年，我迎来了人生中的第 16 个教师节，因为我身在香港，这个教师节，少了孩子们的陪伴，少了同事们的祝福，或许心里会"欠"点什么，抑或这种改变会让今年的教师节更加难忘。

真的不是每个人都如此幸运，可以在初中就确定自己的职业方向，大学读了最爱的专业，现在从事自己最爱的事业。感谢刚工作时的那些挫折，让我今天更加多了一份心平气和。

2014 年在我工作第 10 年初尝教育幸福；2015 年我觉得自己可能最容易浮躁的时候，我选择了重回学校学习，提升自己的学科素养；2019 年顺利从四川师范大学毕业，拿到硕士研究生文凭。一路走来，越来越不浮躁，越来越淡定！

带完 2008 届、2011 届、2013 届、2016 届，今年我又送走了 2019 届学生。不敢说教给了孩子们多少知识，但是我相信那些彼此留给对方的青春记忆一定是最难忘的。所以这几年在全国做了 400 多场分享，讲孩子们的故事，老师们都听得兴趣盎然，那是因为这些都是真实的，只有真实地过日子，才可能感动学生、感动自己。

工作满 15 年，常常害怕，怕自己变成教书匠，没有想到可以有机会体验不一样的人生。

这一年，我在香港上水教育局工作，协助他们开发中国历史学科的校本教材，作为第 15 批到港内师（内地交流教师），也是今年四川唯一的一位老师，既荣幸，也有很大的压力。放下所有的经验，一切都要从头开始。

一年说长也长，说短也短，抱着平和的心态，谦虚学习，多交朋友。

这一年对我来说太重要，可以让我有时间静下来，看看书，写写东西，顺便减减肥。重在体验、勤于反思、善于总结，肯定会有收获。

很多人说太遗憾了，少了一年和孩子们的相处。我说不会，教育不是给孩子们灌输多少的知识，而是让自己活成自己最想要的样子，成为学生的榜样。正如叶澜教授说的：给孩子们展现的是老师全部的人格！

教育拼到最后一定是格局和眼界，我相信归来的我还是我，我也会是不一样的我！

其实我并不孤独，从上周开始孩子们就通过微信、QQ、卡片、录制视频等各种方式给我送来了教师节的祝福，其实幸福很简单，被人"惦记着"就是最大的幸福！

2019年现场观摩国庆70周年天安门大阅兵感言

一个"80后"眼中的国庆庆典！
（节选）

2019年10月1日，伟大的中华人民共和国成立70周年，举国同庆，这一天已经成了全国人民热切期盼的日子，因为这个日子不仅属于中国，更属于中国人民！

这是我时隔4年，第二次在现场观礼，可以说心情无比激动喜悦。2015年我作为四川省两个基层教师代表之一，受邀观礼中国人民纪念世界反法西斯战争胜利暨抗日战争胜利70周年阅兵式。没有想到，这样的礼遇人生居然还有第二次！

坐在观礼台上，更多感受到来自现场热烈的氛围，尤其是那种全国人民同心同德、建设祖国、奉献祖国的凝聚力。如果说我们的祖国 70 年来跨越式发展，让世界为中国力量、中国精神、中国效率惊叹，那是因为我们 70 年来越来越团结、越来越认同、越来越自信。

阅兵式上展现的不仅是我国强大的军事力量，更是对整个中国方方面面的一次大检阅！

忘不了主席说的三个万岁！祖国万岁、共产党万岁、人民万岁！

忘不了战士那坚毅的眼神，这是我们的保障，每个中国人都因为生在这片热土上感到心安！

忘不了那一辆辆漂亮的花车，一段段历史正在向我们走来，告诉我们这一路多么的不容易！

忘不了大学生脸上真挚灿烂的笑容，让我这个老年人也充满活力，情不自禁为青年一代喝彩！

忘不了那些我们叫得出来，叫不出来名字的英雄，他们已经变成了一个个中国符号，他们都是普通人，但是因为他们不普通的努力，所以他们得到了全国人民的尊重。国之栋梁，既有时代的机遇，更需要我们加倍的努力！不过这一刻，所有的人，都化作了一个共同的名字——中国人！

今天是中国的一次向全世界集中展示！更是中国人民向全世界的一次集中展示！我们不再是"东亚病夫"，一个"自信、青春、强大、活力"的中国正在按照我们的道路，朝着我们共同的理想奋进！

让我对我的祖国深情表白——我爱您中国，做一个中国人真好！此生无悔入华夏，来生再做中国人！

上一次的观礼没有群众方阵，今年的这一段让我太感动！

我看到了几代领导人带领中国人民前赴后继的努力，这就是一段艰苦奋斗的创业史，一段走向复兴的发展史。今天我见证了历史，明天我会把今天的一切、中国的一切告诉给我的学生，告诉他们正是因为有了党的领导、人民的努力，才有了今天我们美好幸福的生活。（我在现场为我的学生录了一段视频，不知道明年哪几个班的孩子有幸看到呢？）

我看到了一个熟悉的中国，这些可爱的人们，手捧麦穗走在希望的田野上，立德树人耕耘在三尺讲台上，艰苦奋斗不忘大庆精神，从 2008 年到 2022 年不变的奥运热情，激情飞扬满脸微笑的青年学子……这是多么可爱的中国，多么幸福的中国。

我看到了骑着自行车穿梭在广场的青年男女；生旦净丑演绎百态的中国戏曲；看到青山绿水我们对更加和谐生活的向往；看到了住房教育医疗等民生逐步改善……其实这不是表演，我相信我们只要看看自己生活的变化，就一定会有感同身受。我们既有五千年历史的文化积淀，又有我们人类共同命运体的伟大情怀和担当。

我看到了全国各个省份的花车，当看到熊猫的时候，我高兴地跳起来，那一定是代表四川的。

这几年世界各地跑得越多，越明白祖国对于个人的意义，更明白祖国的伟大，更爱我的祖国！我很自豪地告诉身边的朋友，今天中国不靠耍嘴皮子，我们脚踏实地地干，老外说的中国速度，其实是因为我们心里憋着一口气。

我的身边太多优秀的人才、智慧的领导、敬业的老师、勤奋的学生，我们就用自己的实际行动在践行者这份精神，这份只有中国人自己明白的精神！

中国的道路由我们自己选择，不需要别人指指点点，70年的发展，祖国的强大，人民幸福指数的提升，让我们更加明白一切的来之不易！今天我们更多的理解、更多的认同，更多的热爱，是因为祖国给了我们尊严与幸福！

我曾经说过：作为一名历史老师，当历史发生的时候，我在现场，这是多么骄傲的事情，而这种幸福我居然可以享受两次！

"对于我自己，前方的路还很远很长。绝不辜负国家对我的厚望，不忘初心，牢记使命，珍惜荣誉，砥砺前行。做一个人民教师该做的事情，做得更好，真正培养对社会、对国家、对民族有用的人，我会不断前进！"这句话不是空话，它是我内心真实的独白。我幸运，我能够生在这个伟大的祖国；我幸运，我能够见证这一具有传奇色彩的历史；我更幸运，我能够把这些故事讲给我的学生，讲给更多的国人听。

后记一：
我们的窝

姜泓坤

成都七中育才学校2013届18班学生，高中就读成都石室中学，复旦大学本科毕业，现就读于帝国理工学院。

"叶老的窝"就像是"叶老帮我发朋友圈"一般的存在。同学们在各种状态下被抓拍的照片、各种创意、各种成果，都实时地展示出去，它成为朋友之间相互了解（吐槽）的绝佳素材。现在看来，叶老应该算是把互联网社交活动应用在教育领域的弄潮儿。

相较于我自己，我父母对"叶老的窝"更加狂热。我上学时没有时间每天看博客，更多时候都是从爸妈那里知道上面的内容。它为我和父母之间的交流提供了很多话题。

"叶老的窝"还传递了一种"认真"的态度。从第一天入学开始，大事小事，每一件它都见证着。老师认真的教书育人，同学们认真的学习生活。一天天推移的时间，满满当当的内容和照片……真的非常感激，它帮我记录了充实的青春，认真奋斗的日子。

期待与朋友们再次聚在一起翻看"叶老的窝"的那一天。

后记

左元祐

成都七中育才学校2016届11班学生，高中成都七中高新国际部毕业，现就读于意大利博洛尼亚大学。

　　直到叶老跟我提起他要出第二本书，并想听大家对"叶老的窝"的真实感受时，我才突然意识到，自己已经很久没有打开过那个博客页面了，而自己已不再是博客主角有整整5年了。现在，很多事情和人都已经模糊不清了。大家都说过去的时光是难以具象化的，但是3年的时光，刚入学时的稚嫩，每一个重要时刻的紧张，那满满17页的回忆，还是带给了我极大的震撼。印象中的叶老总是带着他的相机，每一个我们当初不曾在意过的瞬间，竟然都出现在了博客里，而看着照片里的我们一天天地长大成熟，也让我有难以言喻的感慨和奇妙，原来有那么多的美好我们都曾一起经历过！

　　真的很感谢叶老以这种形式帮我们写了3年的日记，让我们在时隔多年后想要再去回忆时，能找到这么一个地方。有时感觉"叶老的窝"就像一座图书馆，而我们的每一天、每一点就如同历史一样被保存在那里，可能今天想起的美好明天，还可能会忘记昨日，但只要"叶老的窝"还在，那些记忆就不会逝去，就像蓝天会留下每一片飞鸟的羽毛，我觉得这可能就是"叶老的窝"存在的意义吧！

做心平气和的班主任

颜锦宇

成都七中育才学校2019届1班学生，现就读于成都七中林荫校区。

"叶老的窝"，初2019届1班，是我一生的牵绊。

三年一瞬，温暖的日常能不断堆积，本就是令人感动的奇迹。还记得没有落下一人的集体生日；还记得他初三最后三个月每天陪伴我们直至9点的日子；还记得我们一次次精心准备的川剧欣赏、年代秀；还记得那从未迟到的每日博客。"叶老的窝"是父母了解我们生活不可或缺的窗口，是我们一班萤火虫的集体日记。

十年二十年之后，再回首初中，一群人为同一目标奋斗的激情，或许在中考结束之时便已消退，但叶老的关怀却仍然维系着三年之后漫长而悠久的时光，直抵岁月尽头。因为我知道，总有一位师长不仅关心着我过得好不好，更担心着我活得累不累。

后记

康仁哲
成都七中育才学校 2022 届 10 班学生

何谓"窝"？乃万物之根、万情之源，乃酸甜苦辣的生活起点。

故常言道：金窝银窝都不如"叶老的窝"。你看这"窝"，上至门栏下至地板，窝主率领众窝崽打扫得干干净净，一尘不染；你听这"窝"，朗诵声、音乐声、川剧高唱声不绝于耳；你看这"窝"，赛场上、活动上、领奖台上处处有窝崽的身影；你听这窝，嬉笑声、怒骂声、呵斥声、忏悔声杂糅其间。这窝充满欢笑充满汗水，这窝连通家校连通师生，这窝令人喜爱令人珍惜，这窝放飞梦想放飞未来。

窝名乃一窝之重。本窝窝名以窝主之名冠之，这窝主也不得不提。叶窝主身兼数职，班主任乃是其一，历史老师乃是其二，而后又身兼本窝清洁名誉窝长，文娱名誉窝长，管理名誉窝长等数管理职位。虽每逢要事定要听取众窝崽意见，然其操持之事务确甚繁多，百忙之下还不忘开一开玩笑，举办文化活动，其强大的事业能力不得不令人佩服。窝主尚且如此，更何况本窝之现状？故本窝成立至今传承延续已是第四代窝，历代窝均事事顺利，窝崽欢愉，可喜可贺，可喜可贺！

后记二:
送给自己的青春

这是我的第二本书,上一本《爱要大声说出来》最多算是对十多年来自己博客内容的整理,而这一本的每一篇文章、每一个字都是我认认真真重新思考、系统梳理的,它更有阅读性与操作性,也更能体现我作为班主任的带班风格。

在书里我很少去呈现那种"放之四海而皆准"的大道理、巧方法,更多是一个个真实的,极富个性的"个案",我相信这些故事的背后,每一个读者都会有自己的感悟。在书中呈现出来的很多问题,我给了我当时解决的方法,这些方法更多是描述性的展现,因为它不一定是最佳的,甚至您可以反驳,很多处理方式我现在回过头来看都还有值得改进的地方。写这本书,我希望是真实地再现,因为我的学生和家长也可能看到这本书,也算是给我们彼此留下一段美好的青春记忆。

这本书的大部分内容是我在香港做交流教师那一年完成的。特别是抗疫期间,在家里隔离,每天蜷在那间只有一张床的小房间里,靠在窗边、听着海浪、吹着海风,一盏小台灯伴我打下这几十万字。那些与学生一起的滴滴答答不仅成为了我最愿意回忆的人生片段,更重要的是彼此带给对方的思念,不经意间成了我继续前进的动力。

就在这个月,我参加了人生中第一次学生的同学会——2011届11班。这本书中他们的故事比较少,不是没有故事,而是我不敢写,我在书中说了句"对不起"。接到电话,我是无比的激动。那晚我没有忍住,还是哭了,我说"是你们让我爱上了当老师,坚定了当老师,也因为这份热爱与坚定

后记

让我选择了离开你们，对不起。"这是十年来我第一次当着他们的面说这三个字。一个孩子突然靠在我肩膀上，就像当年我们一起嬉戏打闹的时候一样，他说："叶老，你的选择我们永远都支持，我们都爱你，你是我心中的一道光"。

我的泪一直往下流。

老师，这个职业最幸福的就是我们的青春有人参与、有人和我们一起铭记！

用这本书送给所有"窝"的孩子们、家长们，我的家人和朋友们，因为这里的故事少不了你们每个人，未来还会继续……

爱要大声说出来！

我爱你们！

叶德元

2021.6.13

后记三：
思想与实践：涵养创造性的理论资源

    教师在古今中外的历史上，向来扮演着重要的角色，或开启民智，或拥护真理，或兴学化人，在中国传统知识分子与当代知识分子的群像中，教师的形象与声音从来不可小觑。习近平总书记说："一个人遇到好老师是人生的幸运，一个学校拥有好老师是学校的光荣，一个民族源源不断涌现出一批又一批好老师则是民族的希望。"他把塑造学生品格的老师称为"大先生"。为了让我们身边的好老师生动诠释何为"大先生"，何为"四有"教师，我们助力叶德元老师推出了这部新作，让读者了解一个班主任的教学日常，以及班主任有关教育的写作在教师职业生涯中的特殊意义。

    2015年，成都市教育局评选"十佳班主任"时，我在杂志社负责宣传报道此事，在教育局提供的评选名单中，就有叶德元老师的名字。看到叶老师的材料，直观感觉是亮点突出、特色鲜明，叶老师作为班主任，把真心托付给了学生，深得学生的信任。

    2016年夏，我和叶德元老师第一次在线下见面，商量新书出版的事宜，这也是我代表成都市陶行知研究会（以下简称成陶）与叶德元老师的首次合作。那天，经过简短的交流，我们确定了书稿的框架与内容，拟定创作的素材使用叶老师在他的微博——"叶老的窝"上面发布的信息，在此基础上按月份遴选主题，进行归纳。在我们明确工作计划后，叶德元老师很快把素材整理完毕，交给了我，素材有近70万字。和叶老师一起，用了一年

后记

时间反复打磨书稿,把70万字的素材精雕细琢后,浓缩成25万字的书稿,取名《爱要大声说出来——叶德元班级系列活动精选》,交付出版社编辑出版,在2017年岁秒与公众见面。

叶老师的新书——《爱要大声说出来——叶德元班级系列活动精选》凭借其独特价值获得了社会广泛认可。成陶在研讨叶老师这本书时,发现本书的读者散落在五湖四海,如黑龙江、内蒙古、新疆、甘肃、广东、深圳、陕西、重庆、贵州……其中有不少读者很熟悉叶老师其人其事,还有读者则是仰慕他,想要通过此书深入学习以解工作之困的。河南省郑州市上街区中心路小学教师周素君说:"这是我读过的所有教育书籍中内容最朴实无华且极为实用的一本,它让我懂得了育人先育心的道理。"2018年7月,该书荣获成都市第十六届基础教育优秀教育科研成果一等奖,同年9月,该书荣膺四川省第十八次优秀教育科研成果奖一等奖;而后,成都市陶行知研究会推选该书参评成都市第十四次哲学社会科学优秀成果奖的评选——这本被纳入成陶"大成陶书"策划书系的畅销书斩获了社会建设类的三等奖。《爱要大声说出来——叶德元班级系列活动精选》获得的美誉与认可,极大地鼓舞了作者的创作热情,更为"大成陶书"策划人增强了信心。

2019年,叶老师去香港担任为期一年的教学指导教师,《做心平气和的班主任》一书的出版想法也是在这期间萌动的,而成稿于他回成都之前。其实,叶老师的第一本书面世之后,有很多出版社找他合作,叶老师基于对"大成陶书"策划人的信任,对找上门来的出版社均婉拒了。我很感谢叶老师对成陶的支持与信赖,自然,我们更会本着应尽的责任与义务,斟酌好图书内容,主持好图书在教育界的讨论热度,让更多潜在读者对这本书给予关注。

从若干单篇文章逐步整理成一部具有较为完善体系的书稿,其间叶老师三度通读,我们一起对若干细微处做了修改,叶老师这种精益求精的态度不仅体现在他对书稿的品质追求上,还体现在叶老师的教学工作中。《做心平气和的班主任》这本书,有诸多的教育故事,有转化生成的经验智慧,更有叶德元老师个人成长的心路历程。叶德元老师做优秀班主任的教育主张,以及他专业化的知识技能,很多是经过实践检验可以被大众所理解且运用的,这种从生活化、本土化的基础上的提纯出来的教育思维,是能拨动读者心弦,产生实际效能的。

"人生有何意义？"这是著名学者胡适对于人生真义的追问，人生的意义都是每个人在生活锤炼中寻出来的，如此方有人的抉择与坚守、作为与贡献。《左传》有言："太上有立德，其次有立功，其次有立言，虽久不废，此之谓三不朽。""言"是思想、语言、文字、著作，"言"是"德"的体现，映射着一个人的人格价值与思想道德。陆游说："读书本意在元元。"葛洪又讲："学之广在于不倦，不倦在于固志。"在叶老师的两本著作中，有他严谨的治学态度，有他对班主任工作的经验总结，以及他对青年教师走上三尺讲台仍要坚持学习贡献社会的劝诫。在叶德元老师的亲身行动与易懂话语中，体现了一个"最美教师"的内心关切。

2018年，叶老师受四川眉山青神县教育局邀请，做了一场两个小时的专题报告，我作为记者坐在台下旁听记录。在那场近千人的报告厅内，120分钟的时间里，听会教师用408次笑声、90次掌声表示同为一线教师的"心心相印"。那些寓深刻真理于朴素表达中的话语在两年后仍犹在耳旁："在教育上很多时候没有方法可以用，要以德育人，研究方法不如研究人。""班主任是很容易把男人变成'女人'的工作，因为太容易婆婆妈妈了；现在，我做了父亲，班里孩子身上的很多问题我都能看得惯了。""教育的特殊性在于我们服务的对象是'人'，服务的目的是'人的成长'；教育的过程是一个用生命去影响生命的过程。"他的报告永远给人以欢乐，形象、生动的教育故事，言意关系丰富的教育哲学，通过他的真实教育经历总在悄然间打动人。通常是，一则故事讲完，他对主义的研究、教育的理解、问题的处置、认识的提升也就表达完毕，这对于当下的青年教师育人讲学是有宝贵的借鉴意义的。

民族复兴，端在教育，要支撑起国家的持续稳步发展，除了文化、科技、制度等力量之外，尤其需要前沿的、先进的、现代化的教育力量。成陶对"大成陶书"这套书系的策划宗旨就是：全面记录新时代背景下中国教育在新理论推动下的内涵发展，发现、挖掘、培养、推出优秀的教育工作者，凸显中青年教师、校长的专业发展与综合领导力，为他们的"更上一层楼"提供广阔的发展平台；同时，用优秀教育工作者的学术、思想和理论成果促进中国教育的创新发展，用他们的教育实践来解读中国教育理论，为后来人的学习成长提供丰富的实践经验与创造性的教育思想理论资源。

后记

"大成陶书"的使命在于,在知识与学问,经验与实践之间搭建互通的桥梁,借书籍的出版与传播为教育发声,增强国人的文化自信与教育自信,让"生活教育、知行合一"的教育思想深入人心,从而策励和影响更多的教育书写者,做一个有思想、有学识的仁师。

邱滋培

(《时代教育·行知纵横》副主编、"大成陶书"副总编辑)

微信公众平台
叶德元班主任工作室

博客
叶老的窝